新时代大学生劳动教育教程

主　编　余金保
副主编　洪耀球　司春灿　施和平
　　　　王　栎　李白璐

北京理工大学出版社
BEIJING INSTITUTE OF TECHNOLOGY PRESS

内容简介

本书是根据《中共中央国务院关于全面加强新时代大中小学劳动教育的意见》和教育部印发的《大中小学劳动教育指导纲要（试行）》文件要求，为高等院校贯彻落实劳动教育新部署、新要求而专门开发的劳动教育通识课教材。本书紧密贴合高等教育改革发展实际，紧紧围绕高校劳动教育教学的课程特点和现实需求，集科学性、专业性、针对性于一体，由多位从事劳动教育研究和教学的一线专家精心策划、联袂打造，实用性较强。

全书语言流畅，结构清晰，体例合理，内容完整。本书既可作为高等院校劳动教育类相关课程的配套教材，也可供社会各界人士作为提高自身劳动素养的参考读物。

版权专有　侵权必究

图书在版编目（CIP）数据

新时代大学生劳动教育教程 / 余金保主编. --北京：北京理工大学出版社，2022.3（2022.3重印）
ISBN 978-7-5763-1121-1

Ⅰ. ①新… Ⅱ. ①余… Ⅲ. ①大学生-劳动教育-高等学校-教材 Ⅳ. ①G40-015

中国版本图书馆 CIP 数据核字（2022）第 039091 号

出版发行 /	北京理工大学出版社有限责任公司
社　　址 /	北京市海淀区中关村南大街5号
邮　　编 /	100081
电　　话 /	（010）68914775（总编室）
	（010）82562903（教材售后服务热线）
	（010）68944723（其他图书服务热线）
网　　址 /	http：//www.bitpress.com.cn
经　　销 /	全国各地新华书店
印　　刷 /	三河市天利华印刷装订有限公司
开　　本 /	787毫米×1092毫米　1/16
印　　张 /	15
字　　数 /	349千字
版　　次 /	2022年3月第1版　2022年3月第2次印刷
定　　价 /	45.00元

责任编辑 / 申玉琴
文案编辑 / 申玉琴
责任校对 / 刘亚男
责任印制 / 李志强

图书出现印装质量问题，请拨打售后服务热线，本社负责调换

前言

2020年3月20日,《中共中央国务院关于全面加强新时代大中小学劳动教育的意见》(以下简称《意见》)发布。《意见》指出,劳动教育是国民教育体系的重要内容,是学生成长的必要途径,具有树德、增智、强体、育美的综合育人价值。实施劳动教育重点是在系统的文化知识学习之外,有目的、有计划地组织学生参加日常生活劳动、生产劳动和服务性劳动,让学生动手实践、出力流汗、接受锻炼、磨炼意志,培养学生正确劳动价值观和良好劳动品质。

大学生思想敏锐、头脑聪明、个性张扬,更希望得到尊重与鼓励;他们对关爱、赞扬有更强的渴求和反应;他们活泼好动,有强烈的"动手"参与兴趣。因此,组织编写一套切合大学生实际的素质教育教材非常有必要且迫切。

党的十八大以来,习近平总书记就落实立德树人问题多次发表重要讲话。在2018年全国教育大会上,总书记提出了"六个下功夫"——在坚定理想信念上下功夫、在厚植爱国主义情怀上下功夫、在加强品德修养上下功夫、在增长知识见识上下功夫、在培养奋斗精神上下功夫、在增强综合素质上下功夫,进一步明确了新时代落实立德树人的具体任务。这每一项任务的落实都离不开劳动教育的有力助推。在坚定理想信念上下功夫,就要加强劳动价值观教育,让大学生真正理解并懂得"劳动最光荣、劳动最崇高、劳动最伟大、劳动最美丽"的道理,立志肩负起"劳动托起中国梦"的时代重任;在厚植爱国主义情怀上下功夫,就要加强劳动情感态度教育,教育大学生热爱劳动、热爱创造,深刻体会"中国梦·劳动美"的真理性意义,立志扎根人民、奉献国家;在加强品德修养上下功夫,就要培养大学生良好的劳动品德,教育大学生辛勤劳动、诚实劳动、创造性劳动,由衷地尊重各类劳动和劳动者、珍惜他们的劳动成果,成为有大爱、大德、大情怀的人;在增长知识见识上下功夫,就要加强科学教育、劳动技能培育和劳动实践锻炼,充分发挥劳动手脑统合进行知识建构的优势,教育学生知行合一,沿着求真理、悟道理、明事理的方向前进;在培养奋斗精神上下功夫,就要切实加强劳动实践锻炼,精心组织好大学生社会实践与志愿服务工作,不断深化产教融合,扎实推进创新创业,引导大学生在广阔的生产劳动与社会生活大熔炉中真抓实干、埋头苦干,历练敢于担当、不懈奋斗的精神;在增强综合素质上下功夫,就要充分发挥劳动天然具有的树德、增智、健体、育美的综合育人价值，将劳动教育有机融入全面培养的教育体系中。

  劳动教育是人生的"必修课"，但让它从课程表上的一种价值召唤真正进入砥砺成长的广阔天地，可能还有很长的路要走。不让劳动教育流于形式，尤需社会、学校、家长齐心协力，创造更多有利条件，让大学生真正走进生活的课堂、走进劳动的现场，在各种劳动活动中，展现大学生的劳动风采，感受劳动的快乐，实现个人的健康成长。

  本书在编写过程中，参考和借鉴了劳动教育研究方面的文献资料、网络资料和相关的研究成果，在此向相关作者一并表示感谢！

  由于编者水平有限，书中不足及错漏之处在所难免，恳请广大专家、读者批评指正，并对本书提出宝贵意见，帮助我们在修订当中不断完善。

编 者

目 录

第一章　劳动精神 ………………………………………………………………（001）
　　第一节　劳动的基本概念和意义 ………………………………………（002）
　　第二节　马克思主义劳动观 ……………………………………………（009）
　　第三节　新时代劳动观的理论意蕴 ……………………………………（014）

第二章　劳模精神 ………………………………………………………………（027）
　　第一节　劳模精神概述 …………………………………………………（028）
　　第二节　新时代劳模精神的特征与意义 ………………………………（036）
　　第三节　劳模精神融入高校中的实现路径 ……………………………（041）

第三章　工匠精神 ………………………………………………………………（048）
　　第一节　工匠精神的时代内涵 …………………………………………（049）
　　第二节　工匠精神的践行路径 …………………………………………（057）
　　第三节　新时代工匠精神的培养 ………………………………………（062）

第四章　学校劳动实践 …………………………………………………………（069）
　　第一节　学校和学校教育 ………………………………………………（069）
　　第二节　校园清洁和环保行动 …………………………………………（072）
　　第三节　义务劳动和勤工助学 …………………………………………（083）
　　第四节　专业服务和创新劳动 …………………………………………（090）

第五章　家庭劳动实践 …………………………………………………………（098）
　　第一节　自我服务劳动 …………………………………………………（099）
　　第二节　日常生活劳动 …………………………………………………（103）
　　第三节　日常家务劳动 …………………………………………………（111）

第六章　社会劳动实践 …………………………………………………………（123）
　　第一节　社会实践和社会调查 …………………………………………（124）
　　第二节　社区劳动 ………………………………………………………（132）

第三节　农工商生产劳动……………………………………………（135）

第七章　职场劳动实践……………………………………………………（145）
　　第一节　劳动保护和职场安全……………………………………（146）
　　第二节　顶岗实习须知和现场管理………………………………（157）
　　第三节　角色转换和职场适应……………………………………（167）

第八章　志愿者服务………………………………………………………（177）
　　第一节　农村特岗教师……………………………………………（178）
　　第二节　大学生村干部……………………………………………（181）
　　第三节　三支一扶…………………………………………………（184）

第九章　地方特色劳动实践——制茶……………………………………（192）
　　第一节　浮梁茶……………………………………………………（193）
　　第二节　浮梁茶制作技艺…………………………………………（198）

第十章　地方特色劳动实践——制瓷……………………………………（209）
　　第一节　景德镇瓷器………………………………………………（210）
　　第二节　景德镇手工制瓷技艺……………………………………（219）

参考文献……………………………………………………………………（232）

第一章　劳动精神

案例导入

铁人王进喜

中华人民共和国成立后,广大工人成了国家的主人,劳动热情倍增。振兴中华,改变祖国一穷二白的落后面貌,成了人民群众共同的愿望和行动。被称为"铁人"的王进喜就是胸怀祖国、发愤图强的一代工人的典型。

王进喜本来是一名玉门石油矿的普通工人,可他一心为国分忧。有一次在北京街头,他看到汽车没油烧,在车顶上放着大大的煤气包,靠烧煤气行驶。他难过得吃不好睡不着,心想:"我是石油工人,现在国家缺油,我有责任啊!"不久之后,他被调到大庆,参加开发新油田的会战,他兴奋得像有使不完的劲,恨不得一拳头砸出一口井来。当时没有住房,他和大家住在简易棚子里,吃冷饭、睡地铺。钻井机运到了,由于没有吊车下不了火车,于是他一声呐喊,带着工人用绳子拉、肩膀顶,终于把机器卸下来运到工地(图1-1)。第一座井架竖起来时,没有水灌井,他和工人们用脸盆、水桶,硬是把水一盆一桶地弄来,争分夺秒地开了钻。发生井喷事故时,没有搅拌机,他纵身跳进泥浆池,用身体搅拌(图1-2)。他为什么要这样做?为的是尽快打出石油,改变祖国石油工业落后的面貌。

图1-1　王进喜和同事们卸钻井机

图1-2　用身体当搅拌机

因为常年劳累，饮食没规律，王进喜得了严重的胃病，经常疼得不能入睡。可他却说："为了拿下大油田，我宁可少活20年！"正是这种为国忘我的劳动，使得大庆油田很快建成了，使我国摘掉了石油工业落后的帽子。

（资料来源：壹文秘网，爱国事迹专栏，2020年10月15日）

第一节　劳动的基本概念和意义

> 劳动创造世界。
> ——马克思

一、劳动的含义、特征和分类

"劳动是整个人类生活的第一个基本条件，而且达到这样的程度，以致我们在某种意义上不得不说：劳动创造了人本身。"劳动是人的本质力量的对象化活动，崇尚劳动是对人的本质力量，即人的一般本质和现实本质的价值复归。

（一）劳动的含义

所谓劳动，通常是指能够对外输出劳动量或劳动价值的人类运动，是人维持自我生存和发展的唯一手段。如果没有劳动，也许世界上至今没有人类；如果没有劳动，人们不可能有今天这样富裕的生活。为此，恩格斯说："劳动创造了人本身。"人类劳动不仅仅为了生存，同时还为在征服和改造自然中获得自由，在自由中领略到幸福之美感，从而获得精神之满足。马克思曾对劳动的含义做过如下的描述："劳动首先是人和自然之间的过程，是人以自身的活动来引起、调整和控制人和自然之间的物质变换的过程。人自身作为一种自然力与自然物质相对立。为了在对自身生活有用的形式上占有自然物质，人就使他身上的自然力——臂和腿、头和手运动起来。当他通过这种运动作用于他身外的自然并改变自然时，也就同时改变他自身的自然。他使自身的自然中沉睡着的潜力发挥出来，并且使这种力的活动受他自己的控制。"

从以上论述可以看出，第一，劳动是人的客观物质活动。第二，劳动是人的有目的的能动的活动。第三，劳动一开始就是社会活动。劳动的目的、方式和劳动能力的发挥都受到当时社会历史条件的限制。第四，人的劳动具有双重效果。劳动不仅改变了劳动对象，同时也改变了人本身及其人类的社会状况。

通过对以上四个方面的分析，我们可以将劳动简单定义为：劳动是人类特有的，为满足自身的物质和精神需要，有目的地调整和控制人和自然之间的物质变换过程的一种改变自然物的社会实践活动。

案例

李云鹤：匠心躬耕在沙漠

日前，由中华全国总工会、中央广播电视总台共同举办的2018年度"大国工匠年度人物"评选结果揭晓，被誉为"壁画医生"的敦煌研究院著名文物修复师李云鹤，成为甘肃省唯一的入选者。

以心为笔，以血为墨，六十二载潜心修复，八十六岁耕耘不歇。被誉为"壁画医生"的他，六十多年中，修复的壁画达4 000余平方米，并开拓出"空间平移""整体揭取""挂壁画"等众多国内首创的壁画修复技法。

万里敦煌道，度迹迷沙远。在那片被三危山、鸣沙山怀抱在宕泉河谷地带的小小绿洲上，敦煌莫高窟与它的守望者们，相互召唤，彼此守候。86岁的李云鹤就是那群守望者中的一个，他一守就是六十多年。

1956年，为响应国家建设大西北的号召，正读高二的李云鹤从山东出发，踏上了西去新疆的漫漫征程。因中途探望在敦煌工作的舅舅，李云鹤在当地逗留了几日，未承想，这一留，竟是一辈子。

时任敦煌文物研究所所长的常书鸿，一眼就相中了眼前这位"大高个"，邀请李云鹤留下来。

大漠深处的莫高窟，荒凉满目，草木难生，许多人受不了寂苦，黯然离开。可李云鹤有自己的想法，他的心就像宕泉河里的一粒沙，安静地沉到最底部，决定拥抱所有的充盈与贫瘠。

在夹杂着沙尘的凛冽寒风中，李云鹤从打扫洞窟卫生做起。即使在数九寒冬，这个拉着牛车一趟趟来回清理积沙的山东小伙也经常满头大汗。三个月后，李云鹤成为当年全所唯一公投转正的新人。

转正第二天，常书鸿把李云鹤叫到办公室："小李，我要安排你做壁画彩塑的保护工作。虽然你不会，但目前咱们国家也没有几个人是真正会壁画彩塑的，你愿不愿意干？"

"我什么都不会，我什么都愿意学着干！"李云鹤高声回答。

1957年，捷克专家戈尔到敦煌474窟做修复实验，李云鹤得知消息，主动请缨做戈尔的助手。他步步紧跟戈尔，仔细留意他操作的每一个细节。

然而，戈尔修复壁画所用的技艺和材料始终对中国人保密。"偷师艺未成"，李云鹤暗下决心："为了中华文物的千古传承，我们一定要做到自力更生！"

资金匮乏，材料紧缺，李云鹤和同事决定就地取材。他们去窟区树丛寻找死红柳木做骨架，将宕泉河的淤泥晒干，加水和成"敦煌泥巴"。

怎样才能有效控制胶量？李云鹤将戈尔修复壁画用过的注射器随身携带，没事儿就琢磨。有一天，看到同事的孩子捏着血压计上的打气囊玩，他突然茅塞顿开，用糖果换来了小孩手里的气囊，并安装在注射器上。他欣喜地发现修复剂可以酌量控制了。困扰他们许久的胶水外渗难题，在不经意间得到了解决。

李云鹤还找来布料细腻、吸水性强的白纺绸做按压辅助材料。他不断研究摸索，将自主合成的修复材料放炉子上烤，在外面吹晒。洞窟里没有灯光，他就用镜子将阳光"引进"洞窟，再"借光"修复壁画。时至今日，经李云鹤用"土办法"改良过的修复工具，依然是敦煌文物保护界的"王牌兵器"。

为将文物复原工作做精做透，李云鹤跟着敦煌的"活字典"史苇湘学线描临摹，跟文研所第一位雕塑家孙继元学塑像雕刻。学了就要用，用中反复学。秉承如此朴实的信念，李云鹤迎来了人生中的第一个修复任务。

1961年，161窟墙皮严重起甲，一旦空气流动，窟顶和四壁上的壁画就纷纷往下落。常书鸿对李云鹤说："161窟倘若再不抢救，就会全部脱落。你试试看，死马当成活马医吧……"

"我要修好它！"已将对文物的挚情融入骨子里的李云鹤钻进洞窟，废寝忘食，孜孜求索。

吸耳球、软毛刷、硬毛刷、特制黏结剂、镜头纸、木刀、棉花球、胶滚、喷壶……李云鹤把所有能找到的工具反复琢磨。表面除尘、二次除尘、粘接滴注、三次注射、柔和垫付、均匀衬平、四处受力、二次滚压、分散喷洒、重复滚压、再次筛查……喜欢跟自己较劲的李云鹤，硬是凭着自己的努力摸索出了一整套完善的修复工艺！

三年后，这座濒临毁灭的唐代洞窟在李云鹤手中"起死回生"。"我做的工作可值了，壁画上的菩萨虽然不会说话，但天天对我笑眯眯的啊！"凝神对望，感动无言，李云鹤只希望抓住时间，多修一点……

技术越做越精，思路越练越明。李云鹤在他的工匠道路上，不断求新求变。几十年中，他开拓出"空间平移""整体揭取""挂壁画"等众多国内首创的壁画修复技法。

220窟甬道壁画重叠，曾有人为看色彩鲜艳的晚唐五代壁画，故意将表层宋代壁画剥毁丢弃。"文物也是有生命的啊，它要是会说话，非去法院告你不可！"对破坏文物的行为，李云鹤总是气愤痛斥。他常常这样教导学生："对文物工作要有感情，要爱护它，珍惜它，知道它的可贵，才能用心去保护它。"

60多年来，李云鹤走访了全国11个省市，先后为国内26家文物单位进行一线修复和技术指导，修复过的壁画达4000余平方米。这位86岁的老人，直到"大国工匠"颁奖前一天，才从四川新津县观音寺5米多高的脚手架上撤下来。

匠心呵护遗产，一代代人接续奋斗。李云鹤的孙子李晓洋曾在澳洲留学五年，毕业后，李晓洋放弃了留在国外的机会，选择回到敦煌，回到爷爷身边。如今，已是他从事文物保护工作的第7个年头。

（资料来源：光明日报，2019年6月19日，13版）

（二）劳动的特征

1. 劳动的人类专属性

从表面上看，劳动作为一种活动，是人类对自身生活有用的自然物质的占有，与自然界中动物的活动没有什么区别，如蜘蛛通过织网来捕食猎物，蜜蜂通过建筑蜂房而储存蜂蜜，燕子通过衔草筑巢来繁殖后代。然而，动物的这些活动，并不能称为劳动，因为它们只是一种动物生存的本能。人的劳动和动物的本能活动最不同的地方，在于人的劳动是具有自觉意识支配的、能动的、具有一定目的的活动。

2. 劳动的自觉意识和能动性

劳动的人类专属性就在于它的自觉意识和能动性。马克思指出："蜘蛛的活动与织工的活动相似，蜜蜂建筑蜂房的本领使人间的许多建筑师感到惭愧。但是，最蹩脚的建筑师从一开始就比最灵巧的蜜蜂高明的地方，是他在用蜂蜡建筑蜂房以前，已经在自己的头脑中把它建成了。"人类的劳动不仅知道为什么去做、怎样去做，而且知道将会做成什么样。这就是人类劳动和动物本能活动之间的本质区别。

3. 劳动的创造性

劳动具有自觉意识和能动性，它是具有目的的活动。然而有自觉能动意识和目的性的活动，并不都是劳动。人类的一切活动都受意识的支配，例如像旅游、跳舞、吃饭、睡觉，虽然也具有目的性，但却不能称为劳动。

在人类的活动中，只有那些能够创造出物质财富和精神财富的创造性活动，才能称为劳动。

（三）劳动的分类

按照不同的标准、从不同的角度，可以将劳动分成不同的种类。

1. 具体劳动和抽象劳动

马克思在剖析商品的价值和使用价值时指出：生产商品的劳动有两个方面，即生产使用价值的具体劳动和生产价值的抽象劳动。

具体劳动也称作有用劳动，是指在一定的具体形式下进行的劳动。具体劳动包括人们的劳动目的、劳动工具、劳动对象、操作方法和劳动结果五个要素。由于劳动的目的、使用的工具、加工的物质对象和采用的操作方法不同，因此可生产出具有不同使用价值的物品。例如，木匠制造家具的具体劳动，是用斧子、锯、刨、凿等劳动工具对木材等劳动对象进行加工，生产出桌、椅、立柜、床等产品。而农民种地的具体劳动则是用拖拉机、收割机、犁、耙等劳动工具，进行翻地、播种、收割等活动，从而收获农产品。由于生产的使用价值众多，因此相应的具体劳动方式也很多。具体劳动体现着人和自然的关系。

生产商品的劳动，尽管它们的具体形式千差万别，但都属于人类劳动力的耗费。不论是种地还是做木工，都是人类劳动力的支出，即人的脑、肌肉、神经、四肢等的生产耗费。从这个意义上说，种地和做木工的劳动，不过是耗费人类劳动力的两种不同形式。这种抽去了具体形式的一般人类劳动，就是抽象劳动，它形成商品的价值。

当然，不论在什么社会，也不管从事什么样的劳动，总要支出人类的脑力和体力。单从这方面看，似乎抽象劳动是个永恒范畴，适用于一切时代。但是，作为价值实体的抽象劳动绝不单纯是个生理概念，而是个经济范畴，它反映的是商品生产者通过实物来交换劳动的关系。只有在商品生产的条件下，当人们的经济联系通过劳动产品的相互交换来实现的时候，耗费在这些劳动产品上的人类的脑力和体力才能作为形成价值的一般人类劳动而被社会"抽象"出来。它是一种社会关系，是商品经济所特有的。

2. 技术性劳动和非技术性劳动

运用技术作为劳动的分类标准，首要难题是对技术本身的界定问题，即什么是技术。技术的含义，众说不一；在社会经济发展的不同时期，所下的定义也不同。从广义上说，技术是人类在利用和改造自然的劳动过程中积累和体现出来的知识、经验和技能，也包含人类在劳动中所创造的工具、机器和设备等。

然而，在实际社会活动中，人们运用技术标准对劳动进行分类，往往更多的是出于一种社会对技术的公认。例如，我们习惯将车工、钳工、木工等工种公认为技术工种，而将清洁工、门卫等工种公认为非技术工种。人们常将需使用复杂工具来完成以及需要较高的文化知识来进行的工作视为技术性劳动，而将以体力劳动为主的工作视为非技术性劳动。

人们在运用技术标准时，还常将技术分为"硬技术"和"软技术"。人们通常将物质技术手段，即劳动资料称为硬技术；而将与物质技术手段相适应的操作、控制及运用的方法、技巧和技术管理组合形式称为软技术。从硬技术来看，物质技术手段大体可以分为手工工具、机器（包括劳动力装置、传动装置和工作装置）、自动机等，与此对应的劳动为手工劳动、机械化劳动和自动化劳动。从软技术来看，手工劳动是一种朴素意义上的技术，非真正意义上的技术，只有近现代的复杂的劳动才能称得上软技术。从以上分析不难看出，硬技术和软技术的发展越来越相互依靠，是不能绝对分开的。因此，硬技术和软技术的标准也是相对的。

在执行技术标准时，有关技术水平的评价是随国家、地域的不同及某一时期的科学、经济、社会的发展变化而变动的。如，在 20 世纪 60 年代半导体技术属于高新技术，但在今天，这种技术已属于普通技术了。

软技术是来自社会科学、非自然科学以及非（传统）科学的，解决各种实际问题的可操作性知识系统。

硬技术与软技术是解决一个实际问题的两个方面，而在这两个方面起主导作用的往往是软技术。因为硬技术仅仅是提供一个舞台，而软技术才是这个舞台上的演员，是舞台的灵魂。但是硬技术的能力也会限制软技术的发挥，软技术的误解、缺陷也会限制硬技术的性能。软技术是一把双刃剑，既可以发挥硬技术的性能，也可以限制硬技术的性能。真正推动硬技术不断进步的推手是软技术。

许多硬技术是能用钱买到的，而软技术是要靠自己学习、摸索、开发、总结、提高、积累才会形成一套属于自己的东西。有些软技术即使被写成书，或有老师传授，也是不能被完全掌握的。所以，软技术是一种自成体系的东西，是解决实际问题的核心技术。

以下用比赛、战争和制造产品三种不同的活动方式解释硬技术与软技术之间的关系。

可以用作比赛的活动有很多，比如骑自行车。你可以花不同的价格买到规格和性能不同的自行车，但自行车不会自己动，骑车的技术也是花钱买不到的。当拿到自行车后，需要花时间去练，每个人的能力、设定的目标、投入的精力都不一样，最后获得的骑车技术也是不一样的。不同的人可以拥有相同的车，但最后拥有的骑车技术不一定是一样的。

加入比赛这个元素，用最好的骑车技术和体能，发挥出自行车的最佳性能就成为所有参加比赛的人共同追求的目标。夺取比赛冠军、突破极限，自然而然成为一种推动技术进步的动力，促使人们不断开发自行车的各种性能。一旦自行车的性能提高了，又会推动骑车技术的提高，这种良性循环，使比赛成绩越来越好。

战争与比赛很相似，但略有不同。比赛不仅要争取获胜，还要追求破纪录。战争的目标就是取胜，没有突破极限的概念。局部战役取胜的关键是武器和战术，比如，在冷兵器时代，刀、枪等武器限制了双方战斗的距离，但是双方采用的对峙策略、攻击方法、攻击位置、攻击时机、武器操控、战斗意志、体能积蓄、后勤支持等手段的高低决定了战争胜负的走向，而武器和人数并不能决定最后的胜利。当软技术的总体格局高于对手时，往往会出现以弱胜强的战例。

随着弓箭、投掷器的发明，攻击的距离变远了，攻击的方法也变得多样化。后来有了骑兵，攻击的机动性、突然性大大提高，软技术的应用手段也越来越多，比如三十六计。

随着火器的发明，有了火枪、火炮，攻击的距离更远，威力更猛，出现了壕沟、地堡等阵地战法。坦克、飞机的出现使得战场变得越来越大，机动性变得更强，攻防之间的界线、前方和后方的概念变得模糊，做出判断需要参考的条件越来越多，要求响应的时间越来越短，战场形势瞬息万变。为了将有限的力量投送到最需要的地方，对情报、信息、投送、后勤的要求也越来越高。第二次世界大战以后，现代武器技术的发展使得原来面对面的战场发生了颠覆性的改变，情报、信息、预警、欺骗隐蔽、后勤保障、快速投送、航母提供的空中火力支援在战斗中显得更加重要。攻击的火力更强、更准、更可控，同时在诸多战术模块中软硬技术互相渗透、交错，已经很难分割清楚。

制造产品与比赛不一样的地方是设置的目标变了，不是锦标和极限，而是标准。生产一种产品不能像比赛一样，经过多轮淘汰最后只剩下一个。标准设定了一个被公众认可的准入门槛，只要遵守这个标准，大家都可以玩。标准追求的不是最好，而是合适，是消费者能接受的底线。要让产品满足标准有两大环节，设计与制造。设计赋予了产品性能，制造还原了设计的目标。

在产品设计环节，硬技术可能是工作环境、电脑和各种开发软件等，软技术就是一个掌握相关技术的人和支持他的团队。不同的人由于掌握的技能不一样，设定的目标不一样，背景支持不一样，即使使用相同的工具，最后设计出来的产品也肯定不一样。

在产品制造环节，设计决定了制造的工艺配置，工艺配置支撑了工艺方法，工艺方法决定了产品性能。一旦这些环境和要求明确后，制造过程便是一个管理过程，管理的核心是控制产品的质量。设计的优劣决定产品的性能，对制造环境的控制强弱决定了产品质量的稳定性。

许多制造的工艺环节都是由一个具体的机器决定的，决定这台机器能力的是其功能和性能。功能与方法有关，一些功能往往是程序化、模块化的。机器的性能往往与执行模块有关。实际使用中，机器执行模块的性能会下降，需要用测量检查。对于测量技术的选择、使用、管理，要维持测量的精度，这又是一项软技术。当代技术，要发挥一台机器的性能，需要硬技术与软技术紧密结合在一起，很难进行区分。

质量管理已经脱离了一个具体的工艺体系成为一个独立的、具有普遍性的产品质量管理方法，这个概念已经被接受，如 ISO9000 质量管理体系。质量管理体系是用于控制工艺过程稳定性的，其中最著名的是产品制造过程的可追溯性，因质量问题追溯到上游工序去及时发现已经存在的问题，这与反馈、闭环控制的概念非常接近。质量管理是一门已经标准化的软技术。

如果采用相同的设计，选择一样的机器，质量管理体系也是一样的，但是由于工艺方法存在区别，最后生产出来的产品质量一定存在差异。这也就是为什么进口了很多机器但不能生产出相同质量产品的原因。许多软技术环节上存在差异，我们只拿到了机器的壳，而没有植入机器的魂。

有一句成语叫"南橘北枳"，意思是橘树由于生长环境不同，长出来的橘子味道完全不同。就像时装表演，如果将这些服装挂在衣架上进行时装表演，肯定没有人看。正因为衣服穿在了模特的身上，借助模特的身材、台步、气质，在 T 台上配合音乐、灯光，使这件衣服有了灵气。当这件衣服穿在自己的身上时，虽然你自身的感觉可能还不错，但别人是不会像看模特表演时一样感受到同样强烈的视觉冲击的。

不管是比赛还是战争，还是制造产品等，硬技术的性能发展越来越先进，当软技术越来越成熟后，也朝着程式化、无人化发展，甚至进入智能化，最后留给人施展的空间也越来越小。要取得成功和胜利，硬技术和软技术都重要，各方面的表现都要突出。所以，有一句话叫"胜在细节决定成败"。

3. 简单劳动和复杂劳动

获得人类需要的各种劳动在技术复杂程度上是不同的，如制造原子弹比烧煮茶叶蛋的劳动要复杂得多。简单劳动是指不必经过特别训练、每个正常的劳动者都能从事的劳动。复杂劳动是指需要经过专门训练、具有一定技术专长的劳动者才能从事的劳动，它包含着比较多的技巧和知识的运用。马克思指出："比社会平均劳动较高级较复杂的劳动，是这样一种劳动力的表现，这种劳动力比普通劳动力需要较高的教育费用，它的生产要花费较多的劳动时间，因此它具有较高的价值。"

4. 脑力劳动和体力劳动

人类在劳动中，不仅有体能消耗，而且有脑力支出。也就是说，在劳动中脑力劳动和体力劳动是共有的。但是，对于某项或某类具体劳动来说，从计划到完成的过程中，其脑力活动的复杂程度以及体力消耗的强度常常是不均衡的。通常，人们将脑力活动占优势的活动称为脑力劳动，而将体力活动占优势的活动称为体力劳动。古人所讲的"劳心"与"劳力"就是指脑力劳动与体力劳动。

当然，依据其他的分类标准，还可以将劳动分为必要劳动和剩余劳动、生产性劳动和劳务性劳动、物质生产劳动和精神生产劳动、私人劳动和社会劳动等。

二、劳动的意义

依靠劳动和劳动所创造的文化和技术的发展，人类不但能够在自然界幸存下来，而且能够不断地加强社会的生产力，以至于这个似乎无限的生产力的发展开始威胁到地球的生态系统和人类本身的存在。从 20 世纪中期开始，越来越多的历史学家开始关注劳动的历史意义。

劳动过程随着社会的规则和法律的不同而变化，而一个社会的规则和法律又有很大一部分是由社会所拥有的生产关系所决定的。生产关系可以看作是调整一个社会的劳动资源的供给、分布及劳动结果的方式。也就是说，劳动随文化与社会的变迁及差异而不断地变化。生产关系决定劳动的经济、政治的目的和意义。每个文化时期和历史时期都有其特有的劳动形式。

劳动有一个与社会和国家体系不完全相关的方面，就是技术水平。虽然每个人与社会的能力和经济可能不同，但一般来说人类总是尽可能地使用最有效、新颖的技术来保证和提高其劳动的质量和生产力，来保证其劳动结果符合社会的需要。但随着技术的发展，人的体力在劳动过程中越来越不重要了。体力劳动不断地被机器取代，而为了维护和发展现代化的生产系统的运行，越来越多的劳动力需要更好的教育和训练，新的劳动因此产生。

第二节　马克思主义劳动观

> 生产劳动和教育的早期结合是改造现代社会的最强有力的手段之一。
> ——马克思

一、劳动观的概念

人们在劳动的过程中，形成的对劳动的看法和认识，就是劳动观。劳动观反映着劳动者对劳动的态度，决定着劳动者在劳动过程中的行为。劳动观作为意识形态领域的内容，与人生观、世界观一脉相承，它生动地反映着人生观、世界观。随着经济的发展和科技的进步，劳动被赋予新的内涵。只有树立正确的劳动观，才能让自己更好地懂得尊重劳动人民，更好地珍惜自己的劳动成果，并以热情饱满的劳动态度积极投入社会劳动生产过程当中，从而不断提高劳动生产率，为社会创造出更加丰富的社会物质财富，同时能够促进个人的全面发展。

一个人只有树立了正确的劳动观，才能自觉强化劳动意识，用双手和智慧去创造人生，实现自己的理想。

案　例

行行出状元！快递小哥评上杭州高层次人才

快递小哥李庆恒，被评定为"高层次人才"，可以在杭州购买首套房享受100万元政府补贴，引发社会关注。

作为"90后"的李庆恒，高中毕业后就独自开始闯荡社会，在快递行业工作了5年。

从客服到一线快递员工，李庆恒的能力在不断提升，真的算得上是厚积薄发。在被领导看到娴熟的业务能力后，李庆恒被指派参加了快递职业技能比赛，这是他第一次参赛，却捧回了一个奖杯。此后，每年的比赛他都会参加，即使在最难的环节，李庆恒也可以带领团队突破难关，他获得的奖励证书铺满了整个桌子。

而在最近的浙江省第三届快递职业技能竞赛中，李庆恒更是带领团队拿下了金牌大奖。由于此次比赛的含金量比较高，李庆恒最终被评为"杭州市高层次人才"，认定类别为D类。

而他，也将自己的光芒散发得淋漓尽致。

（资料来源：人民日报，2020年7月6日）

随着快递业的迅猛发展，需要从事快递工作的快递员越来越多，对快递员技能的要求也越来越高。俗话说三百六十行，行行出状元，李庆恒的热情和努力，为他带来了许多荣誉和奖金，而这些荣誉和奖金则是支撑他继续前行的力量。作为新时代大学生，我们应该树立正确的劳动观，干一行，爱一行，在喜欢的领域努力钻研，终有出彩的一天！

二、马克思主义的劳动观

马克思（图1-3）认为，全部人类的活动迄今都是劳动。马克思把劳动比喻成整个社会为之旋转的太阳，劳动是人类生存的本质，人类的发展过程就是劳动的发展史。马克思主义对于劳动的论述，主要体现为劳动本质论、劳动价值论以及劳动解放论。

（一）劳动本质论

人的本质是什么，一直是困扰哲学界的一个重要命题。马克思主义认为劳动是人的本质，人的本质是一切社会关系的总和。

1. 劳动创造了人本身

恩格斯（图1-4）在《劳动在从猿到人转变过程中的作用》一书中，详细描述了劳动在人类从猿进化为人的过程中的作用。会使用和创造劳动工具把人类社会与猿群世界区分开来。劳动使人学会直立行走，并且劳动还创造了语言。

2. 劳动创造了人类生活

马克思、恩格斯在《德意志意识形态》中明确地指出："全部人类历史的第一个前提无疑是有生命的个人的存在。"而"有生命的个人"之所以能够存在，最主要的原因是他们能通过自己的劳动来创造和生产物质生活资料。因此，"第一个需要确认的事实就是这些个人的肉体组织以及由此产生的个人对其他自然的关系。"劳动的过程就是人通过自身的劳动作用于自然的过程，是人的本质力量与自然之间的一种物质交换过程。

图1-3　马克思　　　　　图1-4　恩格斯

3. 劳动是一切价值的创造者

马克思认为"劳动是一切价值的创造者。只有劳动才赋予已发现的自然产物以一种经济学意义上的价值"。恩格斯在《自然辩证法》中也同样有着明确的表述，"其实，劳动和自然界在一起它才是一切财富的源泉，自然界为劳动提供材料，劳动把材料变为财富。但是劳动的作用还远不止于此。它是一切人类生活的第一个基本条件，而且达到了这样的程度，以致我们在某种意义上不得不说：劳动创造了人本身。"劳动是人类创造物质和精神财富的活动。

4. 劳动创造了社会关系

劳动不仅创造了人与自然的关系，劳动还形成了人与人之间（即"劳动资料的占有和使用关系，劳动的分工和协作关系，劳动产品的交换、分配和消费关系等"）以及人与主观意识之间的关系，而这些关系成为人类社会的基本关系。社会是人类劳动的产物，是劳动活动的展开形式，也必将随着劳动的发展而发展。

（二）劳动价值论

劳动价值论是马克思关于劳动创造商品价值及商品生产、交换遵循价值规律的理论，它详细阐述了商品经济的本质和运行规律。

（1）生产商品的同一劳动划分为具体劳动和抽象劳动，具体劳动创造商品的使用价值，抽象劳动创造商品的价值。而具体劳动与抽象劳动是生产商品劳动的两种形态，是同一劳动的两个不同方面，不是生产商品的两次劳动。

（2）抽象劳动内在的属性是生产商品过程中人类脑力或体力的支出（人类的一般劳动），其外在的属性则是生产商品创造价值的劳动，其抽象劳动创造的价值则是商品经济社会特有的经济特征。马克思认为，在一切社会状态下，劳动产品都是使用物品，但只是历史上一定的发展时代，也就是生产一个使用物品耗费的劳动表现为该物的"对象的"属性，即它的价值的时候，才使劳动产品转化为商品。

（3）抽象劳动内化为商品的价值，外化为商品的交换价值。正如马克思所述："我们实际上也是从商品的交换价值或交换关系出发，才探索到隐藏在其中的商品价值。"这种体现着商品生产者之间平等交换劳动的社会关系正是以抽象劳动为内核。

（三）劳动解放论

劳动解放论是从劳动本质论和劳动价值论中得出的对科学社会主义的深刻表述，认为劳动的发展过程推动了人类历史当中在自然和社会两方面的不断解放。首先，劳动解放是人类智力提高的过程，是劳动工具的改进与经济形态的创新，而不是一种简单的政治行为或者政权的归属问题。其次，劳动者解放程度是衡量社会文明的尺度和标准，对于劳动与劳动解放程度的促进或者倒退、保护或者破坏等，直接反映出社会的政治体系与制度模式的优劣。

 案 例

> **但愿世间人无病：抗击疫情中的"90 后"护士们**
>
> "服务员""那个姑娘""扎针的女孩"……没错，这些不同的称谓都是在称呼医院的护士，而这些令人哭笑不得的称呼背后，是护士群体在病人和家属面前所承担的不同角色。护士是扎针的女孩，给病人专业的护理；护士像病患的女儿一样，给他们心灵的呵护；护士还像服务员一样，给病人无微不至的关怀……向奋战在护理一线的护士们，致以最崇高的敬意。
>
> 1. 支援湖北的男护士："经历"不代表"荣誉"
>
> 2013 年，翟向阳成为陕西省人民医院急诊外科的护士。由于男护士体力上占有优

势,新冠肺炎疫情发生后,翟向阳便和其他同事一起,搭乘移动方舱医院车辆,紧急驰援湖北。在武汉方舱医院,病患每天看到最多的人就是医护人员。但由于穿着防护服戴着口罩,病人们根本看不到医护人员的面孔。"我们的防护服背后写着'陕西'两个字,有病人会专门去看我们是从哪里来,还会拍照给我们看,这让我很感动。"翟向阳说。

"'经历'并不代表'荣誉',其他需要我们的地方,我们还是会挺身而出。"翟向阳觉得,护士只是一份普通工作,只不过由于疫情防控的需要,而被社会公众关注,"支援武汉,不过是换了一个地方工作,该有的冷静与细心一点也不能少。"

2. 剪短头发的女护士:长发剪成短发并不觉得可惜

高丹萍是陕西省人民医院急诊内科护士,她觉得,在武汉方舱医院护理病人,要比在平日里的工作更复杂一些。"在注重病人体征检测、心理辅导的同时,还要注重安全防护,多少有些不一样。"

病患中有一位来自咸阳的大爷,出院时用一席地道的陕西话告诉高丹萍,见到她就像见到了自己的女儿,心里踏实,都是父母最疼爱的娃,现在却要抛下个人安危来照顾自己,真的非常感谢。

高丹萍去支援武汉时,把长发剪成了短发,但她并没有觉得可惜。"在病毒面前,我们要做好自我防护,才能救治更多人。"高丹萍说,"在生命面前,我们应该理性地取舍,这也是一种担当。"

3. 接管重症病区的女护士:愿患者享受新生活

夏炎是重症医学科的护士,7年的重症医学护理一直支撑着她的观念——人活着一切都好。作为陕西省第一批支援湖北并接管武汉市第九医院重症病区的护士,无论是在陕西还是在湖北,夏炎的观念一直未曾改变——尽一切可能让重症病人活下来。

"我们每天睁开眼的第一件事,就是查看治愈人数。"夏炎说,当第一例病人从重症病区转到普通病区时,自己的心里特别激动。"那个时候我也更加坚信,新冠肺炎是可防可治的。"

许多身体康复的患者都想留夏炎的微信,夏炎婉拒了。她说,护理病患只是一份常规工作,不希望病患对她一直抱有感激,以免病患有心理负担,"从重症病区走出来了,就应该忘掉这段不愉快的经历,去享受新的生活。"

"尽力提高护理之标准,慎守病人家务及秘密。竭诚协助医生之诊治,务谋病者之福利。"护士节前夕,陕西省人民医院举行了"护士节"纪念活动,表彰了这群勇敢而又年轻的护士们,感谢他们用自己的爱心、耐心、细心和责任心去好好照顾每一位病人。他们的每一分辛苦付出都将被这个时代铭记。

(资料来源:西部网,2020年5月12日)

三、如何树立正确的劳动观

(一)树立正确的劳动观,就要善待自己劳动的岗位

劳动的一个重要特性就是平等性,意思是劳动虽然有分工、专业、条件和环境等诸多方面的差别,但就劳动本身而言,是没有高低贵贱之别的。因此,不管是从事体力劳动,

还是从事脑力劳动，不管是从事简单工作，还是从事复杂工作，也不管是从事重要工作，还是从事一般性工作，性质都是一样的，其地位都是平等的。只有理解了这一点，才能客观地看待自己劳动的岗位，愉快地服从组织分配的任何工作，在本职岗位上建功立业，用辛勤劳动实现"我的梦"进而助推"中国梦"的早日实现。

（二）树立正确的劳动观，还要充分认清劳动与财富之间的关系

劳动不但创造着有形的物质财富，也在创造着无形的精神财富，劳动不但在丰富物质生活，同时也在塑造着劳动者的精神世界。正确的劳动观，是既重视物质财富的产出，又重视精神财富的产出，既重视物质上的回报，又重视精神上的满足。树立正确的劳动观，就应该把国家利益和人民利益放在首位，以集体利益为重，自觉强化奉献意识，用辛勤劳动书写报效祖国的忠诚。

（三）树立正确的劳动观，就要坚信劳动价值，养成热爱劳动的良好习惯

劳动是人类的本质活动，劳动光荣、创造伟大是对人类文明进步规律的重要诠释。青年作为我国社会主义事业建设的栋梁和希望，要确实践行劳动观，不断充实自我。作为新一代青年大学生，只有牢记使命、不忘初心，对工作保持一如既往的干劲儿，才能永葆奋斗品质，为祖国建设添砖加瓦，为实现中华民族的伟大复兴和现代化强国贡献力量。

四、树立正确劳动观的重要意义

（一）有助于培养热爱劳动的美德

马克思说过，体力劳动是防止一切社会病毒的伟大的消毒剂。脑力劳动者参加一些体力劳动，是有利于身心健康的。向社会提供劳动，获得自己生活的权利，是光荣的生存方式。树立正确的劳动观，坚持劳动正义感，在社会上广泛传播正能量，有助于促进我国社会的和谐发展，是实现中华民族伟大复兴、全面实现共产主义事业的推进器。

（二）是通向成功、实现理想的必由之路

青春是用来奋斗的，劳动是光荣的。劳动是财富的源泉，也是幸福的源泉。宏伟的目标、美好的愿景，只有靠脚踏实地的诚实劳动、勤勉工作，才能一步步变成现实。中共中央总书记、国家主席、中央军委主席习近平2016年4月在安徽合肥主持召开知识分子、劳动模范、青年代表座谈会时强调指出，全面建成小康社会，进而实现中华民族伟大复兴的中国梦，必须依靠知识，必须依靠劳动，必须依靠广大青年。在全面建成小康社会、实现中华民族伟大复兴的历史征程中，广大知识分子、广大劳动群众、广大青年责无旁贷、义不容辞，必须紧跟时代、肩负使命、锐意进取，把自身的前途命运同国家和民族的前途命运紧紧联系在一起，努力为共同理想和目标而团结奋斗，做实现中华民族伟大复兴中国梦的奋进者和贡献者。

（三）有助于形成积极向上的就业创业观

很多人在毕业就业过程中容易形成眼高手低的择业观念，出现不能胜任工作等问题，只有树立正确的劳动观，才能形成积极向上的就业观和创业观。正确的劳动观能够培养我们优良的品质，实现我们的积极就业。正确的劳动观能够帮助我们正确认识社会劳动分工

的本质，消除劳动差别观，建立劳动平等观，促进我们积极基层就业、加强锻炼，为以后的发展奠定良好基础。正确的劳动观能够培养我们吃苦耐劳的劳动精神和创新精神，促进我们的自主创业。

（四）可以使生活丰富而充实

"劳动是世界上一切欢乐和一切美好事情的源泉。"这是高尔基对劳动的诠释，也是劳动的真谛。生活中，劳动必将是一笔难得的人生资源和财富。人生的绚丽和精彩都是在不断劳动并勇于创造的过程中写出来的。劳动能使我们消除不必要的忧虑和摆脱过分的自我注意，使生活内容丰富而充实。劳动的成功与成果，可使我们认识到自己生存的价值，因而对生活充满信心。

（五）有助于促进自身全面发展

作为社会主义建设者和接班人，我们的全面发展对实现中华民族伟大复兴的中国梦有着重要作用。合格的建设者和接班人本质上是"以劳动实现中国梦"的劳动者，既是辛勤的劳动者，也是敬业的劳动者，更是创造性的劳动者。树立正确的劳动观，有利于我们在劳动中增强体魄、磨炼意志、提升人格品质，实现以劳树德、以劳增智、以劳健体、以劳育美的目标。

第三节 新时代劳动观的理论意蕴

> 劳动是世界上一切欢乐和美好事物的源泉。
>
> ——高尔基

新时代劳动观是马克思主义中国化最新成果的重要组成部分，对新时代弘扬"工匠精神"等劳动精神、培养创新型人才、构建和谐劳动、充分发挥劳动在中国特色社会主义现代化建设中的作用提供了重要理论指导。

一、创新驱动发展

科学技术的进步和知识经济的发展，使知识经济成为当今世界经济发展的主要特征，劳动方式和结构发生了巨大的变化，管理劳动、服务劳动和知识劳动等各种新兴的劳动方式兴起并得到快速发展。马克思曾指出："随着新生产力的获得，人们改变自己的生产方式。"这表明当今社会发展中提出和提倡的创新劳动是有其理论基础、符合时代发展规律的。在新时代下，要转变经济发展方式、促进经济社会全面发展，必须促进劳动创新，让创新成为促进经济社会发展新的推动力。

（一）创新驱动成为社会发展的必然趋势

党的十九大报告指出："加快建设创新型国家，创新是引领发展的第一动力，是建设现代化经济体系的战略支撑。"可见,创新已经成为新时代经济社会发展的动力源泉。

1. 创新发展是我国经济发展进入新常态的必然要求

改革开放以来,我国经济社会长足发展。但也必须清醒地认识到,我国在快速发展的同时也存在着一些问题,这要求我们必须重新定位我国经济社会发展的速度,实现转型升级。要把创新打造成推动经济社会发展的动力源泉,从根本上转变经济发展方式,为我国社会发展创造一个更长的增长周期。实施创新驱动发展战略,是应对发展环境变化、把握发展自主权、提高核心竞争力的必然选择,是加快转变经济发展方式、破解经济发展深层次矛盾和问题的必然选择,是更好引领我国经济发展新常态、保持我国经济持续健康发展的必然选择。通过科技创新,进一步促进生产力发展,才能克服经济社会发展的瓶颈,实现经济社会向前发展。

2. 创新发展是当今世界发展的大趋势

创新意味着信息互通、资源共享、能力协同、开放合作、互利共赢。当前,面对新一轮的信息科技革命和产业革命,世界各国纷纷制定新的发展战略,抢占科技创新和信息发展的制高点,并且随着全球经济一体化的不断增强,各国之间经济联系更加紧密。对我国而言,要在新一轮的信息科技革命中抓住机遇,并在全球经济一体化的合作中占据优势,促进合作共赢,就必须提高自主创新能力,通过创新发展抓住机遇,让创新成为社会发展的新生动力。

知识链接

百度大脑赋能清玄科技打造矿业智能化安全生产风控系统

提到矿业,人们脑海里总会浮现出矿井下的工人、矿车,以及始终如影随形的高风险。实际上,矿业事故多是源于隐患排查治理不到位、风险防控能力薄弱等。

传统矿业安全生产的管理方式比较单一,信息化与智能化程度较低;人工巡检的效率和精细化水平有限,人员懈怠疏忽较为常见;同时,信息系统建设往往比较薄弱,不利于建立物联网监控网络和智能安全生产信息系统,更不用说数据分析、检测预警等智能化项目。

随着时代进步,AI(Artificial Intelligence,人工智能)技术正在让生产风险监控变得更精准、及时、省力。2020年6月18日,百度大脑开放日开启安全生产主题专场,现场详解了百度大脑EasyMonitor视频监控开发平台2.0的升级内容,该平台最重要的应用领域之一正是安全生产场景。清玄科技将自身的系统集成能力和项目实施经验,与百度大脑EasyMonitor、EasyDL平台、EdgeBoard边缘计算硬件等技术能力结合应用,快速打造出AI智能生产安全监控软硬一体化方案,并已全面应用到某矿区的选矿厂,覆盖破碎车间、细碎车间、球磨车间、药房、浮选车间、压滤车间、精粉车间等区域,有效辅助企业进行生产风险监控及管理(图1-5)。

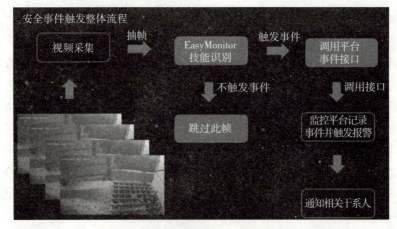

图 1-5　安全事件分级管理系统

当选矿厂各区域的监控视频中出现对应的安全隐患事件时，"AI 智能化安全生产风险监控系统"会根据隐患的等级，分别在后台和现场通过短信、声光报警等方式提醒有关人员，真正实现了安全生产监控的自动化监督。

从以上论述中可以看到，将人工智能技术与产业结合，尤其是在制造业、矿业、电力等传统第一产业的应用落地上，面临着技术门槛高、业务结合浅、部署成本高、验证周期长等痛点。作为"AI 新基建"的重要基础设施，百度大脑致力于将 AI 能力与应用场景融合创新，对外持续输送标准化、自动化、模块化的解决方案，让 AI 技术落到实处，在提升企业效益、助力智能化转型的同时，也让传统的业务创新凸显出更多的价值。

（备注：以上信息由作者根据网络资料整合而成）

（二）注重创新劳动，培养创造型人才

培养创新型人才，是对马克思所强调的发挥劳动者主体性和能动性的当代阐释。要发挥创新在经济社会发展中的重要作用，就必须注重对劳动者创新意识的培养。科技是第一生产力，人才是第一资源。社会整体的劳动力素质对一个国家、一个民族的发展至关重要。面对日趋激烈的国际竞争，一个国家的发展能否抢占先机、赢得主动，越来越取决于国民素质特别是广大劳动者素质。因为无论科技、知识怎样发展，它们都无法创造价值，只能实现价值转移和提高创造价值的效率。只有劳动才能创造价值，科技、知识只有与人的劳动相结合才能创造价值。坚持扩大对外开放和人才交流，必须培养创新型、技术型、知识型劳动者。只有加快对创新型人才的培养，才能实现创新劳动，实现经济社会转型升级，促进经济社会持续健康发展。科技的发展以及新兴技术产业的发展，使得对高技能劳动力的培养需求更加迫切。我国有丰富的劳动力资源，但高科技人才相对而言较少，在创新型科技人才方面存在着创新型科技人才结构性不足、矛盾突出、人才培养同生产和创新实践脱节等问题。同时，世界经济一体化和对外开放并没有使包括中国在内的发展中国家更加容易地从发达国家获取自己所需技术，而知识产权保护等壁垒使技术发展的差距进一步加大。因而，我国必须要培养自主创新能力。要促进国内外科研机构、高校、企业、科学家等之间的交流。同时，广大知识分子要增强创新意识，要坚持面向经济社会发展主战场、面向人民群众新需求，让创新成果更多更快造福社会、造福人民。让创新创造成为劳动者自身的追求，就必须要把握和实现好广大劳动群众的根本利益，激发劳动者的劳动潜

能，充分调动劳动者的生产积极性和创新积极性。

（三）创新劳动驱动社会全面发展

随着时代的发展和人类生产力的提高，劳动的内容和形式已然发生了巨大的变化。面对经济全球化的不断加强及日益激烈的国际竞争、新一轮产业革命浪潮，基于我国新的时代条件和发展机遇，党中央提出创新驱动发展战略，将创新作为驱动经济社会持续健康发展的动力。实施创新驱动发展战略，使创新劳动成为社会发展的重要动力源泉。首先必须转变人们的发展理念，这是因为理念是行为的先导，一定的发展实践都是由一定的发展理念来引领的。必须改变过去粗放型的发展方式，树立创新、协调、绿色、开放、共享的新发展理念。这里创新驱动发展战略指的是全面的创新和全面的发展，包括科技、制度、文化和理论等各个方面的创新发展。各个层面的创新，最终都要通过劳动来完成。

国际竞争新优势越来越体现在创新能力上。谁在创新上先行一步，谁就能拥有引领发展的主动权。随着科学技术不断发展，尤其是知识经济成为全球经济发展的新趋势，在新时代的发展中更多地强调创新劳动，创新劳动已成为国家创新能力的重要体现。所以，要激发创新创业的动力和活力，通过创造释放新的需求，从而推进新技术和新产业的蓬勃发展。

知识链接

2018 年度创新案例评选结果公布

一、年度创新模式：爱奇艺、盒马、小猪、众惠相互

爱奇艺：2018 年爱奇艺基于"技术+娱乐"双螺旋基因，打造多个爆款剧综，率先关闭了前台播放量；推出了全球首个 AI 手语主播。从技术、产品、内容与商业模式角度，爱奇艺正引领中国视频行业走向 AI+新模式。

盒马：盒马开创了线上线下一体化，集餐饮、超市、App 和外送于一体的创新模式，以及最快 30 分钟免费配送到家的物流体验。以盒马为代表的中国新零售方案，已经成为海外同行争相学习的对象。

小猪：小猪短租民宿预订平台覆盖国内 400 座城市和海外 252 个目的地。2016 年小猪发布乡村美宿品牌，平均每增加一间乡村民宿，就为当地提供 6 个工作岗位。2018 年年初小猪推出的"城市之光"住宿计划 2.0，将书店住宿作为一种新型运营模式。

众惠相互：作为中国首家经监督管理部门批准开业的相互保险组织，众惠相互积极探索中国特色相互保险独特价值和模式。2018 年 9 月，推出众惠"宝无忧"家庭医生互助计划，打造独具相互保险特色的"参与式医疗"新模式。

二、年度创新产品：阿里巴巴 88VIP、百度大脑、微信小程序、爱城市网

阿里巴巴 88VIP：88VIP 是阿里巴巴推出的会员一卡通，涵盖旗下的所有核心业务，通过打通品牌间的会员体系，将活跃用户固定在阿里体系内，实现生态中品牌间的导流。

百度大脑：百度大脑推出的以 API（Application Programing Interface，应用程序接口）或 SDK（Software Development Kit，软件开发工具包）的形式，将人工智能的图像、语音、自然语言处理、用户画像等核心能力对外共享。百度大脑已建成超大规模的神经网络，拥有万亿级的参数、千亿样本、千亿特征训练，能模拟人脑的工作机制。

微信小程序：微信小程序无须下载、安装应用，可以让企业减少开发原生 App 的成本。通过小程序，每个微信个体都可以成为新型的生产力。

爱城市网：浪潮正式提出向云服务、大数据、智慧城市三大新运营商转型之际，推出智慧城市便民公众服务平台——爱城市网 App，整合政府、社会的数据与服务资源，方便市民一键畅享所有城市服务、参与城市管理。

三、年度创新公益：蚂蚁金服、今日头条、水滴筹、水滴公益、银联商务、VIPKID

蚂蚁金服：蚂蚁金服为全球最大的金融创新独角兽，估计市值超过 1 500 亿美元。蚂蚁森林已上线 18 个低碳生活场景，从绿色出行、网络挂号、网上购票、在线缴纳水电煤费等扩展到住绿色酒店、订绿色外卖等。用户已经超过 3.5 亿人，累计碳减排 300 万吨，为地球种下 5 500 万棵树。

今日头条：今日头条的寻人公益项目从寻找走失者拓展到"无名患者寻亲项目""两岸寻亲项目""寻找烈士后人项目"，以及帮助法院寻找失信被曝光人员的"头条追逃项目"等。截至 2018 年 11 月 23 日，成功帮助 7 676 走失人员回家，帮助 80 个两岸家庭团圆，帮助 78 例无名患者寻找到家人，找到 141 位烈士的亲属。

水滴筹：截至 2018 年 9 月底，大病众筹平台水滴筹为超过 80 多万名的大病患者提供免费筹款服务，累计筹款金额超过 100 亿元。

水滴公益：水滴公益自平台正式上线以来，筹集善款超过 3 500 万元。

银联商务：银联商务"小鸡快跑"活动于 2017 年 12 月正式启动，通过在银联商务 App 捐赠小鸡苗的方式参与四川省凉山彝族自治州喜德县及丹巴县贫困村的精准扶贫。截至 2018 年 11 月 18 日，银联商务已捐赠鸡苗 7 612 只，帮扶农户 150 家，预计每户每年增收近 5 000 元。

VIPKID："VIPKID 乡村公益英语课"项目，通过创新的在线教育手段，实现全球优质英语学习资源共享到中国偏远乡村，一年半的时间，已为全国 536 所乡村学校输送了 10 000 多节优质外教英语课。

（资料来源：央广网，2018 年 12 月 14 日）

二、工匠精神的重塑与劳模精神的弘扬

新时代劳动观是党和国家在治理国家和社会发展中所坚持的科学理论指导。今天我们所坚持和弘扬的劳动价值理念来源于马克思劳动观，而工匠精神和劳模精神是新时代下关于劳动价值理念的集中体现。弘扬工匠精神和劳模精神，是推进供给侧结构性改革、实现中国制造向中国创造、中国产品向中国品牌、中国数量向中国质量转变的内在要求，是加强文化传承、创新型人才培养的内在要求，同时也是提高新时代劳动质量的需要。

（一）工匠精神的重塑

2016 年政府工作报告中首次提出工匠精神。在向实现中华民族伟大复兴中国梦迈进一大步、全面建成小康社会之际提出工匠精神，具有鲜明的时代特征，是对那些在平凡的岗位上默默辛勤付出、追求品质、勇于探索创新的社会主义劳动者的高度赞扬。要大力弘扬工匠精神，培育更多中国工匠，打造更多享誉世界的中国品牌，推动中国经济实现高质量发展。新时代重塑工匠精神也是对马克思劳动观的继承和发展。实现自由自觉的劳动是形

成工匠精神的前提与条件。只有实现了自由自觉的劳动，劳动者才有可能从事自己所感兴趣、喜欢和热爱的劳动活动，并在劳动过程中全身心地投入，将敬业、专注和创新等深深地嵌入自己劳动过程中，把实现和完成好自己的工作作为最终目的，进而实现自我的人生价值。因而，从另一方面看，工匠精神实际上就是马克思劳动解放理论和人的自由全面发展学说在当代的诠释。

培育工匠精神不但是传承传统精神，同时也是今天经济社会发展的现实需要。在经济发展新常态下，用创新发展从根本上提升中国制造的品质，就需要有大批具有工匠精神的劳动者从劳动实践中提升产品质量。实体经济是我国经济的重要支撑，做强实体经济需要大量的技能型人才，需要大力弘扬工匠精神，加强职业技术教育。因此，我们应该大力倡导并重塑工匠精神，使其在全社会蔚然成风。

（二）劳模精神的弘扬

劳模精神不仅仅是劳动者个人素质和精神的反映，同时也是民族精神和时代精神的重要体现。我国召开了多次全国劳动模范表彰大会，在全民心中标榜劳动模范的精神力量。要崇尚劳动、尊重劳动，懂得劳动最光荣、劳动最崇高、劳动最伟大、劳动最美丽的道理。这是进入新时代，党和国家重视劳动的重要体现。劳模精神是党中央对广大劳动者的伟大劳动实践所作的高度评价和充分肯定，是对马克思劳动观的丰富和发展，具有鲜明的时代特色和中国特色，是助力中国梦的宝贵精神财富。劳模精神的载体是劳模，即劳动模范，他们是劳动人民的杰出代表；劳模精神就是每一位劳动模范在各自平凡的岗位上所体现出的爱岗敬业、争创一流、艰苦奋斗、勇于创新、淡泊名利、甘于奉献的伟大精神，是对时代精神和民族精神的极大丰富。他们身上所展现的爱岗敬业、努力创新创造就是当代劳模的鲜明特质。

在新时代下，弘扬劳模精神是社会发展的必然要求，是共筑中国梦的精神力量，是实现人生价值的内在动力，是全社会都应汲取的精神营养。弘扬劳模精神，就是要向劳动楷模学习，以劳模为榜样，不断将劳模精神发扬光大。新时代实现中华民族伟大复兴中国梦的宏伟目标，离不开全国人民在各自岗位上的辛勤劳动，以劳模精神和工匠精神为集中体现的敬业精神、奋斗精神将成为建设社会主义现代化强国的不竭动力。

三、和谐劳动关系的构建

马克思指出："任何一个民族，如果停止了劳动，不用说一年，就是几个星期也要灭亡。"这句话充分肯定了劳动在人类社会历史发展中的重要性，同时也表达了对劳动的尊重之意。新时代下坚持以新时代劳动观为指导，有利于树立尊重劳动和劳动者的价值观念，有利于构建和谐的劳动关系，有利于促进社会主义和谐社会的建设。

（一）树立尊重劳动和劳动者的价值观念

劳动是人类的本质活动，正是因为劳动创造，我们拥有了历史的辉煌；也正是因为劳动，我们拥有了今天的成就。在新常态下，要处理好社会主义新时代下新型的劳资关系，牢固树立尊重劳动和劳动者的价值理念，从而充分调动劳动者的积极性，推动社会经济的发展。

1. 形成尊重劳动的价值观念

爱劳动是中华民族的传统美德，在致力于实现中华民族伟大复兴的新时代，必须进一步强调尊重劳动，充分激发劳动者拼搏和创新的精神，发挥社会主义劳动者的主力军作用。牢固树立"劳动创造了中华民族，造就了中华民族的辉煌历史，也必将创造出中华民族的光明未来"的理念，社会的发展和进步都离不开广大普通劳动者的辛勤付出，必须尊重一切合法的劳动，倡导广大劳动者形成辛勤劳动、创新劳动的社会氛围。

2. 树立尊重劳动者的价值观念

人民是历史的创造者，实现中国梦，必须坚持人民群众的主体地位不动摇。新时代，推进全面建成小康社会，需要全体社会主义劳动者共同努力。实践证明，只有尊重劳动、尊重劳动者，维护劳动者的合法权利，才能真正体现人民当家作主和劳动者的主人翁精神，才能充分调动劳动者的积极性和创造性，才能进一步推进社会的发展。

（二）树立正确劳动观，构建和谐劳动关系

新时代，和谐的劳动关系主要体现在以下几个方面。第一，在整个劳动体系中应该坚持公平与正义的原则，这是构建和谐劳动关系的关键因素。第二，和谐的劳动关系应体现劳动者的主体地位。实现中华民族伟大复兴的中国梦，要靠各行各业人们的辛勤劳动。只要有志气有闯劲，普通劳动者也可以在宽广的舞台上展示自己的人生价值。我们是社会主义国家，人民是国家的主人，因而新的劳动关系的建立必须站在人民的立场上。充分尊重和维护劳动者的劳动，坚决维护劳动者的主体地位，才能建立和谐的劳动关系。第三，建立合理的劳动关系协调机制，对劳动过程中出现的问题及时协调，推动和谐劳动关系的建立。第四，处理好人与自然之间的关系，也就是处理好金山银山与绿水青山之间的关系。制定正确的发展战略，在满足社会发展的同时，努力构建资源节约型、环境友好型社会，从而保证人类社会的可持续发展。新时代，社会主要矛盾的变化表明要大力发展社会主义市场经济，促进社会主义市场经济协调发展，满足人民日益增长的美好生活需要。因而要树立科学的劳动观，建立以公平正义为原则的和谐的劳动关系。

（三）促进和谐社会建设

社会和谐是中国特色社会主义的本质属性，也是实现国家富强、民族振兴、人民幸福的重要保证。和谐的劳动关系是社会主义和谐社会建设的重要内容。要切实维护劳动者的合法权益，以促进社会主义和谐社会建设。以和谐劳动促进社会主义和谐社会建设，具体体现在以下几个方面。

1. 充分尊重劳动者的主体作用

目前，在我国的经济社会发展过程中，出现了企业在用人方面重视人的学历、忽略人的主观能动性的问题。劳动者能否很好地胜任自己所从事的工作，知识储备只是一个基础因素，还有一个决定性因素就是能否充分调动自身的积极性和主观能动性。在社会主义和谐社会的建设中，必须尊重劳动者的主体性作用，按照"人的本质"要求促进社会主义和谐社会建设。

2. 提高劳动者的科技水平

随着知识经济时代的到来，社会发展中需要的简单劳动越来越少，因而需要提高劳动

者的科学技术水平，以适应经济社会发展的需要，降低市场需求与劳动力供应之间不能适应的矛盾。

3. 鼓励劳动者创新创造

创新是建设我国社会主义和谐社会的动力，要鼓励社会各阶层人民群众创新，调动全社会创业创新的积极性，将创新劳动成果转化为生产力，增强人们认识和改造自然的能力，实现人与自然的和谐共生，促进社会主义和谐社会建设。

4. 坚持人与自然和谐共生的价值理念

建设美丽中国，树立绿水青山就是金山银山的理念。在新的发展阶段，要彻底转变发展观念，牢固树立保护生态环境就是保护生产力的理念，实现人与自然和谐共生，为社会主义和谐社会的建设提供良好的生态环境。

案 例

中国科技矢志不移自主创新

2018年，中国科技有很多灿烂的高光时刻。我们看到了"天鲲"试航、"嫦娥"奔月、"北斗"棋布、"鲲龙"出水、"松科"钻地；迎来了港珠澳大桥通车、中国南极"第五站"选址奠基；做出了世界首个体细胞克隆猴，实现了量子霍尔效应从二维到三维的突破；我们进一步深化科技体制改革，"三评"指挥棒变了、科研人员减负了、科技成果转化再发"大礼包"……

一、科技利国为民

2018年，中国科技上天入地、通江达海，继续为国计民生奉献创新担当。

这一年，"张衡"初上天，它能从太空监测地震。2018年2月2日，电磁监测试验卫星"张衡一号"发射升空（图1-6）。它是中国地震立体观测体系天基观测平台的首颗卫星，达到国际先进水平，在国内首次实现低地球轨道卫星高精度电磁洁净度控制，弥补了中国天基科学探测领域发展的一大短板。汶川地震10年后，"张衡"卫星让人们对地震监测有了新的期待。

图1-6 电磁监测试验卫星"张衡一号"发射成功

这一年,"松科二井"完井了,入地深度打破亚洲纪录。2018年5月26日完井的"松科二井"是2014年4月13日开钻的,最终井深7 018米,是亚洲国家实施的最深大陆科学钻井和国际大陆科学钻探计划(ICDP)成立22年来实施的最深钻井。中国科学家创造了深部钻探技术的四项世界纪录并取得两项重大突破。

这一年,疏浚利器"天鲲号"首航成功。2018年6月12日,"天鲲号"成功完成为期近4天的海上航行。"天鲲号"是首艘由我国自主设计建造的亚洲最大自航绞吸挖泥船,设计每小时挖泥6 000立方米。首次试航成功,标志着"天鲲号"向着成为一艘真正的疏浚利器迈出了关键一步。

这一年,救灾高手"鲲龙"水上首飞成功。2018年10月20日,我国首款大型水陆两栖飞机"鲲龙"AG600实现水上成功首飞,而此前它已于2017年年底实现陆上成功首飞。AG600可用于大型灭火和水上救援等,填补了我国大型水陆两栖飞机的研制空白,是与大型运输机运-20、大型客机C919并称的我国大飞机家族"三兄弟"之一。

这一年,桥梁界"珠峰"港珠澳大桥(图1-7)通车。2018年10月24日,港珠澳大桥通车,总长约55千米的大桥工程让珠江入海口两岸的3个城市只需30分钟便可以互通。2009年年底正式开工建设的港珠澳大桥被英国《卫报》称为"现代世界七大奇迹之一",因建设周期史上最长、投资最多、施工难度最大而被誉为桥梁界的"珠穆朗玛峰"。

图1-7 桥梁界"珠峰"港珠澳大桥

这一年,四代核电之"肺"通过验收。2018年10月31日,全球首台球床模块式高温气冷堆蒸汽发生器顺利通过验收。蒸汽发生器是高温气冷堆核电系统中最关键的设备之一,其作用是将核反应堆的热量转换成接近600摄氏度的水蒸气,推动汽轮发电机组产生电能,业内称之为"核电之肺"。这台拥有我国完全自主知识产权的蒸汽发生器将用于高温气冷堆核电站示范工程华能石岛湾核电站,是第四代核电标志之作。

这一年,"北斗"三号完成星座部署,导航服务从亚太走向全球。2018年11月19日,随着两颗全球组网卫星顺利升空,我国成功完成北斗三号基本系统星座部署。北斗三号基本系统于2018年年底正式开通运行,向"一带一路"国家和地区提供基本导航服务,迈出从区域走向全球的关键一步。

这一年,"嫦娥"又奔月,目标是月球背面。2018年12月8日,"嫦娥四号"探测器成功发射,开启了月球探测的新旅程,它的目标是实现人类首次月球背面软着陆,开展月球背面就位探测及巡视探测,并通过已在使命轨道运行的"鹊桥"中继星,实现月球背面与地球之间的中继通信。

这一年,多项高科技含量的国之重器和重大工程纷纷登台亮相,利国利民,这是多年创新积累后结出的甜美硕果。

二、探索永不止步

2018年,我国在国际上首次实现了非人灵长类动物的体细胞克隆。2018年1月25日,国际顶尖科学期刊《细胞》在线发表了中国科学家的重大成果——世界上第一个体细胞克隆猴"中中"和第二个体细胞克隆猴"华华",已在中科院神经科学研究所诞生。此前,科学家一直未能实现非人灵长类动物的体细胞克隆,也就难以建立模拟人类疾病的动物模型。中国解决了这个世界难题,率先开启了以猕猴作为实验动物模型的时代。

这一年,中国医生实现了人类首次肺脏再生。2018年2月8日,同济大学医学院教授左为团队在国际上率先利用成年人体肺干细胞移植手术,在临床上成功实现了肺脏再生。这是世界上首例人类自体肺干细胞移植再生——从患者支气管取出的几十个干细胞,在体外扩增数千万倍之后,移植到患者肺部的病灶部位,经过3至6个月,这些干细胞逐渐形成新的肺泡和支气管结构,进而修复替代损伤组织。

这一年,中国在国际上首次人工创建了单条染色体的真核细胞。2018年8月2日,国际顶尖科学期刊《自然》在线发表了中国科学家在"人造生命"领域的突破——中科院分子植物科学卓越创新中心的覃重军研究团队与合作者,将酿酒酵母细胞里原本天然的16条染色体融合成单条染色体,这条染色体仍具有正常的细胞功能。这是"人造生命"的一个重大突破,表明天然复杂的生命体系可以通过人工干预变得简约,甚至可以人工创造全新的自然界不存在的生命。

这一年,中国人把量子霍尔效应从二维拓展到三维。2018年12月18日,《自然》在线发表了复旦大学物理学系修发贤课题组的重大成果,他们在拓扑半金属砷化镉纳米片中观测到了由外尔轨道形成的新型三维量子霍尔效应的直接证据,迈出了量子霍尔效应从二维到三维的关键一步。量子霍尔效应是20世纪以来凝聚态物理领域最重要的科学发现之一,至今已有4个诺贝尔奖与其直接相关,但此前100多年,科学家们对量子霍尔效应的研究一直停留于二维体系。

中国科学家们不仅做出了许多世界级成果,还在为未来的探索创造条件、积蓄力量。

这一年,中国南极"第五站"选址奠基。2018年2月7日,我国南极科考第五站在南极罗斯海恩克斯堡岛定址奠基。此前,我国在南极仅有长城站、中山站、昆仑站和泰山站四座科考站。中国第五座南极科考站将是一座常年科考站,可独立支持开展陆地、海洋、大气、冰川等多学科综合科学考察。

三、改革继续深化

2018年,基础研究有了纲领性文件,科研"大目标"定了。2018年1月31日,国务院正式发布《国务院关于全面加强基础科学研究的若干意见》,从五个方面提出二十条重点任务，并明确了我国基础科学研究三步走的发展目标。

这一年，"三评"改革文件通过，科研"指挥棒"变了。2018年7月初，《关于深化项目评审、人才评价、机构评估改革的意见》印发后，引起广泛期待，因为这份改革文件针对的是当前科研体系中反映强烈的科研人才"帽子多"、评价标准"一刀切"、科研机构职能定位不清等现实问题。四方面十八项具体政策措施分别对项目评审、人才评价、机构评估工作提出了有针对性的改革举措，真正让科研人员吃了"定心丸"。

这一年，科研项目管理简化了，科学家有了更大的科研自主权。2018年7月，国务院印发《关于优化科研管理提升科研绩效若干措施的通知》，推进科技领域"放管服"改革，建立完善以信任为前提的科研管理机制，减轻科研人员负担，简化科研项目申报和过程管理，赋予科研人员和科研单位更大科研自主权。

这一年，新一批改革举措向更大范围推广，科技成果转化再发"大礼包"。2018年12月5日召开的国务院常务会议，决定将新一批23项改革举措向更大范围复制推广，激发创新创造活力。允许转制院所和事业单位管理人员、科研人员以"技术股+现金股"形式持有股权，引入技术经理人全程参与成果转化，鼓励高校、科研院所以订单等方式参与企业技术攻关，为中小科技企业包括轻资产、未营利企业开拓融资渠道，推动国有科研仪器设备以市场化方式运营、实现开放共享等一系列改革举措令广大科研工作者备受鼓舞。

这一年，科技之星光芒闪耀，在"改革先锋"百人名单中占据了超过两成的席位。于敏、程开甲、孙家栋、王大珩、屠呦呦、袁隆平、潘建伟等用科技力量推动了改革开放事业的进步。

（资料来源：经济日报，2018年12月15日）

当下，我国正向着全面建成社会主义现代化强国的第二个百年奋斗目标迈进。要坚持以马克思劳动观，尤其是以新时代劳动观为指导，正确分析我国社会发展过程中存在的劳动问题，确立以劳动者为本的理念。建立和谐的劳动关系，提高劳动者积极性主动性，建设社会主义和谐社会。

案 例

"大国工匠"翟国成：辽宁舰上一种工具以他的名字命名

在辽宁舰上有一个高级士官群体，他们从接舰的那一天起，就工作生活在我国首艘航空母舰上，从试验试航到跨海区训练，从"歼-15"首次着舰到多批次放飞"战鹰"，他们见证了我国航母工程建设取得的每一项成就，也伴随着辽宁舰一同成长。

翟国成是辽宁舰首个获得国家专利的航母舰员。3本国家专利证书、10余项创新研究成果、4次荣立三等功、全军优秀士官人才奖一等奖……这是二级军士长翟国成在航母上收获的一份成绩单。更让这位航空保障部门支持设备区队区队长骄傲的是，有一种工具，能以自己的名字命名——"翟国成扳手"。

航母甲板被称为"世界上最危险的机场"。甲板上进行的每一个操作都可能影响到飞机的起降安全，大到设备，小到工具，在操作上容不得半点误差。"翟国成扳手"正是在这样谨小慎微的环境中诞生的。在一次飞行甲板作业过程中，一名舰员在使用工厂配发的航空供给盖扳手时，扳手从供给盖滑脱，手背瞬间被飞行甲板坚硬的涂层擦伤。看见身边年轻战友滴血的伤口，围在一旁的翟国成心疼不已。"为什么扳手会滑脱？是不是扳手设计上有缺陷？能不能有更合理的改进？"一连串疑问在翟国成脑海中一个接一个冒出来。凭着自己多年的机务保障经验，在对供给盖结构原理进行反复思考后，他终于找到了症结。他立即着手研究改进，在战友帮助下学会工程制图，设计出重量轻、费力小的立式扳手。

在一次舰面勤务保障时，翟国成发现液压管、油管等管线从供给盖中拉出，不仅费时费力，还磨损线缆，如果加入滑轮导引装置和管线升降装置能有效解决这个问题。为了把想法变成现实，翟国成拿起教材，带领攻关团队学习起机械制造、电气控制方面的技能。

2017年4月，为做好飞行试验和专项任务准备，舰上组织更换飞行甲板防滑涂层。甲板防滑涂层的质量状态对飞行安全起着十分重要的作用。"和飞行有关的一切都不能马虎！"经常把这句话挂在嘴边的翟国成主动请缨，协助中队负责该项工作。厂家作业前，翟国成查阅了大量天气、水文资料后发现，如果按照预定日期更换，新铺设的涂层气膜将会在温度返潮影响下导致大面积破裂，"战鹰"在这样的甲板面起飞着舰会怎样？他赶紧找到厂家技术员，表明了自己的看法。厂家铺设了一小块甲板进行论证，翟国成的话很快就得到证实。"安全是航母事业的生命！"细心的翟国成，为飞行保障增添了一份安全，也为厂家避免了复工的经济损失。

翟国成精通所带区队的10多个专业，先后保障过4型战机。车辆应急启动装置、甲板专用警戒杆等十多项研究成果，让翟国成成为战友们眼中的发明专家。其中，管线导引装置、立式开盖扳手、管线升降装置获国家实用新型专利证书。绿色的证书封面上，"实用新型专利证书"8个金色大字醒目耀眼。每次从箱底翻出，他都要细细地端详，将它们在手中抚摸好几遍。这几本证书从立项到研发，从申报到审批，他等了足足两年，这份对航母舰员发明创造"唯一性"的肯定，在他心中分量何其重！

在翟国成的引领下，辽宁舰掀起了装备革新的热潮，涌现出多名"装备革新之星"，为航母建设提出的装备改进建议多达数百条。"是航母给了我平台，让我去创新。"而关于发明创造的初心，翟国成说，一切都为了能打仗，打胜仗。"装备改进一点，航母的战斗力就提高一点。"

（资料来源：央视网，2017年8月22日，第457期）

一群年轻人，用吃苦耐劳的劳动精神、精细精准的工匠精神、无私奉献的劳模精神，见证了我国航母工程建设取得的每一项成就，也伴随着辽宁舰一同成长，用他们精益求精的追求演绎着无悔青春，成为为社会主义现代化建设做出突出贡献的"大国工匠"。

实践活动

反思劳动创造意识

一、活动目标

引导学生深刻理解劳动教育，提高对创新意识的认识。

二、活动时间

建议 15 分钟。

三、活动流程

（1）教师出示以下阅读材料，并提问：请结合实际情况谈一谈造成以下现象的原因及对策。

> **就业力报告**
>
> 中国人民大学中国就业研究所联合智联招聘发布《2020 年大学生就业力报告》，全景分析疫情影响下的大学生就业形势。报告显示，75.8% 的人首选单位就业，选择自由职业和升学的人占比分别为 7.7% 和 7.5%，选择创业的仅为 2.8%，6.2% 的人选择暂不就业等形式的慢就业。这组数据说明了大学毕业生的劳动创造意识不容乐观。

（2）教师将学生按照 6~8 人划分小组，通过小组内部讨论形成小组观点。

（3）每组推选一名代表陈述本组观点，其他小组可以对其进行提问，小组内其他成员也可以回答提出的问题；通过讨论问题进行交流，将每一个需要研讨的问题都弄清楚。

（4）教师进行归纳、分析和总结，引导学生深刻认识开展劳动教育的重要性，提前做好就业准备。

（5）教师根据各组在活动过程中的表现予以评分。

第二章 劳模精神

花游"劳模"孙文雁追求更高更强

对于2020年东京奥运会的延期,国家花样游泳队的姑娘们用一如既往的扎实训练和团结一心证明着她们的决心。正如队长孙文雁说的那样:"对于东京奥运会,我们的初心没有改变,目标更加坚定了。我们的目标是冲击最高领奖台,但这个过程中我们还要做很多很多,还要不懈努力。"

已经拥有亚运会冠军以及世锦赛、奥运会亚军等荣誉的孙文雁曾在2016年里约奥运会后淡出,但是对花样游泳的热爱让她在2018年7月回到了心爱的泳池,继续享受花样游泳这个舞台带给她的一切。"老将出马"自然要表现出老将的担当。孙文雁不仅是教练们眼中技术好、能力强的"技术担当",而且还是队友们口中赞不绝口的"劳模"。然而奥运会延期对于已经迈入而立之年的老将孙文雁和搭档黄雪辰来说,经历心态上的波动实属正常,而迈过心理那道坎需要极大的勇气。孙文雁坦言:"我们要正视和接受奥运会延期的现实。对于老运动员来说,多坚持近14个月跟只有近两个月备战时间还是不太一样的。所以特别是对于雪辰和我来说,要更加积极地去调整心态,然后思考如何利用这延期的时间来提高我们的集体和双人节目,如何弥补短板,做到更好。"

新冠肺炎疫情和东京奥运会延期打乱了原本的备战计划,但是队伍的训练一直没有停歇。不过在训练的调整期里,姑娘们有了趣味训练的时间。别看是趣味训练,但是要求并不低。"累并快乐着"是姑娘们的心情,这样好玩有趣的趣味训练总让她们感慨时间过得太快。"很好玩,也很累。趣味训练可以帮助我们调节情绪,同时也兼具了竞技性,是综合性的训练,既能练到,也能很开心。"孙文雁说这样的训练还能让大家增进配合的默契度。

体能训练是队伍一直以来的训练重点,体能的强化给姑娘们带来了令人欣喜的改变。孙文雁的体能测试成绩一直在涨,帮助她在最惧怕的400米自由泳项目中不断取得突破。从突破5分钟,到游进4分53秒,再到2020年年初的东京奥运会选拔测试中游进了4分50秒,每一次进步对于孙文雁来说都是肯定。相比以往游进5分钟都觉得困难,孙文雁真切感受到了自己的状态在不断攀升,正是更加充沛的体能储备在帮助她一直涨成绩。她说:"目前我们的体能有了很大的提高,但提升体能是没有止境的。现在正好又多出一年的时间,等到明年东京奥运会,如果我们的体能可以更高、更强,就可以表现得更好。"

(资料来源:中国奥委会官方网站,2020年6月10日)

第一节　劳模精神概述

> 劳动模范和先进工作者、先进人物不仅自己要做好工作,而且要身体力行向全社会传播劳动精神和劳动观念,让勤奋做事、勤勉为人、勤劳致富在全社会蔚然成风。
> ——习近平

劳模精神体现着人民群众的劳动态度,传承着中华民族热爱劳动的传统美德,学习和践行劳模精神是党对全国各族劳动人民的政治要求和殷切期望。弘扬劳模精神,特别是新时代劳模展现出的高贵品质和职业情操,是时代的呼唤、历史的必然,是凝聚全国各行各业社会主义建设者,振奋精神、砥砺前行、敬业勤奋、勇于创造,努力实现"两个一百年"奋斗目标,实现中华民族伟大复兴的中国梦的重要保障。

一、劳模与劳模精神

(一)劳模

劳模是劳动模范的简称,"劳",表示劳动,这是劳模的基本前提。"模",意思是规范、标准、效仿。劳模,是指在劳动中被效仿的标准和模范。劳模是指在各个时期的生产劳动和建设中涌现出的劳动者的优秀代表,他们是在劳动中产生,被广大劳动者所认可和推崇的榜样,是经过层层推选审核评比后,被各级党委、政府认可并授予劳动模范证书或先进生产者证书的人群。评选劳模使劳动者能够看到典型的生动形象,使广大劳动者树立信心、坚定意志。劳模是时代的特色音符,谱写着时代的建设之歌。他们在形象上是普通人,品质却是伟大的;生命是有限的,但精神却是永恒的。他们可以由党中央、国务院授予全国劳动模范的称号,也可以由省委、省政府根据本省的情况,评选授予省劳动模范和省先进生产者。同样的,各市、县区产生各自范围内的劳动模范。

(二)劳模精神

1. 劳模精神的含义

劳模根本上是一种精神,通过劳模展现,既体现了劳动的本质,又体现了劳模的先进性,是推动劳动向前发展的精神力量。劳模精神脱离不了劳动和劳动者,它在劳动中产生,并通过劳动者来生动地展现。劳模精神是一种先进的精神,体现出人本质的光辉和优秀的潜能。劳模精神是伟大的,推动了历史的进步。劳模精神中顽强拼搏的进取精神、自强不息的高贵意志是做好一切、成就自我的根本。伟大的事业需要伟大的人民,伟大的人民需要伟大的精神,伟大的精神鼓舞伟大的人民,伟大的人民创造伟大的事业,三者之间缺一不可，相互促进。劳模精神的实质就是要通过诚实劳动为人民创造美好的生活，为国家开创崭新的局面，这是中华民族几千年发展历程中最伟大的总结。

2. 劳模精神的生成

劳模精神与时代同步发展，贯穿于中国社会发展强大的整个历史进程中，它的生成与发展并非虚无，而是具有强大的理论基础和文化基础。马克思主义的劳动理论是其生成的理论基础，中国特色社会主义的先进文化是其生成的文化基础。

（1）劳模精神生成的理论基础：马克思主义的劳动理论。劳动是劳模精神的基石，深入理解劳模精神必须从深入理解劳动开始。在马克思主义的劳动理论中，劳动是人类最基本的生产和社会实践活动，它是人的本质力量的反映，是人自身和人类社会不断向前推进的永动力；劳动是人的自由自觉的有意识的活动，一直维持这种活动就能够产生财富和价值。总之，劳动是促进人类历史发展的根本动力。

（2）劳模精神生成的文化基础：中国特色社会主义先进文化。马克思指出："人们自己创造自己的历史，但是他们并不是随心所欲地创造，并不是在他们自己选定的条件下创造，而是在直接碰到的、既定的、从过去继承下来的条件下创造。"同理，劳模精神也不是根据主观心理状态创造的，而是在特定的精神文化基础之上创造的。

作为在建设中国特色社会主义的伟大实践中形成的优秀文化，劳模精神的生成具有深厚的文化基础。首先，劳模精神含蕴着博大精深的中华优秀传统文化。中华传统文化是劳模精神的文化母体。"敬业乐群、踏实勤勉"的实干精神，"自强不息、励精图治"的奋斗精神，"革故鼎新、破旧立新"的创新精神，"国而忘家、公而忘私"的奉献精神与劳模精神不谋而合，它们是劳模精神发展与创新的历史文化根基。

其次，劳模精神生成于中国共产党的革命文化。中国共产党在带领人民反帝反封建的浴血奋战中产生的井冈山精神、长征精神、延安精神等革命文化，熏陶了一批又一批的劳动模范，激励他们将不畏艰难、舍生取义、艰苦奋斗的大无畏精神熔铸于自己的血液之中，在实践中不断外化为感人肺腑的劳模精神。中国近代的革命斗争史，是劳模精神的锤炼史，也是中华文明涅槃重生的自信史。面向现代化、面向世界、面向未来的，民族的，科学的，大众的社会主义先进文化与资本主义社会相比，劳动不再是被资产阶级压迫下的活动，而是自由自觉实现人的本质回归的活动。劳模精神作为社会主义先进文化的特有精神现象，它每发展一步，社会主义文化就发展一步。

二、新时代劳模精神的内涵

中国特色社会主义事业已进入新时代，中国劳模精神一方面延续了过去年代的精髓要义，另一方面又显露出新时代的内涵和实践向度。当代中国劳模是社会主义改革开放和建设中优秀劳动者的典范，当代中国劳模精神鼓舞着成千上万的普通劳动者坚守理想信念、立足本职岗位、奋勇当先、勇于创新创造、创建事业功勋，以主人翁的姿态诠释着爱党爱国、兢兢业业、恪尽职守、无私奉献、宁静致远的精神风貌。

（一）爱岗敬业

爱岗敬业是劳模精神的重要内涵，首先我们要清楚爱岗敬业的概念。爱岗敬业的本质含义是指人们对待职业的一种责任心和敬畏态度，深层内涵则可上升为吃苦耐劳、任劳任怨、精益求精的可贵品质。以往我们对敬业精神的认识往往局限于职业道德和职业伦理的范围，认为爱岗敬业精神就是一种对职业的热爱、虔诚、敬畏的态度，以及忠于职守、无私奉献、精益求精的精神状态。其实，爱岗敬业精神有着更加深刻的文化内涵，尤其是与人的存在和发展、社会的和谐稳定，甚至国家的前途具有内在关联。爱岗和敬业，互为前提，相互支持，相辅相成。爱岗是敬业的基石，敬业是爱岗的升华。这些足以显现爱岗敬业在劳模精神中的价值内涵。

爱岗敬业的精神是社会职业道德的基础和核心。爱岗，就是热爱本职工作；敬业，是爱岗的升华，是对工作的一丝不苟，高质量地完成工作；奉献，就是给予付出，不计得失，为社会和他人服务。爱岗、敬业、奉献，是普通而崇高的道德情操。在普通的岗位上，默默无闻地付出爱心和耐心，从平凡的工作中找到一种蓬勃向上的精神力量。劳模精神映照的就是这样一种催人奋发的精神与动力。

爱岗敬业不仅是个人生存和发展的需要，也是社会存在和发展的需要。不论在哪个时期，爱岗敬业作为一个词语都有它不可替代的光芒以及深厚的意义，劳模精神的价值追求正在于此。爱岗敬业诠释了劳动模范的自身价值，符合社会发展的根本要求。在崇尚务实精神的当代社会，爱岗敬业尤为重要。任何人都有追求荣誉、最大限度地实现人生价值的天性。要想愿望变成现实，就要在自己的平凡岗位上做到爱岗敬业。爱岗敬业属于道德建设的基本要求，爱岗敬业是人类社会最为普遍的奉献精神，它看似平凡，实则伟大。任何一份职业、一个工作岗位，都是一个人赖以生存和发展的基础保障。同时，一个工作岗位的存在，往往也是人类社会存在和发展的需要。

（二）争创一流

争创一流是当代劳模具有竞争力、战斗力和爆发力的精神源泉。在实际工作中很多人前望"标兵"自叹不如，后顾"追兵"甘拜下风，面对困难像泄气的皮球，鼓不起勇气。探究这些现象的原因，最关键就是因为缺少劳模精神所彰显的争创一流的品行，缺少像劳模一样一往无前的闯劲、不畏艰难的拼劲、百折不挠的韧劲和争先创优的干劲，缺少干大事、创大业的意识，缺少攻坚克难的胆识，缺少自我超越、开拓进取的精神。广大劳模在工作中不断强化自身竞争意识，善于比，敢于拼，争当各个行业和岗位的排头兵。当代劳模在中国特色社会主义建设和改革开放的历史进程中，不仅和自己的过去比、和本单位的同事比，还和国内外业内同行比，谁领先就向谁学习。广大劳模以不能等待的危机感、不能拖拉的责任感、不能落后的紧迫感、不能退却的使命感，振奋精神、坚定信心、鼓足干劲，以舍我其谁的勇气去奋斗，以蓬勃向上的朝气去进取，以一马当先的锐气去开拓，以敢为人先的风范去拼搏，以争创一流的情操去奋进，在比拼中扬鞭奋蹄，在竞争中创造价值，在发展建设中国特色社会主义事业的进程中绽放生命的精彩。当下，如果没有了争创一流的精气神，劳模精神就失去了竞争力，就没有了战斗力，就不会有爆发力，当代中国劳模精神就失去了灵魂。市场经济就是竞争经济，故步自封、安于现状的思想行不通，争创一流是市场经济环境造就而形成的劳模精神要素，符合现代社会主流思想。市场经济竞争，需要劳模勇往直前、开拓进取，用一流的技术、一流的管理、一流的产品、一流的品牌、一流的服务、一流的信誉、一流的口碑，树行业标杆。故步自封、甘于落后不是当代中国劳模的风貌，争创一流、比学赶超已是当代劳模的整体风格。当代劳模正践行着习近平的殷切嘱托，珍惜荣誉、再接再厉，爱岗敬业、争创一流，用工人阶级的优秀品格、模范行动引导和鼓舞全体人民，再立新功、再创佳绩。

改革如逆水行舟，不进则退。在改革开放的深化和关键期，全国各族人民要向劳模学习，学习劳模具有危机意识、争先意识，用一流的工作业绩回击一些消极情绪和杂音，用一流的国际形象捍卫中国劳动者的尊严和自信，使中华民族以昂首的姿态屹立于世界东方。

争创一流是当代劳模以高标准、高目标要求自我的高尚情操。争创一流就是要树立自信心、提振精气神，以敢为人先、追求卓越的精神状态，高起点谋划、高标准定位、高质量落实、高效率推进，做到谋划上胜人一筹、行动上快人一步、措施上硬人一度。

高尔基说，一个人追求的目标越高，他的才力就发展得越快，对社会就越有益。契诃夫说，我们以人们的目的来判断人的活动。目的伟大，活动才可以说是伟大的。争创一流作为当代中国劳模精神的灵魂，是一种思想意识，是劳模充分发挥主观能动性、创先争优的内生动力；是一种思维方式，是激励劳动者奋勇向前、拼搏进取的保证；还是一种行动目标，是劳模对标"高、精、尖"，实现追求一流功绩的灯塔；也是一种方法手段，是对在中国特色社会主义建设各项事业中表现突出、工作业绩突出的劳动者的肯定和鼓励。古人云："欲成事必先自信，欲胜人必先胜己。"劳模是全面建成小康社会的先锋力量，他们在争创一流中建立并提高自信心，不断实现自我肯定，影响了一大批劳动者攻坚克难，带动着一个个团队和行业做到了高标准、高目标，最后使国家进入了高水平的行列。从精神上讲，支撑这些工人、发明家持续创新的动力就是争创一流的伟大品质。

（三）艰苦奋斗

劳模精神是一股先进、积极、进取、向上的伟大力量，劳模精神能够鼓舞人、催人奋发，是带动人们奋斗拼搏的一种力量。艰苦奋斗精神是中国工人阶级伟大品格的发扬，也是劳模精神不断吸纳新能量的结晶。大力弘扬劳模精神，是对中华传统文化最好的继承和弘扬，也是对我党一贯倡导的革命传统和社会主义建设时期的艰苦创业、奋勇拼搏精神的继承和发扬。时刻不忘继承中国工人阶级的优良传统，发扬劳模精神，这是中国共产党总结革命、建设、改革开放时期的劳动概括出来的一条十分宝贵的经验，也是党在新时期领导人民实现中国梦的征程中必须始终坚持的一条基本经验。新时代呼唤新的大批劳动模范的涌现，呼唤弘扬伟大的劳模精神，需要我们在全社会大力弘扬艰苦奋斗精神。

艰苦奋斗是劳模精神的要求。劳动模范是劳动群众的杰出代表，就要在工作中积极奉献、努力拼搏、争创一流，这是伟大时代精神的生动体现，也是劳模精神的优良传统。这一传统催发了广大工人阶级的工作热情，坚定了工人阶级的信念，为我国的繁荣富强贡献了伟大的工人力量。新时期的艰苦奋斗精神具有以下要求。

（1）艰苦奋斗精神要具有强烈的主人翁意识。要始终坚持把国家的利益和人民的利益放在首位，敢于承担历史使命，提高责任感意识。当前我国的经济已进入"经济新常态"的发展阶段，中国经济将从要素驱动、投资驱动转向创新驱动。在这新的发展时期，更需要广大人民群众以强烈的主人翁责任感承担自己的历史使命和职责，把自己真正看作国家的主人，承担起自己的责任，奋斗拼搏、贡献力量。劳动模范更要拿出艰苦奋斗的精神，要有能担当历史使命、能为历史使命提供精神力量的动力。在新时代的背景下，当代劳模具有与时俱进的作为，更有强烈的主人翁的使命感，能够促进国家快速稳定健康发展。只要踏实劳动、勤勉劳动，在平凡岗位上也能干出不平凡的业绩，普通劳动者也可以在宽广的舞台上展示自己的人生价值。这就促进了劳模精神的发展，推动了社会的进步，为全面建成小康社会奉献了力量。

（2）艰苦奋斗精神要具备忘我劳动、爱岗敬业和创新的品质。这是劳模精神的中心。虽然时代在不断发展、科技在不断更新、社会发展日新月异，但以劳模为代表的工人阶级始终保持并发扬着劳模精神的光荣传统，为我国社会主义的建设和发展做出了巨大的贡献与努力。艰苦奋斗精神是推动社会生产力不断向前发展的强大动力，同时也是推动我国经济稳定增长的强大动力。在新时期艰苦奋斗就是保持忘我劳动、爱岗敬业的品质，突出社会主义优越性在劳模精神中的显现，伴随着社会的发展勇于创新、甘于劳动。当前我国在"大众创新，万众创业"背景下更要发挥劳模精神，在创新中不断突破，调动创新、创业的积极性以开启我国经济新的增长动力。

（3）艰苦奋斗精神要具备与时俱进和艰苦学习的品格。在新时期劳模精神中，与时俱进和艰苦学习是工人阶级先进性的重要体现，也是工人阶级担当主力军的重要保障。劳模精神就是在工人阶级不断学习、艰苦奋斗的过程中孕育而生的，同时又对工人产生了潜移默化、深远持久的影响。工人要在工作岗位中拼搏进取，不断学习新的知识、新的技能、新的方法，不断适应社会的发展，与时俱进。只有工人的思想与时代的发展吻合，才能步调一致、一同进步，为我国的发展贡献自己的力量。

（四）勇于创新

创新在劳模精神的发展过程中具有重要的作用，它推动着劳模精神不断发展、与时俱进。同时劳模精神作为创新的动力支撑，推动着各项工作勇于创新，实现新的突破。每一名劳动模范都在自己的工作岗位上努力创新，用自己的劳动成果服务于人民、服务于社会。勇于创新是劳模精神的内涵，是劳模精神的组成部分。

勇于创新是马克思主义的实践向度和理论品格。马克思主义认为，创新即人的存在方式。创新是人类特有的活动，是作为拥有智慧的高等生物有意识的创造性实践，这种创新实践的目的是实现人的自由全面发展，推动社会变革与发展。马克思主义告诉我们，创新的本质是有目的、有计划地改变现存客观事物的存在状态、属性、功能，从而最大限度地实现创新主体利益及自我解放，并能满足人们的需要。从付出上看，与一般的实践活动相比，创新是一种更高级形式的实践活动，需要人投入更多的时间和精力，不仅需要耗费更多的脑力劳动，也伴随着大量的体力劳动；从产出上讲，创新所创造的财富更多，带来的经济价值也更大。不仅如此，创新活动还能促进并实现人的自由全面发展，凸显人的本质力量。

科技驱动发展是我国的发展战略。它一方面汲取了马克思、恩格斯、列宁的科技创新思想，另一方面在不同的时代背景下，结合中国客观实际，发展了科技创新思想。我国的科技发展战略一脉相承，又根据时代发展的要求开拓进取、锐意创新。新时代科技发展战略是习近平新时代中国特色社会主义思想的重要组成部分，是马克思主义中国化的最新理论成果。改革开放以来，具备创新创造能力成为劳模的目标和方向。尤其是党的十八大以来，勇于创新已融入劳模的血液，印刻在劳模的心田。勇于创新、敢于创造已经成为当代中国劳模精神的关键内容和核心内涵。

提倡勇于创新、善于创造的劳模精神是实现中华民族复兴的现实需要。党的十九大指出，创新是引领发展的第一动力，是建设现代化经济体系的战略支撑。改革开放以来，中国经济迅猛发展，已经成为世界第二大经济体。面对国内经济发展的现实状况，党和政府提出我国经济发展进入新常态。要解决经济增长速度放缓、产能过剩、拉动力不足等方面的问题，科学技术就成了提升经济增长的真正动力。与此同时，当今世界科技竞争日益激烈，全球新一轮科技革命和产业革命正在孕育兴起，我们要抓住机遇不断推进科技创新、管理创新、产品创新、市场创新、品牌创新。

这就要求社会主义建设者和劳动者在创新创造的时代洪流中，必须掌握关键技术，学习并发扬劳模身上展现的勇于创新的劳模精神。科学技术从来没有像今天这样深刻影响着国家前途命运，从来没有像今天这样深刻影响着人民生活福祉。我们要培养造就一大批具有国际水平的战略科技人才、科技领军人才、青年科技人才和高水平创新团队，建设一支又一支知识型、技能型、创新型劳动者大军，为创新创造提供雄厚的人力资源保障；要弘扬劳模精神和工匠精神，营造劳动光荣的社会风尚和精益求精的敬业风气。中国要强盛、要复兴，就一定要大力发展科学技术，努力成为世界主要科学中心和创新高地。我们比历史上任何时期都更接近中华民族伟大复兴的目标，我们比历史上任何时期都更需要建设世界科技强国！

当代中国劳模充分发挥先锋模范作用，不断钻研科学技术，全面提升勇于创新的本领，锐意进取、勇于创新、不断增强善于创造的能力，结合实际运用互联网技术和信息化手段推动工作不断取得新成效，在自主技术研发、提升产品品质、改进管理模式等方面都取得了突出业绩，为中国特色社会主义现代化发展建设做出了突出贡献。

案 例

> **"80后"用科技革新改进生产力**
>
> "无论时代如何变化，劳动创造价值永远是推动经济社会发展的基础。只有大家齐心协力地劳动，才能不断地创造价值，推动历史的车轮往前走。""80后"产业工人秦世俊在参加完劳模表彰大会后说。
>
> 秦世俊参加工作14年，累计完成25年的工作量，实施技术创新、小改小革660多项，提高生产效率1~8倍。"我庆幸自己的工作有一个踏实的起点。"在中航工业哈尔滨飞机工业集团，秦家"两代劳模"的故事为人们津津乐道。秦世俊的父亲曾被评为公司十大劳模之一。如今，儿子青出于蓝而胜于蓝。
>
> 一身臭汗、满襟油泥，是父辈们的车工形象。"与父亲不同的是，现在产品加工靠软件控制、智能化操作，不仅劳动环境、强度大大改善，而且加工精度和工作效率也成倍提升。"秦世俊说。
>
> 尝到了超越父辈的甜头，秦世俊在追求数控加工的道路上越走越远。他研究出"逆向思维、反向踩点"的加工腹板新方法，将生产效率提高了8倍，一次交检合格率达到100%。在加工新机型尾翼安装平台时，他创新的方法让零件加工周期一次性大幅缩短，加工成本降低了75%。
>
> "工作条件越来越好、效率越来越高，这样的变化说明国家在发展、社会在进步。"工作13年就当上高级技师的秦世俊说，"但不论怎样，脚踏实地、爱岗敬业的基础不能丢。"在这样的"变"与"不变"之间，年轻工人一代才能走好现代工业之路。
>
> （资料来源：新华网，2015年4月29日）

（五）淡泊名利

淡泊名利是中国传统名利观的集中体现，是中华民族传统美德。淡泊名利是中国劳模固有的精神境界，涵养着当代中国劳模精神。劳模从登上中国历史舞台起，就拥有着淡泊名利的精神境界。淘粪工人、共和国首批劳模时传祥，受到毛泽东、刘少奇、周恩来等党和国家领导人的接见。头顶光环的时传祥没有因此骄傲自大，也没有因此去炫耀和交换什么，他依然在淘粪工的岗位上兢兢业业、勤奋工作。全国劳动模范、全国道德模范袁隆平，也是淡泊名利的榜样。袁隆平把全部精力都放在杂交水稻上，放在了解决中国人的吃饭问题上，并且把杂交水稻的专利权无私地捐赠给了国家。但袁隆平仍然身穿35元的衣服，泡在水田里默默耕耘。2004年度感动中国致袁隆平的颁奖词写道："他是一位真正的耕耘者。当他还是一个乡村教师的时候，已经具有颠覆世界权威的胆识；当他名满天下的时候，却仍然只是专注于田畴，淡泊名利，一介农夫，播撒智慧，收获富足。他毕生的梦想，就是让所有的人远离饥饿。"2008年，袁隆平在回应当年落选中科院院士一事上说道："我努力并不是为了当院士，当时我的态度是如此，现在依然如此……我当选美国科学院外籍院士也是人家推选的，我的目的不在于院士不院士。我是搞超级杂交水稻的，我的目的就在于能够不断出新成果，为粮食安全做出贡献，那就是我最大的安慰。"劳模袁隆平让我们感动、令我们尊重和推崇的，除了敬业奉献的情操和爱国爱民的情怀，还有他淡泊名利、宁静致远的精神境界。

当今整个中国社会的现代文明程度有了明显提升，人民的思想道德素质有了显著提高。正确的名利观会影响和铸就高品位和高格调的人。新时代，要学习继承老一辈劳模谨守本分、淡泊名利的精神境界，甘于寂寞、淡泊自守、不求闻达的豁达态度，弘扬当代中国劳模精神。

（六）甘于奉献

劳模精神的另一内涵就是甘于奉献。每一个劳动模范都甘于奉献、勇于担当，并把这一准则作为自己在工作岗位上的行动指南。甘于奉献诠释了劳动模范不辞辛苦、甘愿付出的大爱，体现了劳动模范不求回报、不为名利的社会主义现代化工人的精神品质。

哲学家黑格尔说过："追求真理的勇气，相信精神的力量，乃是哲学研究的第一个条件。人应当尊敬他自己，并应自视能配得上最高尚的东西。精神的伟大和力量是不可以低估和小视的。"甘于奉献是一种精神，更是一种力量，二者合一，构成了劳模精神的内在动力。人可以先满足自己，在满足自己之后实现更大的价值，就是为社会、他人服务。劳模精神就是要营造这样的氛围，在这样的文化氛围之中催人奋进，实现个人更大的社会价值，使每个人拥有为人民服务的精神。

奉献是恭敬地呈献，奉献是不计报酬地给予。甘，美也。甘于奉献，就是以奉献为甜美，以奉献为快乐。甘于奉献是一种至高无上的人生追求，甘于奉献是一种至善至美的精神境界，甘于奉献是一种推动社会进步的强大精神动力。甘于奉献是劳动模范的优良传统。劳动模范把这一传统发扬、传承，运用到工作和生活之中，形成了"人人为我，我为人人"的良好风气，推动着劳模精神的形成。

甘于奉献是行动的指南，需要处理好大我与小我的关系。实现小我、成就大我，这其中有一个取和舍的关系。当我们面对问题、遇到挑战，需要奉献与付出时，能否舍弃小我、实现大我，能否给予别人帮助？当在工作岗位中遇到困难没有人能够承担，在危难关头没有人能够站出来时，就需要一种力量、一种精神，即无畏困难、舍弃小我、成就大我的奉献精神，这是劳动模范的特有精神。甘于奉献的精神蕴含在劳模文化之中，也是劳模精神的重要组成部分。甘于奉献在劳模精神中是一种潜移默化的持久力量，蕴含着强大的动力，让人更加热爱劳动。奉献精神在我们当今的社会发展中尤为可贵，在思想和意识形态多元化、信息多样化的背景下，市场经济的发展使每个人都很独立，很少有人愿意去分担别人的职责，去关注和自己没有关系的事情，奉献精神无疑是使社会发展回归正轨的一剂良药。弘扬劳模精神就是要把劳模精神的内涵发扬光大、把劳模精神的价值放大，让人们知道劳模精神对当今社会发展的有利作用，对培养人、塑造人的价值。甘于奉献蕴含在劳模精神中，激发了劳模精神的生机活力。弘扬甘于奉献的精神就是对劳模精神的最好诠释。

甘于奉献的精神是一种态度，是一种责任担当，必须不断打磨自己，增强自信心，因为自信可以激发生命活力，是支撑生命的重要力量。甘于奉献的精神需要真正的自信，不是自以为是、刚愎自用。自信能激励一个人对待工作的热情，在工作中变得自强、自立、自爱。甘于奉献的精神是一种实力，是人有所作为的基本要素。甘于奉献的精神蕴含着一种聚焦功能，是战胜困难、推动事业发展的基石。要成就一番事业，就要勇于担当、甘于奉献，拿出激情所能赋予自己的全部力量去有所作为。甘于奉献，意味着忠于事业、信守承诺、矢志不渝、艰苦奋斗，是勇敢品质和责任意识的统一。甘于奉献表现为不求回报、甘于承担、勇于作为。劳动模范身上有一股干劲，有一种要把工作做到位的责任态度，在困难面前毫不退缩。只有勇于奉献、愿意付出才能体会人作为社会的有机体的价值。这也是奉献精神的本质。

甘于奉献，才能突破思想禁锢、解放思想，才能放开手脚、挑起重担、勇敢前行，不断克服前进障碍，破解瓶颈，开创各项工作的新局面。敢于担当、多做奉献，就要敢想敢为，进一步打开解放思想的总闸门，破除思想上的小富即安、工作上的小进则满、发展上的小打小闹的束缚，瞄准更高追求，确立更高目标。在发展规划上先谋划，在发展政策上先争取，在发展措施上先实施，以舍我其谁、当仁不让的气概抓落实，以敢于超越的胆略勇于开拓、奋力前行。敢于担当、多做奉献，就要敢闯敢试，面对阻碍发展的各种制约，要克服困难，弘扬奉献精神。肯吃苦、做难事才能有所作为。甘于奉献是一种可贵的品格，不是没有标准、没有道理、不守规则的奉献。甘于奉献是面对困难问题不退缩、面对责任敢承担、在危难时机敢出头的奉献，是敢于承担、愿意付出的行为，是一种大爱，是高思想、高境界的体现，这种奉献是对劳模精神最真的诠释。甘于奉献的精神实质是关键时刻敢作为的责任意识。

甘于奉献、勇于担当就要善作善成，不论顺境还是逆境，不论成功还是挫折，不论有无风险，都要相信"办法总比困难多"，认准的事要一抓到底、不怕难、不服输、不言弃，敢于向"不行"叫板，善于做"能行"文章，化不利为有利，化无路为有路，切实干出效率，干出水平。对待工作要负责，对待问题要钻研，只要肯付出没有完不成的事情，甘于奉献的精神价值就体现于此。

劳动模范身上都具备这种不服输、敢作为的特点，这也体现了劳模精神的内涵。

甘于奉献的精神就是要有作为、敢承担、能吃苦、善做事。甘于奉献的精神体现在一代又一代的劳动模范身上，他们在自己的工作岗位上兢兢业业、一丝不苟，忘我地工作，他们为了工作、为了国家敢于献出宝贵生命，为了伟大事业敢于牺牲自我。这是一份投入，这是一种精神，这是一种力量，甘于奉献构成了劳模精神的独有内涵。

第二节 新时代劳模精神的特征与意义

> 劳动模范是劳动群众的杰出代表，是最美的劳动者。劳动模范身上体现的"爱岗敬业、争创一流，艰苦奋斗、勇于创新，淡泊名利、甘于奉献"的劳模精神，是伟大时代精神的生动体现。
>
> ——习近平

一、新时代劳模精神的本质特征

劳模精神既是体现在劳动模范身上的优秀品质，又是中华民族传统美德的结晶，它包含着中华各族人民做人做事的美德，体现着我国悠久的文明历史。在时代的变迁中，劳模精神的内涵愈发丰富，它的本质也愈发突出，它是我国工人阶级优秀品格的体现，是对伟大中华民族精神的传承，是对改革创新时代精神的彰显，是对社会主义核心价值观的生动诠释。

（一）工人阶级优秀品格的体现

工人阶级是我国的领导阶级，是中国共产党最坚实可靠的后盾，它代表了先进生产力和先进文化的前进方向。劳动模范和先进工作者作为工人阶级和劳动群众的优秀代表，是祖国和人民的骄傲，是最美的劳动者。2013年4月28日，习近平总书记在同全国劳动模范代表座谈时明确指出："坚持和发展中国特色社会主义，必须全心全意依靠工人阶级、巩固工人阶级的领导阶级地位，充分发挥工人阶级的主力军作用。"2015年4月28日，习近平总书记在表彰全国劳动模范和先进工作者大会上再次强调，在当代中国，工人阶级和广大劳动群众始终是推动我国经济社会发展和维护社会安定团结的根本力量。

劳动模范作为我国工人阶级中最闪光的一个群体，他们身上凝聚的劳模精神始终体现着我国工人阶级的优秀品格。一方面，劳模精神体现了工人阶级的先进性。在中国共产党领导中国人民革命、建设和改革的各个历史时期，我国工人阶级都是勇挑重担、建功立业、开拓创新的时代先锋和行动楷模，他们在任何时代都是辛勤劳动、诚实劳动、创造性劳动的有功者，推动着国家富强与民族进步。劳模精神作为劳动模范的核心要素和行动指南，是支撑时代前进的强大精神力量，充分体现了工人阶级的先进性，推动了工人阶级的成长进步。另一方面，劳模精神彰显了工人阶级强烈的主人翁责任感。劳动模范先进的思想和优秀的品质是时代的产物，他们所拥有的高度的主人翁责任感是自这个阶级出现就与生俱来的，是劳模精神的内在本质，正是因为他们自觉的、高度的主人翁责任感，使得他们将国家的富强和民族的复兴作为自己的责任，以极大的热情投入各项事业中，努力进取、勇于创新、艰苦奋斗、淡泊名利、无私奉献，将个人理想与国家理想、个人梦与中国梦融合在一起，为中华民族的伟大复兴奋斗终生。

（二）伟大中华民族精神的传承

中华民族是具有伟大创造精神、伟大奋斗精神、伟大团结精神和伟大梦想精神的民族。这四个伟大精神精准而深刻地描绘出中国人独有的气质和禀赋，即富于创造、崇尚奋斗、团结一心、追求梦想。创造给予我们奇迹，奋斗给予我们机会，团结给予我们力量，梦想给予我们希望，它们是支撑中华民族创造伟大历史、不断向前发展的精神底气。这四个伟大精神体现在中华民族从站起来、富起来到强起来的奋斗过程中锻造出的不同精神中，其中劳模精神就是对它的一种传承与发展。

一方面，劳模精神中强烈的主人翁意识和责任感、艰苦奋斗和勇于创新的品质特征，就是对中华民族伟大创造精神和伟大奋斗精神的直接展现。中国人民是具有伟大创造和伟大奋斗精神的人民，而作为人民群众杰出代表的劳动模范就更具有这种优秀的精神品质。时代楷模南仁东用20多年的岁月艰苦奋斗、坚持创新，建造了中国探测太空的"天眼"——球面射电望远镜FAST；造林英雄杨善洲退休后艰苦奋斗、义务造林，绿了荒山却白了头。他们是劳模精神的承载者，是伟大创造精神和奋斗精神的传承者，他们深刻阐释着中华民族的优良传统。另一方面，劳动模范之所以拥有爱岗敬业、争创一流、淡泊名利、甘于奉献的精神，就是因为他们有着伟大团结精神和伟大梦想精神。回顾中国改革开放以来取得的巨大成就，中国网、中国港、中国路、中国桥，这都是怀揣伟大梦想的人民努力获得的。梦想是引领我们向前发展的动力，但发展的根本还是要各族人民团结一致，同心同德。有梦想、能团结，才能形成守望相助的大家庭，才能铸牢中华民族共同体意识。新时代为了进一步弘扬和践行劳模精神，就要在每个人的心里都种下团结与梦想的种子。

（三）改革创新时代精神的彰显

时代精神是一个国家和民族在新的历史条件下形成和发展的思想观念、价值取向和精神风貌的总和。它是一种体现国家和社会发展方向，反映民族特色和时代潮流的集体意识，在国家整体发展战略中占据着重要地位。当今我国时代精神的核心是改革创新，它贯穿于改革开放的全部实践，体现在时代精神的各个方面。改革开放进程中涌现出来的一系列时代楷模和榜样群体，都生动地展示着以改革创新为核心的时代精神。

劳模精神是改革创新的时代精神的有力彰显。劳模精神是一种人文精神，代表的是一个时代的价值观、道德观与世界观，展示的是一个时代的民族思想与情愫，是时代精神的典型化、人格化。一方面，作为一种文化，劳模精神不是定格的，而是能动的、实践的、发展的，随着社会主流价值、国家意识形态、社会生活的变迁而不断演变发展。另一方面，劳模在实践中体现出来的具有个人特质的精神品质，代表着社会先进生产力的发展方向，引领着时代的进步潮流，凝结着改革创新的时代精神，丰富和发展着时代精神的内涵。

案例

杨善洲：我就是义务植树人

1988年，杨善洲从云南省保山地委书记的岗位上退休时，省委领导找他谈话："你辛苦了一辈子，退下来后到昆明来吧。"杨善洲婉言谢绝："我要回到家乡施甸县种树，为家乡百姓造一片绿洲。"

杨善洲的这一决定遭到了全家人的反对，说他辛苦了几十年，终于可以过上清闲的日子了，却要自讨苦吃。家乡人听说他要回去种树也劝他："你到别处去种吧，这地方连野樱桃和锯木树都不长。"但杨善洲创办林场的决心并没有为之而动摇。他请来地、县林业部门的领导和科技人员到大亮山上进行了多次调查研究，经过实地考察和深思熟虑后，提出了"国社合作"建场的方案。退休座谈会一结束，他就赶到离大亮山最近的黄泥沟，和县里抽调的同志汇合。第二天，大亮山国社联营林场就正式挂牌成立，杨善洲亲自担任大亮山造林指挥部指挥长。

杨善洲的家乡姚关镇陡坡村，位于施甸县城东南大亮山脚，平均海拔2 600多米。20世纪六七十年代，由于大规模地毁林开荒，原本翠绿的大亮山遭到极大破坏，生态环境急剧恶化。

在环境恶劣的大亮山全面植树造林是个大工程，要做的事很多。开始办林场那几年困难很大，但杨善洲艰苦奋斗，一直秉持"少花钱多办事"的理念。请来帮忙的工人没房子住，杨善洲就花7 000多元钱盖了40多间油毛毡房，一住就是8年；没钱买农具，于是就地取材自己动手，办公桌、板凳、床铺都是自己做的；没有肥料，他和工人们就提着粪箕捡牛马猪粪作底肥……多年来，他坚持与工人同吃同住，长期住在油毛毡房里，床是用木桩和树枝搭的，门是荆条编的。住在这样的房子里，夏天热，冬天冷，下雨天被子常被淋湿。偶尔下山几天，老鼠就会把被子咬得到处是窟窿。但每次一有新房，这个执拗的老人都会让给新来的技术员。

1999年11月，在手提砍刀给树修枝时，杨善洲不小心踩着青苔滑倒，一只手严重划伤，左腿粉碎性骨折。他急得不得了，心里想的都是："我恐怕再也上不了大亮山，看不到亲手栽起来的树木了。"杨善洲本来没有手机，骨折住院治疗期间才买了一部，为的是每天在医院听到林场的消息。半年后，身体刚刚恢复，他又拄着拐杖执意爬上了大亮山。

有人为杨善洲算过一笔账：1亩地种200棵树，5万亩就是1 000万棵，一棵树按最低价30元算，总共就是3亿元。然而，作为大亮山林场的义务承包人，杨善洲并没有从林场拿钱。最初的几年里，林场只给他每月补贴70元伙食费，后来这笔钱调到了每月100元。杨善洲不仅不要钱，还经常给林场贴钱。碰上林场经济困难的时候，他就把自己的退休金拿出来发工资。杨善洲说："在林场捞油水的机会还是有的，但我没有要。来造林是了却我的一桩心事，是我应尽的义务，我分文不取。我既不是林场场长，也不是支书，就是义务植树人。"

扎根大亮山林场的20多个年头里，他带领当地人民植树造林，建成面积5.6万亩、价值3亿多元的林场，林场林木覆盖率达87%以上，使当地恶劣的自然环境得到了明显改善。修建了18千米的林区公路，架设了4千米多的输电线路，使深居大亮山

> 附近的人民通了电、通了路。
>
> "共产党员不要躲在机关里做盆景，要到人民群众中去当雪松。"杨善洲的一言一行，无不体现一个共产党员心系群众、为人民群众干实事的理想信念。为官多年，他没有留下什么"关系"和遗产，却用几十年如一日的扎实工作，给子孙后代留下了一片片绿荫，留下了一份份宝贵的精神财富。
>
> （资料来源：人民日报，2020年5月7日）

二、新时代劳模精神的意义

（一）生动诠释了社会主义核心价值观

党的十八大提出，倡导富强、民主、文明、和谐，倡导自由、平等、公正、法治，倡导爱国、敬业、诚信、友善。这24个字是社会主义核心价值观的基本内容。它分别从国家层面、社会层面和个人层面对国家、社会和个人的价值进行了阐述，这些内涵是适应我国现阶段的发展进程和国情状态的，是我们每个公民都应该尊崇的价值体系，并按照内涵要求，努力完善自己、提高素质。

社会主义核心价值观是对全社会公民的道德要求和行为准则要求，而劳模正是全体公民中的杰出代表，他们展现出的劳模精神与社会主义核心价值观是部分与整体的关系。从内涵上来看，社会主义核心价值观是在中华民族长期的发展历程中，通过几代人、几十代人不断提炼，将传统的中华民族优秀美德与各时代相结合的产物，劳模精神是在长期的生产实践中总体凝结成的先进的劳动领域的精神支撑，各个时代的劳模精神也都是符合社会主义核心价值的要求的，是其重要组成部分。无论是从社会公德方面，还是个人道德品质方面，社会主义核心价值观都是对全社会价值观的多角度考量和要求，是全面的、系统的、立体的。而劳模精神包含着热爱劳动、热爱生活、追求知识、不断进取、努力创造的价值取向，是社会主义核心价值观在社会生产领域的更高要求。弘扬社会主义核心价值观的过程是任重道远的，这就要求劳模群体作表率，身体力行，在弘扬劳模精神的同时，促进社会主义核心价值的宣传，引导全社会践行社会主义核心价值观。

（二）丰富了民族精神和时代精神

民族精神是以中华民族为对象，以爱国主义为核心的。时代精神是以改革开放为核心，坚持改革开放就是最大程度坚持时代精神。这两种精神始终贯穿于中华民族的历史当中，既沉淀于近代中华民族不屈不挠的民族斗争中，又体现于新时代中国快速崛起的改革进程中，动员和鼓舞着中华儿女以饱满的热情投身祖国建设，将自身的价值实现于民族和时代的意义当中。民族精神和时代精神是群众为之凝心聚力的兴国之魂，民族精神和时代精神是党和政府的强国之道。

民族精神是指一个民族在长期历史和阶级条件下，通过长期的发展和推进，在共同生活和社会实践活动当中形成的，为本民族大多数成员所认同的想法和理念。民族精神是全面系统的，既包括人民的价值取向、思维方式、道德规范，也包括民族的观念、传统、革新和改变。在中华民族几千年的发展历程中，无论是充满硝烟的战争时期，还是如今的和平年代，民族精神都是不可或缺的宝贵财富。中华民族经过几千年的历程，逐步形成了以爱国主义为核心内容的团结统一、爱好和平、勤劳勇敢、自强不息的伟大民族精神。民族精神是不断发展的、是与时俱进的、是开放的、是包容的。而劳模精神体现勤劳、勇敢、奋斗、创新等内容，它恰恰生动地诠释了民族精神的内涵。广大劳模是传承和发展民族精神的先行者，他们用自己在劳动中展现出的高尚情操和高贵品质，为传承和发扬民族精神做出了表率。

时代精神是一种与时代特色联系最紧密的精神，每个时代的经济、社会、文化等方面的特点，都赋予了各自时代精神的深刻内涵。随着经济的腾飞、国内外局势的错综复杂，改革创新成为中华民族面临的迫切要求。新时代精神就是以改革创新为核心的时代精神，这种精神体现了为了满足人民对美好生活的向往的发展需要，必须进一步发展科技，发展生产力。时代精神也是创建新型现代化国家的迫切要求，国家的强大成为新时代的特色。改革创新是落实科学发展、可持续发展的必然要求，也是构建社会主义和谐社会的重要保障。改革开放是中国共产党团结带领全国人民做出的最伟大的决策之一，通过创新改变了民族的陈旧，改变了方式的固化，改变了道路的模式，改变了环境的影响。创新是时代精神的灵魂，墨守成规应该被淘汰，取而代之的是创造的思维、创新的理念。只有创新才能适应时代变迁带来的高速发展。时代精神具有不断勇攀高峰、不断突破自我、不断打破陈规的特点，在新的形势、新的实践、新的任务、新的挑战面前，时代精神将不断探索出适合中国发展的道路，并将这条路越拓越宽、越走越远。时代精神的核心是改革创新，新时代劳模精神也强调勇于创新，从这一点上看，劳模们用自己的实践活动，推动着时代的发展，也丰富和诠释了时代精神。

（三）劳模精神是劳动精神的积极体现

劳动是人类的本质活动，也是推动人类社会进步的根本力量。作为新时代的创造者，应当树立端正的劳动观，即劳动最光荣、劳动最崇高、劳动最伟大、劳动最美丽。历史悠久的中华民族，从闭关锁国落后挨打的局面，到今天的新时代发展，实现了从站起来、富起来到强起来的伟大跨越，这是全体劳动者在中国共产党的领导下，经过艰苦卓绝的革命、建设和改革，一步步实现的。习近平总书记在2013年看望了65名劳模代表，这其中有我国第一个位女拖拉机手——时龄84岁高龄的梁军，她是在1950年第一届劳模大会上当选全国劳动模范的，她的事迹鼓舞了一代代的共和国建设者。习近平总书记听完劳模代表们的发言后讲道："人世间的美好梦想，只有通过诚实劳动才能实现；发展中的各种难题，只有通过诚实劳动才能破解；生命里的一切辉煌，只有通过诚实劳动才能铸就。"而这其中的"诚实劳动"就是当代劳模体现出的爱岗敬业、艰苦奋斗、甘于奉献的精神；而"破解难题""铸就辉煌"就体现在劳模身上的争创一流、勇于创新、淡泊名利的精神。

（四）劳模精神是培育时代新人的重要手段

时代新人首先要符合新时代的特点，要与新时代相结合，时代新人要有新思想、新方式、新观念、新目标，要有神圣的责任心和使命感，要有理想、有梦想、将自己的个人梦、个人理想同国家和民族的梦想结合到一起。要实现在劳动中创造价值，在劳动中实现人生、锤炼人性，这些就要以劳模精神为指引，要以国家富强、人民幸福为己任，发扬劳模精神的勇于创新、甘于奉献，要胸怀大志，将国家富强乃至世界进步作为前进的动力，投身中国特色社会主义建设的时代大潮当中。把远大的理想转变成现实，需要在平时的工作学习当中，不断探索、求得真学问、练就真本领，广大青年要自觉加强自身学习的意识，体会到重担在肩、时不我待的紧迫感，不断刻苦求学、提升本领。在国家发展的各个历史阶段，当时阶段的年轻人都作为时代新人，发挥着举足轻重的作用。劳模身上的坚守与专注、负责与担当、严谨与求真、勤奋与奉献的品质，正是目前社会时代新人所应当具备的。对时代新人进行社会主义核心价值观教育和劳模精神教育，有利于他们端正人生态度、正确看待社会责任、树立人生目标。

第三节 劳模精神融入高校中的实现路径

> 劳动模范是民族的精英、人民的楷模。……全国各族人民都要向劳模学习，以劳模为榜样，发挥只争朝夕的奋斗精神，共同投身实现中华民族伟大复兴的宏伟事业。
> ——习近平

纵观中国社会主义建设伟大实践的历程，各个历史发展阶段所蕴含的劳模精神都独具特色，并发挥着巨大作用。

一、劳模精神融入高校思想政治教育的困境审视

（一）高校思想政治教育教学模式缺少针对性

不同主题的思想道德教育具有不同的教学内容、教学方式，传播不同的思想和价值观念。劳模精神的形成和发展离不开特殊的历史背景，特殊的精神内涵使其具备独特的教化育人作用。如果在高校思想政治教学实践中，实施固定和统一的教学模式，沿用传统的教学内容，而忽视劳模文化自身的差异性，就会直接影响劳模精神融入高校思想政治教育的程度和教育效果，增加教学难度。广大师生对劳模精神认知水平偏低，以劳模精神为内容的思想政治教育内容不适合广大师生的现实需要，教育形式单一，不能够引起广大师生的足够重视。只有准确理解劳模精神的真正内涵，针对高校不同的受教育主体采取针对性教学模式，在不同时间段加强在校师生以"劳模精神"为主题的思想政治教育，才能更好地发挥劳模精神的德育作用，提升高校思想政治教育效果。

然而，在高校思想政治教育教学实践中，一些高校忽略了劳模精神同其他精神文化在价值观念上的引领作用和精神内涵等方面的差异，没有结合在校师生的实际情况，而采用统一的教学模式，致使劳模精神教育达不到预期效果，思想政治教育形式化。

（二）高校思想政治教育内容体系有待丰富

随着时代的不断发展，高校思想政治教育的内容体系并非一成不变的，而是在高校思想政治教育的理论与实践中不断丰富的。习近平总书记在北京大学师生座谈会上的讲话强

调,"要把立德树人内化到大学建设和管理各领域、各方面、各环节,做到以树人为核心,以立德为根本"。劳模精神融入高校思想政治教育是贯彻和落实立德树人教育理念和践行社会主义核心价值观的一种重要方式。劳模精神融入高等院校思想政治教育实现了对广大师生的道德培养、精神凝聚和价值观塑造,进而回答了"怎样培养人"的教育根本问题。劳模精神是时代精神的精华,具有丰富的理论内涵,最重要的就是它本身具有的教育价值。然而,当前高校思想政治教育中对劳模精神的关注还不够,主要体现在以下四个方面。

(1) 没有深刻认识到劳模精神对丰富高校思想政治教育内容的重要性。

(2) 缺乏把劳模精神融入高校思想政治教育内容的机制。

(3) 没有从高校思想政治教育的效果来反思劳模精神的重要性。

(4) 虽然部分高校将劳模精神教育引入思想政治教育的内容中,也取得了一定的教学效果,但是这种个别式的教育方式并没有在全国取得广泛的社会效应。

因此,在高校思想政治教育的过程中,劳模精神容易受到轻视,从而导致忽视劳模精神在高校思想政治教育中的价值。总的来说,劳模精神的思想内容、教学效果、精神价值等,都没能在高校思想政治教育内容中得到展现。

(三) 高校思想政治教育评价机制有待完善

健全的评价机制是劳模精神融入思想政治教育、高校立德树人教育实践、实现人的全面发展的有效保障和抓手。目前以劳模精神为主要内容的教育实践评价机制不健全,主要存在以下几个方面的问题。

1. 评价机制僵硬,缺少人文关怀

道德教育是人的教育。道德教育的终极价值不是教人去遵守社会规范、恪守道德规范,而是要使人回归为一个真正的人,进而实现人自身价值的提升与本质力量的增强。所以,教育要围绕如何实现人的全面发展的问题来进行,而人的全面发展的问题是思想政治教育的中心问题。如果说教育教学评价单纯地为了教学管理、制定规则而评价,那么,这种评价是比较僵硬和陈旧的。进行教育教学评价的时候,不注重人文关怀,就不会清楚以劳模精神为主的德育教学成效如何,对人的价值观念影响有多大,还有哪些需要改进和提升的地方。

2. 评价主体单一,评价结果不公正

教育评价主体主要是由教育主体和教育客体组成。通常情况下,评价结果主要是指教育主体对教育客体的评价或教育客体对教育主体的评价。复杂性是教育评价活动的特征之一。评价主体单一、缺少第三方参与、评价主体缺少互动等因素都可能对评价结果产生影响。例如,在劳模精神教学实践评价过程中,教育主体对教育客体做出的评价结果只能呈现教育客体接受思想政治教育的基本状况,侧重于教育客体,然而,教育主体如何参与教学的基本情况可能被忽略,无法反馈;反之亦然。因此,缺少第三方参与的评价机制,评价主体也很难做到自我评价,其结果只是针对评价客体。摒弃评价主体单一、扩大评价主体的范围是评价结果公正的前提。

案例

核工业央企劳模魏海涛：小焊花里的大工匠

2019年9月21日，在国务院国资委和人力资源社会保障部联合召开的中央企业先进集体和劳动模范表彰大会上，中国核工业二三建设有限公司连云港项目部核级管道焊工魏海涛（图2-1）正襟危坐，聆听着大会讲话。此时，他常年紧握焊枪的双手握紧成拳，渗出的汗水浸润着因弧光炙烤而干裂的掌心。曾在核电站主动脉上留下星辉的他，能够坐在人民大会堂接受"中央企业劳动模范"荣誉，是他怎么也无法想象的高光时刻。

图2-1 中央企业劳动模范魏海涛

一、选择了便一往无前

1989年出生的魏海涛，做人低调，待人诚恳，工作负责，又因外形阳光帅气，被现场人员称为"小鲜肉"。

2007年6月，魏海涛进入中核二三，经过6个月的初级培训后，他顺利取得焊工特种作业证，从此开始了他的焊接生涯。

在大部分人的眼里，"电焊苦，电焊难，浑身是伤疤，衣服上全是眼儿"是对电焊工人的形象描述。其实，初次接触焊接这一行业，魏海涛和其他人一样，只想着能把自己的本职工作做好。他告诉自己，这是经过自己反复思量后的决定，既然选择了，便要一往无前。正是这份执着和坚韧不拔的韧性，使他从最初的觉得好奇到慢慢地爱上焊接，再到最后的着迷，他没有想到自己今后的职业生涯会如此精彩。

在刚入职的培训过程中，别人休息时，他在寻找废板材，自己动手切割成各式各样的形状，然后进行组对焊接。几天下来，原本白皙的皮肤被弧光烤到发红、发黑，每到深夜时，受到弧光长时间照射的眼睛会自动流眼泪，但他一遍一遍地激励自己："只有付出才会有收获，只有努力了，才不会后悔。"

为了更好地掌握焊接技术，他着迷地观察师傅们的一招一式，每一个焊条摆动的频率和幅度他都牢记在心。下班后，他找来废管子、废板材，反复练习。在业余时间，他翻阅了大量有关焊接方面的资料，学习焊接理论，并积极向师傅们请教。

师傅们也非常喜欢这个勤奋好学的"徒弟"。随着手掌上的茧慢慢厚起来，手臂上的疤痕渐渐多起来，他的焊接技术也有了很大进步，平焊、立焊、横焊、仰焊等逐步熟练掌握，这为他日后的焊接生涯打下了坚实的基础。

二、天道酬勤"领头羊"

工作中，魏海涛用"探伤合格、成型美观、高效高产"三项标准严格要求自己。他知道，要使焊缝一次性射线检验合格，就要严格按照工艺要求进行焊接，任何一条一次性合格焊缝的形成都不是随意完成的。每次焊接前，他都会仔细分析焊缝在焊接过程中可能出现的问题，及需采取哪些必要的措施，并做好充分的技术准备。每一道工序、每一个环节，他都严格执行工艺标准，并对自己焊接的焊缝质量负责，手里的工作没完成他绝不下班。

天道酬勤。正是工作中的反复磨砺使魏海涛渐露锋芒。凭借多年练就的扎实本领，他多次在工作和各类焊接比赛中取得优异成绩，并获得各种奖励。2011年，他参加了中核二三东方核电工程公司举办的焊接技能比赛。在大赛中，他沉着冷静，发挥稳定，取得了个人总分第二名、两个单项第一名的优异成绩，并获得了"中核二三公司技术能手"称号。2012年，他创造了单月焊接完成管道预制焊口1 300余寸径、全年100%焊接一次合格率的优异成绩。2014年，他代表中核二三参加中国核建举办的焊工比赛，获得了单项第一名的好成绩。同年，在第三届北京"嘉克杯"国际技能大赛中，他击败了来自德国、乌克兰、白俄罗斯等12个国家以及国内27家中央企业选派的292名优秀焊接技能人才，摘得手工电弧焊单项桂冠，并被授予"中央企业技术能手"荣誉称号。2016年，他参与央视新闻频道"大国工匠"新闻专题片拍摄，在电视荧屏上展示了他高超的焊接技能。2018年，央视国际频道"走遍中国"栏目《大国基业——核岛风采》专题纪录片连续热播，他作为该专题片的主人公之一向全世界展示了中国青年技能工人的风采。

业精于勤。从初学焊接到成长为一名焊接能手，魏海涛用勤劳的汗水铺就了自己的成长之路。从在中核二三焊接技能大赛中脱颖而出，再到北京"嘉克杯"国际焊接技能大赛摘得头魁，他"荣誉等身"，先后获得中核二三青年岗位能手、核工业技术能手、中央企业技术能手、全国最美青工、中国核建劳动模范、河北省五一劳动奖章、全国技术能手、北京青年五四奖章等荣誉，并享有国务院特殊津贴。2017年，魏海涛成为中国核建首批高级技能专家、中核二三首席技能专家，创造了中国核建和中核二三认定的首批技能专家中最小年龄纪录。而在一个个荣誉面前，魏海涛始终笃信"成绩只属于过去，不断地钻研和进取才能创造新的奇迹"。

在远离城市喧嚣的海湾，魏海涛用自己对核电事业的热爱和忠诚，书写着平凡却不简单的人生。从当初的"小鲜肉"一路走来，魏海涛已然成为"80后"焊接队伍的"领头羊"，在中核二三这支"铁军"队伍里绽放光芒。

（资料来源：中国核工业，2019年11月14日）

二、"劳模精神"融入高校思想政治教育的路径选择

（一）坚持"双主体"育人原则，强化思想政治理论课建设

在劳模精神融入高等院校思想政治教育教学实践活动过程中，教育者和当代大学生同

为主体，因为只有这样，大学生在接受教育的同时才能够发挥自己的主观能动性，在接受教育的同时进行自我教育。自我教育，主要是指作为大学生群体在教学实践过程中，以自身接受的教育信息和内容，通过学习和交流对其他成员进行"劳模精神"的传播和交流，从而由教育客体转换为教育主体。强化思想政治理论课建设要求思想政治理论课（以下简称"思政课"）教师在劳模精神教学实践过程中充分发挥主体作用，用正确的教学方法和丰富的理论课程内容正确引导大学生，使其学会积极主动思考，使劳模精神相关课程内容内化为正确价值观塑造力量，外化为文化交流和传播的积极行动。

一方面，重视教师队伍建设，发挥教师主体引导作用。发展教育事业是实现中华民族伟大复兴中国梦的基础工程，教育事业处在优先发展的位置。教师是教育活动的主体，发挥着重要作用。党的十九大报告指出要加强师德师风建设，培养高素质教师队伍，倡导全社会尊师重教。劳模精神融入高校思想政治教育，通过劳模精神教育可以加强教师队伍建设，强化教师队伍的责任意识、敬业意识和大局意识，使教师队伍成为一支德艺双馨、发挥教育引导作用的合格工作队伍。将劳模精神融入高校思想政治教育，思政课教师在参与实际教学过程中是教育主体。因此，思政课教师对劳模精神理解、掌握程度以及自身理论水平直接决定着学生对劳模精神的认知，决定劳模精神德育功能是否正常发挥。在实际教学过程中，要对思政课教师首先进行劳模精神的专题培训，使思政课教师深刻理解劳模精神的内涵，强化问题意识，明确劳模精神想要传达的价值观念，全面掌握劳模精神学习的相关资料。打铁还需自身硬，思政课教师需要系统地学习劳模精神相关知识，让劳模精神的敬业精神、首创精神和奉献精神深深感化自己、塑造自己，才能发挥教师主体引导作用，才能向学生传授劳模精神相关知识。

另一方面，充分调动大学生的积极性，加强自我教育。教育家苏霍姆林斯基指出，真正的教育乃自我教育。德育育人的过程也是大学生由教育客体向教育主体转变的过程。作为教育客体的当代大学生，要自觉接受劳模精神为主要内容的思想政治教育，领悟劳模精神内涵，抓住劳模精神学习要点，拓展劳模精神学习领域，不断完善自我，提升自己的人生修养，树立正确的人生观和价值观。思想政治教育贯穿大学生生活全过程，大学生在自我提升的同时也影响着周围的人，从而实现由教育客体向教育主体的转变。充分调动大学生的积极性，强调理论和实践相结合，为他们创造学习交流的机会和平台，使他们学有所得、学有所悟，不断提升自我教育的水平和能力。

（二）重视劳模精神的教育价值，丰富高校思想政治教育的内容

将劳模精神融入高校思想政治教育的内容，并不是机械地把劳模精神强加在高校思想政治教育中，而是要深刻审视劳模精神对丰富高校思想政治教育内容的重要性。一方面，要充分阐释劳模精神的理论内涵，深入挖掘劳模精神的时代价值，丰富劳模精神自身的内涵，这是将其融入高校思想政治教育内容的前提。另一方面，要把劳模精神融入高校思想政治教育内容进行全国推广，切实在更大的空间上体现劳模精神的重要性，切实在高校思想政治教育的理论与实践中彰显劳模精神的教育价值。除此之外，要把劳模精神的传播与社会主义核心价值观的宣传、社会实践活动等结合起来，充分让劳模精神的教育价值"活"起来，从而真正彰显其在高校思想政治教育内容中的重要性。尤其是要深刻领悟劳模精神在立德树人方面的重要性，凸显高校思想政治教育内容的深刻性。

(三)加强校园文化建设，把劳模精神融入高校各个环节

校园文化是以校园为空间，以教师、学生为文化传承创新的主体，以精神文化为核心，并与物质文化、制度文化、行为文化相统一的具有时代特征的一种群体文化。劳模精神融入高校思想政治教育：通过加强建设校园文化这个着力点，把劳模精神主题教育融入高校的各个环节；多措并举，以弘扬劳模精神为核心，以改善校园整体环境为重点来加强校园文化建设。校园文化具有文化育人的功能，可以潜移默化地影响人。高等院校是弘扬劳模精神、加强劳动教育的主阵地，所以，把劳模精神融入思想政治教育，就要开展多种形式的教育教学活动促进校园文化建设。

1. 通过学校硬件设施建设，加大劳模精神宣传力度

在劳模精神融入高校思想政治教育的过程中，改善学校硬件设施建设的目的就在于为弘扬劳模精神营造良好的校园环境，注重隐性教育。改善学校硬件设施建设是加大劳模精神宣传力度的重要方式。例如，增加各学院文化宣传专栏、建设适当的文化长廊、建设特色建筑和文化景观等硬件设施都可以使劳模精神渗透到师生的日常学习生活当中去，让劳模精神通过校园环境的改变而深入人心。

2. 完善教育机制，使劳模精神教育常态化

完善劳模精神德育教育机制，努力促使劳模精神教育制度化、常态化。制度文化是校园文化的重要组成部分，可以通过制度文化来实现劳模精神教育与规章制度相结合，规定教育客体接受劳模精神教育。健全教育机制，为劳模精神融入高校思想政治教育提供制度支持。劳模精神教育和党日活动相结合，在保证劳模精神教育正常开展的同时提供制度保障。通过制度保障，让劳模精神教育成为日常行为。另外，高校的相关院系，尤其是人文社科类专业要高度重视弘扬劳模精神、加大师资投入、提升教师综合素养，为劳模精神教育顺利开展提供有力保障。

知识链接

习近平回信勉励中国劳动关系学院劳模本科班学员

2018年在"五一"国际劳动节来临之际，中共中央总书记、国家主席、中央军委主席习近平给中国劳动关系学院劳模本科班学员回信，向他们并向全国所有劳动模范、向全国广大劳动者致以节日的问候。

习近平在回信中指出："你们为党和国家事业发展做出了突出贡献，被评为劳动模范，如今又在读书深造，这是对大家辛勤劳动、无私奉献的褒奖，也是党和国家对劳动者的关怀。"

习近平强调，社会主义是干出来的，新时代也是干出来的。"希望你们珍惜荣誉、努力学习，在各自岗位上继续拼搏、再创佳绩，用你们的干劲、闯劲、钻劲鼓舞更多的人，激励广大劳动群众争做新时代的奋斗者。"

习近平强调，劳动最光荣、劳动最崇高、劳动最伟大、劳动最美丽。全社会都应该尊敬劳动模范、弘扬劳模精神，让诚实劳动、勤勉工作蔚然成风。

让劳动模范有更多机会接受高等教育，是党和国家对劳模群体的关怀和厚爱。1992年，中国劳动关系学院创办劳模本科班，学员主要是全国劳动模范、全国"五一劳动奖

章"获得者和全国先进工作者。如今,该校劳模本科班的全体学员给习近平总书记写信,汇报了学习习近平新时代中国特色社会主义思想的体会,表达了当好主人翁、建功新时代的决心。

习近平给中国劳动关系学院劳模本科班学员的回信如下。

中国劳动关系学院劳模本科班的同志们:

你们好!"五一"国际劳动节前夕,收到你们的来信,我感到十分高兴。你们为党和国家事业发展做出了突出贡献,被评为劳动模范,如今又在读书深造,这是对大家辛勤劳动、无私奉献的褒奖,也是党和国家对劳动者的关怀。

社会主义是干出来的,新时代也是干出来的。希望你们珍惜荣誉、努力学习,在各自岗位上继续拼搏、再创佳绩,用你们的干劲、闯劲、钻劲鼓舞更多的人,激励广大劳动群众争做新时代的奋斗者。

我一直强调,劳动最光荣、劳动最崇高、劳动最伟大、劳动最美丽。全社会都应该尊敬劳动模范、弘扬劳模精神,让诚实劳动、勤勉工作蔚然成风。

值此"五一"国际劳动节之际,我向你们、向全国所有劳动模范、向全国广大劳动者,致以节日的问候。

习近平
2018 年 4 月 30 日

(资料来源:人民日报,2018 年 4 月 30 日)

将劳模精神融入思想政治教育,就是充分发挥劳模精神对"双主体"的文化熏陶和培育功能,从而发挥劳模精神内化为正确的价值观念的引导和培育作用。实现劳模精神融入思想政治教育,坚持马克思主义根本指导思想不动摇,高度重视教育者和当代大学生二者之间的互动,努力打造良好的教学环境和校园文化,提高社会主义核心价值观对各种社会思潮和价值观的整合驾驭能力,维护社会稳定,实现中华民族伟大复兴中国梦,是高校思想政治教育工作需要直面的理论和现实问题。

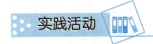

实践活动

"向榜样看齐"示范分享会

一、活动目标

学生能够感受到榜样的力量,理解劳动教育的深刻意义。

二、活动时间

利用课余时间,可持续一周。

三、活动流程

(1) 教师将学生按照 6~8 人划分小组。

(2) 小组成员通过实地调研、网络查找相关资料,寻找身边的榜样事迹。

(3) 通过学习和查找资料,汇总素材,撰写一份调研报告和心得体会。

(4) 召开主题班会,各小组选派人员进行分享调研报告和学习心得。

(5) 教师根据各组在活动中的表现及现场心得分享情况进行点评并评分。

第三章 工匠精神

黄大年——用生命叩开地球之门的海归教授

黄大年教授对科研有着近乎疯狂的执着，给所有人留下了"科研疯子""拼命黄郎"的印象。然而正是这个"科研疯子""拼命黄郎"，带领他的科研团队创造了多项中国第一，为我国巡天探地潜海填补了多项技术空白，让中国"深部探测技术与实验研究"项目"弯道超车"——5年的成绩超过了过去50年。有人说，钻研就是十年磨一剑。黄大年教授却把他一生的精力心无旁骛地投入了地球物理科学，以此来掌握过硬的知识，习得顶尖的技术，去为他的梦想奋斗。

从广西南宁的小山村到长春地质学院（现吉林大学朝阳校区），从英国利兹大学获得地球物理学博士学位到海外从事针对水下隐伏目标和深水油气的高精度探测技术研究工作，作为当时从事该行业高科技敏感技术研究的少数华人之一，黄大年海漂18年后依然放弃一切回到祖国，用行动诠释了自己对祖国的热爱。

2009年12月30日，回国后的第6天，黄大年就与吉林大学正式签下全职教授合同，成为第一批回到东北发展的专家。在他的带领下，一大批"科研疯子"为使中国从大国变成强国而生，"拼命黄郎"更将三分之一的时间花在了出差的路上。

白天开会、洽谈、辅导学生，晚上别人休息，他加班出差，午夜时还在飞机上修改PPT。他将生命发挥到极限，没有对手、没有朋友，只有国家利益。学校领导几次催他抓紧申报院士，他却说："先把事情做好，名头不重要。"

2016年12月8日，黄大年因胆管癌住进医院。即便在病床上，打着吊瓶的黄大年还在改方案，给学生答疑解难。最后清醒时，他嘱咐自己的学生："一定要出去，出去了一定要回来；一定要出息，出息了一定要报国。"他在昏迷时依旧抱着电脑不撒手，并告诉身边人，"我要是不行了，请把我的电脑交给国家，里面的东西很重要。"

2017年1月8日13时38分，疲惫的黄大年永远地闭上了双眼。

（资料来源：中国青年网，2018年3月2日）

第一节 工匠精神的时代内涵

> 真正的科学精神,是要从正确的批评和自我批评发展出来的。真正的科学成果,是要经得起事实考验的。有了这样双重的保障,我们就可以放心大胆地去做,不会自掘妄自尊大的陷阱。
>
> ——李四光

2016—2019 年,经全国人大审议通过的政府工作报告,连续四年倡导进一步弘扬工匠精神。当前已有较多学者对工匠精神的理论内涵和定义进行了研究,为后续研究提供了很好的借鉴。例如,就产生和内涵来说,有学者认为工匠精神是古希腊—罗马时期技艺经验延伸出的产物,也有的学者认为工匠精神是传统手工制造业体现出来的工匠的主观能动性及其不畏艰险、精益求精的劳动精神。传统观念中,很多人认为工匠精神来源于传统手工艺匠人所展现出来的"手头功夫"。但是,工匠精神作为劳动的表征,其内核是劳动,而不是某种劳动形式。匠人精雕细琢出来的精细工艺品和农民通过精耕细作产出的粮食都是工匠精神的具体体现,不管是《考工记》还是《齐民要术》都是宝贵的劳动经验。手工艺人苦苦钻研技艺和农民日日观察农时总结经验同样都是主观能动性的体现。工匠精神应该是所有辛勤劳动者的精神,而不仅仅是"工匠"独有的精神。

一、当代中国工匠精神的发展状况

(一)中国传统工匠精神有所式微

中国传统工匠文化始于中国古代农业的劳动方式。从良种选择到精细施肥,从灌溉培墙到严格按照时令节气劳作,中国古代的农民在有限的土地上尽可能提升作物产量,以工匠般的精细耕作方式和耕作理念诠释了精益求精与追求极致的匠心及精神。当家庭手工业出现后,田间精耕细作的精神开始向手工业延伸,随着社会分工的发展,分布广泛的手工艺人持续推动了中国传统工匠发展的历史。

工匠精神在西方起源于古希腊—罗马时期的手工制造业,于 11 世纪在欧洲获得较大发展。当代中国以中华人民共和国的成立和建立现代工业文明为标志,形成了以爱国主义、奉献敬业为主线的具有中国特色社会主义的工匠精神。改革开放后,"时间就是金钱,效率就是生命""人人有事做,事事有人管"的口号,让工匠精神与追求经济效益变得自洽,工匠精神不再单独强调"为公",实现个人的追求同样可以体现工匠精神。然而,随着市场经济发展,制造业对于质量和技术的追求逐渐让位于"求快"和"求规模"的经济发展思维,"个人利益优先"等西方多元价值观也动摇了艰苦奋斗、自强不息的传统美德,使得工匠精神稍显式微。

第一,中国传统工匠精神的核心是造物意识,其本质是通过双手的切磋琢磨来改造自然,并通过口传心授的方式进行传承,最终目标是达到"道技合一"的理想境界。然而,近代以来，由于中国工业文化的积累不如西方发达国家深厚，再加上传统"万般皆下品，唯有读书高"的教育观念的影响，工匠精神在很多人的心目中似乎成了苦力劳动的代名词，这种认知偏差使之在理念上被局限于手工业和一般制造业的小天地之中。当今中国虽然在许多大型制造业上可与世界先进水平一较高下，例如，中国盾构机的制造等，但是这仍然不够，工匠精神并没有普及到各行各业。比起享誉世界的日本洗手间卫生程度和德国精工制造所体现出来的"全民工匠"品质而言，中国工匠精神仍有待落到实处。

第二，虽然工匠精神在我国有着很好的群众基础，也涌现出了大量能工巧匠，但工匠精神在当前中国制造中的贡献并不尽如人意。例如，虽然我国在航天航空方面培育了许多像高凤林一样的现代能工巧匠，但在许多高端制造业和基础性服务业，如医疗、教育领域则工匠缺口很大。中国人力资源和社会保障部曾指出中国高级技工缺口高达2 000万，高级技工的占比远不及日本和德国，弘扬和发展工匠精神自然也会受到这些不利因素的影响和限制。

第三，企业文化建设不足导致敬业度不足。从理论上来说，敬业度越高的企业和国家越容易培育出工匠精神。美国盖洛普咨询公司经过多年研究发现，企业员工的敬业度与企业文化高度相关，如果企业文化所倡导的价值观不能令员工信服，员工的敬业度就会下降。有学者指出，中国的企业文化建设存在疏于表面、重视外表包装的问题。此外，由北森云计算公司发布的全国敬业度调查结果表明，全国2016年整体敬业度仅为63.5%。企业文化建设的不成熟影响了员工敬业度的提升，而敬业度偏低则让工匠精神的弘扬与践行变得困难。

（二）社会不良环境影响工匠精神的弘扬与践行

当前社会普遍存在一种现象，忽视一线劳动者的社会地位提升和道德风貌建设，缺乏对技术人才素质教育的长期规划和投入等。在有些行业中，这种状况甚至给经济运行的提质升级带来了很大困难。例如，航空业本身有着极其严密的管理制度，但某些工作人员因为自身缺乏工匠精神导致制度执行的最后一步出现问题，除了屡受诟病的航班延误外，甚至出现过某机场塔台管制员由于遗忘飞机动态而差点导致两架飞机相撞的事故。此外，诚信不足、心态浮躁、师徒关系中的家长制作风等不良观念和保守思想都会影响工匠精神的弘扬与践行。在新时代条件下，要使工匠精神做到与时俱进，就要在发扬和培育方面多下功夫，尤其要在精神层面有所超越，发挥集体主义精神，将国家建构作为培育工匠精神的支点，突出社会主义核心价值观的引领作用，使工匠精神融入为国家谋发展、为人民谋幸福的具体实践中，从而彰显工匠精神的中国特质。

（三）工匠精神对人类社会的未来发展日益重要

此外，随着未来生产方式的不断升级，工匠精神对于整个人类社会将日益重要。科技的进步让繁重的体力劳动越来越少，这将更有利于发扬工匠精神，也意味着精益求精、脚踏实地和执着专注等优良品质会因科技进步为人类创造更多价值。当前，人工智能的迅猛发展必然让机器和人之间的融合愈加紧密，如无人驾驶汽车进入实测，智能算法令电脑在围棋项目上击败顶尖职业选手等。这说明以往完全依靠熟练操作和好手艺保障质量的时代已经过去。但是，这绝不意味着未来人类不再需要工匠精神，因为传统的循规蹈矩的重复性机械工作会减少，但富有创造性和研究性的复合型工作将会变得更多，这对劳动者的管理水平、技艺精度、团队协作能力以及多领域知识技能整合能力等都提出了更高要求，这必将拓展工匠精神的时代内涵，促进工匠文化新的发展。

二、当代中国工匠精神的时代内涵

工匠精神必须与时俱进，富有时代内涵，在传承传统工匠精神优秀品质的基础上持续发展。当代中国工匠精神是在充分适应现代生产力和生产关系后发出的一种精神气质、道德要求及价值取向，且与社会主义核心价值观所倡导的爱国、敬业等价值观具有统一性。这种时代风貌和文化内涵不仅对中国进一步提升劳动者素质、实现高质量发展大有裨益，也因其先进性和实践性而具有世界意义。

（一）工匠精神是自觉自愿的敬业

敬业是建构工匠精神必不可少的要素。可以说，世界上没有不敬业的精工巧匠。敬业是十年如一日兢兢业业的工匠态度，是对自己职业工作选择的绝对尊重，是始终对工作抱有敬畏之心的慎独慎微。工匠态度不是"凡事差不多"的得过且过、合格就行，更不是马马虎虎的随便糊弄。不管工作性质简单还是复杂，工匠们始终能够以最朴实的心态恪尽职守地面对工作。例如，歼-15舰载机设计师罗阳就是一名尽职尽责的工匠典范，他在身体不适的情况下，为了收集战机数据仍然坚守岗位，最后不幸牺牲。工匠精神体现在工匠责任之中。工匠的工作责任心并不以生存需要为根本目的，敬业的工匠必定有着很高的职业使命感和荣誉感，这是一种超出物质回报的责任心。合格的工匠之所以对自己的职业有着崇高的责任感，是因为他们坚信自己的职业工作有着不同寻常的意义和内涵。责任是工匠的灵魂，责任也是每个匠人必须恪守的义务。现代工匠早已不把工作视为谋求生存的基本活动了，而是有着更高层次的审美和道德追求，这样自豪的敬业之情能让人高度认同自己的工作，喜爱自己的工作。在某公司担任挖掘机驾驶员的刘二伟师傅，练就了能用挖掘机臂开啤酒瓶盖的绝活，这种神乎其神的技艺就是基于他对自己职业的高度荣誉感。换言之，工匠通过履行自己的责任，能够获得心理上的满足感和精神上的幸福感。

工匠对于责任的追求会升华成为工匠信仰。在这种状态下，工匠和职业本身处于人与事、手与心、工与艺的高度融合之中。工匠信仰突破了个人价值追求，已经上升到为集体、为社会乃至为人类的高度敬业。中华人民共和国在成立初期虽然一穷二白，但许多在海外的科学家回到祖国并为新中国的建设奉献毕生力量，如以"两弹一星"团队为代表的一批科学工作者体现了人生价值与社会价值的统一，真正地将"尽己所能、无私忘我"的奋斗精神展现了出来。当下，屠呦呦、袁隆平等精益求精的精神不但造福中国，更为世界文明的发展做出了巨大贡献。工匠精神和敬业精神之间有着客观联系，但是二者之间并不能完全画等号。

工匠精神具体体现为"三多"。

1. 多干一点

工匠精神比单纯的敬业更强调"多干一点"。工匠精神重视对本职工作的纵向深度挖掘和工作内容的横向边界延伸。被评为2018年"湖北工匠"的刘军荣是一名铣工，他为了提高生产线上的效率，通过发扬"多干一点"的精神，自发在业余时间制作并改良了许多加工用的刀具和辅具，提高了公司的收益。简言之，"多干一点"就是在对穷尽职业责任的基础上多一些"马不扬鞭自奋蹄"的劳动实践。

2. 多学一点

正所谓"学知不足,业精于勤",在敬业的基础上,工匠为了不断提升自己的技艺和理论水平,都会系统地学习钻研相关领域的理论知识。同样被评为"湖北工匠"的武重集团机械模型工人吴何庆就通过不断学习,在设计机械产品模型方面达到了国际水准,被同事誉为"技能魔术大师"。工匠往往能通过"多学一点"突破自己,将自身技艺推向一个更高的层次。

3. 多想一点

工匠精神强调知行合一,工匠要善于在实践中进行总结和思考。工匠的哲思通常能够超越工作和事业本身,他们能够洞察隐藏在不同劳动形式和繁多职业种类背后的科学规律与发展态势。

知识链接

工匠精神支撑"中国制造"

中国高铁通车里程位居世界第一,赢得国内外一片惊赞;C919 大飞机试飞成功,民航之花含苞待放(图 3-1);家电产品在激烈的市场竞争中站稳脚跟,并大步走出国门……近年来,"中国制造"不断提升产品品质,受到越来越多的国内外消费者认可。在此过程中,一大批大国工匠、劳动模范以及他们身上的工匠精神发挥了重要作用。

图 3-1 国产大飞机 C919 打破国外垄断,成功研发下线

在我国几千年文明史中,工匠精神源远流长,"巧夺天工""匠心独运""技进乎道"等典故都是对这种精神的高度概括。中华人民共和国成立以来,大庆精神、"两弹一星"精神、载人航天精神……新中国工人阶级不断为工匠精神注入新的内涵。也正是在工匠精神的激励下,中国路、中国桥、中国港口、中国核电等,成为一张张让国人引以为傲的"中国名片"。

我国经济已从高速增长阶段迈向高质量发展阶段,人们的生活水平不断提高,越来讲究生活品质。这对我国经济社会发展提出了更高要求，除了经济发展方面需要重视产品品质，医疗、教育、文化等社会服务领域同样需要精益求精，这样才可能提供更加丰富更能满足群众期待的高品质产品和服务。因此，必须大力弘扬工匠精神，矢志创新，戒除浮躁，为"中国制造"提供坚强支撑。

弘扬工匠精神，需要政府部门、广大企业、高校走出来的每一名学子和社会成员共同营造有利于创造精品的土壤。如今，工匠精神已经被写入党的十九大报告，社会各界对其广泛讨论并达成普遍共识……一个有利于弘扬工匠精神、推动制造业品质革命、实现经济高质量发展的大环境已经形成，制造强国建设目标必将实现。

（资料来源：经济日报，2019年10月5日）

（二）工匠精神是脚踏实地的专注

对于工匠来说，利用有限的时间和精力去无止境地追求极致和完美是一个永恒的命题，专注是通往极致的唯一正途。梁启超《读书分月课程》有言："无专精则不能成，无涉猎则不能通也。"做学问如此，做工匠自然也不例外。专注是工匠精神的"稳定剂"，匠人们就是靠着专注力才心无二用地攀登自己领域的高峰。工匠的专注意识不仅不会导致"眼睛向内"和效率低下，反而成就了工匠精神。"慢工细活"强调的恰恰是高质高效的工匠精神，而不是拖累效率效果的怠工意识。工匠精神的专注包含实践性、专一性、前瞻性三个要求。

1. 实践性

实践性就是专注过程中的亲力亲为，脚踏实地地去实践。专注不只是停留在头脑意识中的注意力，还要外化成具体的行动，将眼前最实际的问题和困难作为出发点，逐步实现远大目标。例如，为解决世界粮食问题做出关键贡献的袁隆平院士，就是带领团队在试验田里专注于解决每一个具体的小问题，才不断地创造了一个又一个水稻亩产的世界纪录。

2. 专一性

专一性就是专注过程中持续努力、坚忍不拔的钉子精神。比如，雷锋精神正是雷锋同志作为一颗普通"螺丝钉"并坚持常年努力工作而彰显出来的一种钉子精神。

3. 前瞻性

前瞻性就是根据自身实践和持续努力而对事物发展前景所形成的远见卓识。对未来的前瞻性专注体现出工匠们对环境变化和事物发展规律的清醒认识。缺乏前瞻性的专注带来的可能是画地为牢的负面效应，比如，曾经如日中天的柯达公司就是过于专注传统胶卷业务而错过了影像数码化的浪潮，使得公司从行业霸主的地位跌落下来。如果无法对未来发展趋势给予充分思考和准确评估，那么此时的专注或许就是"奋力跑向相反的方向"。

案　例

"大国非遗工匠"荣誉获得者：头发丝上"琵琶行"

过去几个月，72岁的中国工艺美术大师潘启慧没有那么忙，不过也没有闲着。他保持着每天练字、画画的习惯，还雕刻了《送瘟神》诗二首和一幅疫情帖。他用《送瘟神》诗二首做了一枚5厘米宽、8厘米高的随形印章，60字的疫情帖则被一字一字雕刻在一块米粒大小的猛犸牙片上。

5月的重庆,阳光下流淌着夏天的热烈气息。位于璧山区秀湖水街的"非遗小镇",游人慢慢多了起来。潘启慧早早地来到隐藏在一座仿古建筑中的精微艺术馆。"做生意要选'当道'的门面,我搞创作需要清静。"潘启慧说。

从小酷爱写毛笔字和画画的潘启慧,原来是一家三线企业子弟学校的体育老师,1972年开始跟一位民间艺人学雕刻。老师没多久就过世了,潘启慧就凭着刚刚学到的一些皮毛慢慢摸索。那时经常停电,但潘启慧每天晚上的练习雷打不动,就算在煤油灯下也要练到晚上11点。白天稍微得点空闲,也会下意识地拿出"道具"抓紧练。5年过后,他已经能在不到1平方厘米的空间刻500多个字了。

以前的微刻作品基本上都是素色,潘启慧觉得"有颜有色"更精致,于是自制宝塔形画笔,尝试为微刻作品着色,现在这已经成了他在微刻领域的多项绝技之一。

2005年,一个朋友送来一把手指长的袖珍琵琶。看着色泽光亮的无弦琵琶,潘启慧脑海里突然跳出白居易的《琵琶行》。"能不能给这把琵琶配上刻有《琵琶行》的弦?"他找来几根白发当弦,自己打磨出和头发丝一样细的刻刀。头发丝直径一般是0.07毫米,刻刀的刀刃宽度只有0.01毫米,"呼吸和脉搏都有影响"。反反复复不知多少次,潘启慧终于在4根白发上完成了《琵琶行》,全诗加上落款,一共630个字。

为了把"琵琶行"做得更加精美,潘启慧又邀请了10位中国工艺品大师,将燕京八绝中的景泰蓝、玉雕、金漆镶嵌等原材料融合到一件名为《金弦微刻·燕京八绝·白居易琵琶行》的作品中。作品的主体,就是一把长约12厘米,以4根直径0.1毫米、长不到3厘米的白发为弦的微型琵琶。这意味着平均每平方毫米内,要刻下6个繁体字。这件花了两个多月、废掉了几十根白发的作品,2014年获得中国工艺美术大师精品博览会金奖。

潘启慧的微刻创作,唯一不变的就是"求变"。他在长5.29厘米、宽0.24厘米的象牙片上仿刻的《清明上河图》全图,获得上海大世界吉尼斯之最并被国家博物馆收藏。他在一块20多厘米长的猛犸牙片和两张镶嵌小叶檀形成的臂搁上,用甲骨文、金文、楷、行、篆、隶、草等各种字体的7000多个汉字集成反映中国书法演变史,该作品荣获"全国旅游产品创意设计大赛"金凤凰金奖。他的《八十七神仙卷》,也获得了中国工艺美术行业艺术大师金奖。

潘启慧自己也为微刻改变了很多。他年轻时酒量不错,因为喝酒后刻刀会抖,就再也不沾酒了。因为用大力气后手会失去分寸感,他也"戒"了所有的重活。"很少有人能像我一样,几十年'十指不沾阳春水',所以我更要用好作品感谢我的妻子。"潘启慧说。这些作品让他获得了联合国教科文组织授予的"国际民间工艺美术家"称号,2017年又为他赢得了"大国非遗工匠"荣誉。

(资料来源:光明日报,2018年5月21日)

(三) 工匠精神是重复基础上的创造

工匠的创新通常不是随机的灵光乍现,也不是少有的几次划时代技术变革,而是匠人们日复一日地对自己专精领域的反复摸索和改进。第一,重复是基础。成功的运动员要为一个动作进行成百上千次的练习，合格的飞行员在上岗之前必须要在飞行模拟器上进行长时间练习。这和《卖油翁》描写的"无他，惟手熟尔"的含义一致。只有重复的次数达到一定的要求之后，工匠才可能对现有的问题和不足有着更为深刻与透彻的认识，才可能"守拙维新"。第二，创造性重复并非呆滞无神的"匠气"——如果在反复之中只是追求不出错，那就形成不了创新创造。重复虽然能带来大量的经验和对事物的细致认知，但是也会让人陷入思维定式的束缚当中。工匠需要在重复过程中对原有的认知和经验的局限性进行思考和创新，对自己原有的技艺和经验进行批判。创造性重复最忌讳安于现状和止步不前的状态。屠呦呦团队在攀登人类药学高峰的路上经历了无数次试验失败，但正是在不断的失败中坚持思考和调整前进方向，最终取得了重大发现。由上可知，重复的过程包含"破"和"立"，"破"是对重复性工作不断有新的认知和扬弃，而"立"就是在发现问题和不足之后进行创新创造的过程，二者之间相辅相成。创造性重复是一种工作态度，要求有先破后立的果敢和不破不立的创新意识，两方面缺一不可，共同构成了工匠精神的重要内容。

 案 例

河南浚县：三代人接力"校准"时间，传承弘扬工匠精神

一个城市总有一些老店，它们拥有着世代相传的技艺。经过岁月的洗礼、顾客的口口相传，它们始终立在城市一角，传承着属于这个城市的独特文化和共同记忆。

河南省鹤壁市浚县古城西大街振西面馆正对面，有一家传承数十年的钟表老店——金鹰表行，它就是这样一个历经岁月的老店，用时光讲述着三代人传承工匠精神的故事。2020年6月15日，记者对他们进行了采访。

一、一把螺丝刀，一把锤子，让一个个老旧钟表"起死回生"

金鹰表行的前身是鹤壁市浚县20世纪80年代的专业修表店——李记表行。如今74岁的老店主李贵山和女儿（李宝玲）、外孙、外孙媳妇仍然坚守在金鹰表行，传承着老手艺，精心服务每一位顾客。

一把袖珍螺丝刀、一把袖珍锤子，这就是如今的女店主李宝玲每天离不开的宝贝。只见她拿着顾客送来的一块手表，小心翼翼地将一个个零件拆下来，该清洗的清洗，该检测的检测，逐一排查问题。

1971年出生的李宝玲已从事修表行业30余年。"我爸20世纪60年代在新乡市一家钟表店做学徒，1980年回到家乡浚县，在西大街开起了第一家修表店，我就是在这种环境的耳濡目染长大的。"李宝玲告诉记者。

"在向长辈学习修表的过程中，我要了解各式各样表的结构、功能以及如何修理。只有见识多了，才能积累更多的修表经验。"李宝玲说。修表是个细致活儿，来不得半点马虎。

从十几岁跟随父亲学艺到技艺娴熟，30余年来，李宝玲不仅使一个个老旧钟表"起死回生"，也见证了修表行业的兴衰。

二、用修表帮客户延续一段感情、一段记忆

就在记者采访的时候，一位80岁高龄的刘姓老人来到金鹰表行，他是这个店的老顾客，家庭条件不是很好。他取出一块老手表递给李宝玲，说："你帮我检查一下，

最近表总是上不满发条，有时秒针也不走。"这块老表已跟随他50多年，他对其很有感情，希望能修好它，让它继续陪伴他，重拾美好记忆。

李宝玲马上对手表进行检测，发现是手表的压板簧断了。找到原因后，李宝玲立刻对手表进行维修，不到半小时便修好了，她没有收取这位老人的维修费。老人特别激动，与李宝玲拉起了家常，谈起自己年轻时候的故事。

对于要修表的贫困群众，她分文不收。因为修表，李宝玲结识了很多朋友。"在我看来，修表不仅仅是修好表，更是让一段感情、一段记忆、一种人生得以延续。能够利用自己的专长，为别人重修这段记忆，是我最快乐也是最愿意做的事情。"李宝玲说。

三、一家三代人坚守，传承弘扬工匠精神

李宝玲回忆，20世纪七八十年代流行"三大件"，手表是其中之一。修表匠是那个时代很有面子的手艺人。

"修表是当时红火的职业，我们店里摆满了各式各样的表。"李宝玲说。那时她父亲常常忙得不可开交，店面也由原先的小铺子扩大至两间宽敞的门面房。

1993年后，随着寻呼机和手机的相继问世，钟表行业受到了很大冲击，戴手表的人也越来越少，很多人表坏了也懒得去修理。因为生意惨淡，几名学徒先后辞职，只有李贵山和李宝玲父女在金鹰表行里坚守着，传承、弘扬着追求完美和极致的工匠精神。

当问及他们为何能坚守到现在时，李宝玲感叹："虽然修表业不景气，但不少老客户还需要我，客户的满意是我坚持下去的最大底气。我热爱这个行业，我的儿子、儿媳也都掌握了钟表、手表维修的全部技能。我们要把工匠精神传承下去，打造'百年老店'。"

（资料来源：鹤壁新闻网，2020年6月18日）

（四）工匠精神是匠心独运的求美

当前，我国社会的主要矛盾是人民日益增长的美好生活需要与不平衡、不充分发展之间的矛盾，这从一个侧面说明我国对于"美"的供应仍然不足。"美"的构建必须以高品质为基础，要体现先进的生产方式和优雅的生活方式。现代工匠精神不是"面子工程"，而是追求个人品格和技艺的全方位的美，展现着人性光辉。美学家朱光潜说过："实用的态度以善为最高目的，科学的态度以真为最高目的，美感的态度以美为最高目的。"工匠追求的不只是实用有效，还包含着对美的不懈渴求。实用性往往可以量化，而用户体验以及人文关怀等理念难以用具体的数字进行描述。这就要求工匠对人性和美须有十分透彻的了解，在追求产品性能、功能等基础价值的同时，必然内含着对美的思考。对美的追求绝不是"金玉其外败絮其中"的表面功夫，工匠精神所创造的艺术美是一种由内而外所散发的品质美，这种人文美需要极强的内在品质支撑，决定了美的性质。没有扎实的内在品质，美不过是徒有其表。

准确理解工匠精神的时代内涵，要避免以下几个常见误区。

1. 将工匠精神贵族化

当下，许多人谈到工匠精神时不免会陷入"昂贵才能体现工匠精神"的逻辑之中，片面认为产品或服务的高端、高档、高价才能体现工匠精神。诚然，从某种意义上来说，有时候要体现工匠精神，物质和时间上的更多投入确有必要，可这并不是工匠精神的全部意义所在，更不是"以质挟价"或是"以技挟价"的筹码。曾经热卖的章丘铁锅，因为坚持纯手工打造而无法提升产能，面对长期一锅难求的状态，章丘的工匠们没有选择涨价，也没有选择见利忘"质"，而是将产品暂时从淘宝店下架，并等到库存回升之后再开始售卖。新时代的工匠精神应该是大众化的，是能够"飞入寻常百姓家"的，是一种平易近人的追求高品质的精神，而不是小众的或贵族化的。

2. 将工匠精神的主体窄化

工匠精神虽然起始于手工艺人，但是其所讨论的范围早已不限于手工业。优秀手工艺人的工作习惯不等于工匠精神，工匠精神也仅仅是"工匠"这一群体的精神。劳动者不可能人人都去从事手工业或者制造业，但是，工匠精神作为一种优秀的精神品格是值得所有劳动者学习和发扬的。在实施主体上要突破"工匠"这一具体的社会阶层，就要把工匠精神升华到民族精神层面上予以培育。例如，"不忘初心、牢记使命"就是对共产党执着伟大事业"匠心"的行动诠释。对于不同的个体和民族以及不同时空和地域的人们，工匠精神会呈现出许多不同的形态，要从提升各行业劳动者、各阶层建设者素质的角度来理解工匠精神，做到全覆盖。

3. 缺乏工匠自信且没有掌握工匠精神的国际话语权

目前，中国已有大量真正体现工匠精神的成就，比如，中华牌铅笔和张小泉刀具就因质量好而享誉国际多年，中国工人花了不到一年的时间就完成了"天眼"——世界上单口径球面最大的射电望远镜的500万件零件的安装……这些都是当代中国工匠精神的实际体现。为国家振兴和为人民服务已成为当代中国工匠精神中宝贵的特质之一。德国和日本的工匠精神固然举世闻名，但我们不必要也不应该完全进行克隆。新时代的中国工匠精神应该在积极吸收自身优秀工匠传统与借鉴其他国家优秀工匠文化的基础上来进行培育。建立文化自信，增强中国在国际场合讲述工匠故事的话语权，对于当代中国工匠精神和工匠文化的培育与发展有着极为重要的意义。

第二节 工匠精神的践行路径

> 建设知识型、技能型、创新型劳动者大军，弘扬劳模精神和工匠精神，营造劳动光荣的社会风气和精益求精的敬业风气。
>
> ——十九大报告

国产大飞机的成功研制，"蛟龙号"在马里亚纳海沟创造的下潜深度世界纪录，"地壳一号"万米钻机的成功研制和应用等，都意味着当代中国工匠精神正在焕发蓬勃生机。开天辟地、敢为人先、执着进取的优秀传统文化为当代工匠精神的践行提供了良好基础。用工匠精神武装劳动者、激励青年人对推动我国高质量发展有着积极意义。

一、以工匠精神彰显价值标准

当今社会低质伪劣产品仍普遍存在，一些企业的抄袭行为屡禁不止，高品质产品退出市场的"逆向选择"现象时有发生，这在一定程度上要归因于产品价值未能通过工匠精神得到彰显。工匠精神本来就是一种价值标准的彰显。政府和社会需要为弘扬工匠精神建立起正向激励的市场机制，这种机制的建立依赖于工匠精神彰显社会价值标准的各类政策。除了要完善版权和专利法规、加强对违反工匠精神行为的监管力度之外，还需要大力倡导那些符合工匠精神内涵的市场行为和生产活动，通过奖励个人、企业减负等措施来引导工匠精神的践行。例如，《中共中央国务院关于开展质量提升行动的指导意见》和《中国制造 2025》对着力推动质量变革已有明确要求，《关于提高技术工人待遇的意见》提出要全面加强对高技能领军人才的服务保障，提高其政治待遇、经济待遇、社会待遇水平等，这些都有助于在国家、社会和个人层面彰显工匠精神对价值标准的积极作用。

知识链接

一流军队呼唤一流"军中工匠"

很多人小时候都有这样的经历，老旧电视机经常不出图像，破旧收音机时常不出声，结果拍打几下就好了。这大多是巧合，可能是线路接触不良，一敲打正好接上了。

部队老技师也讲，过去一些老旧武器装备因为技术、制造等原因，经常发生短路、掉线、滑丝等故障。有的技师能力水平一般，维修时总是"上边拍拍，中间敲敲，下边打打"，偶尔也能侥幸修好。

如今，这种"敲打型"技师越来越少了。因为，现在的武器装备不断更新换代，更加先进智能，一台设备的零部件数量动辄上千甚至几万个，精密程度更是超乎人们的想象，线路密密麻麻、元件林林总总。一旦受损或出现故障，检修必须更精准、更精良、更精细，凭的是精益求精的真本领、细功夫，靠"敲打"、凭运气是过不了关的。

虽然"敲打型"技师没有立足之地，但这种现象背后折射出的本领弱化问题，必须引起我们的思考和警惕。试想，面对越来越高精尖的装备设备，如果没有两把"刷子"，排除故障仅靠敲敲打打，不要说手到病除，可能连"病因"都找不到，甚至还可能"敲"坏设备。若在战时，战损的武器装备不能快速"起死回生"，就可能贻误战机、错失良机，造成更大损失，甚至影响战局胜负。

工人没有匠心，难成大国工匠；技师没有匠心，难成一流"军中工匠"。匠心贵在专心，难在恒心，重在用心。越是先进的装备，操作往往越简单，但内部构造却越复杂。知道"怎么按"容易，知道"按了不灵怎么办"很难，做到"一摸准""一口清""一笔成"更是难上加难，需要日积月累、久久为功。某合成旅"模范修理连"官兵常年灰里来、泥里去、油里滚，坚持"苦字面前不摇头，难字面前不低头，死字面前不回头"，铆在战位、勤学苦练，培养了一大批全能型、打仗型技术能手。

一流军队呼唤一流"军中工匠"，信息化战场离不开专家型技师。"军匠"技能的高低，关系装备性能潜能的发挥，影响作战效能的实现。航空兵某旅一名无线电技师不放过装备的每一个瑕疵，飞行员都赞叹"飞他修的飞机，我们最放心"；陆军某旅一名坦克维修技师，精通 8 种主战装备底盘维修，练就了诊断排障的一手绝活……这样的战鹰"良匠"、铁马"神医"走上战场，武器装备维修就有保障，部队恢复战力就有底气。打仗就是打保障。独具匠心方能独领风骚。未来信息化战争对抗性强、激烈程度高，武器装备受损概率大，需要更多身怀绝招、能修善战的大拿、高手、行家。牢固树立战保一体、能打胜仗的理念，在攻坚克难、百炼成钢中锻造一流技术，在战火洗礼、实战检验中锤炼保障水平，努力实现从"跟在后面修"到"冲在一线保"的飞跃，方能在炮火硝烟中冲得上、修得好、打得赢。

（资料来源：解放军报，2020年5月20日）

二、筑牢工匠精神的法治基础

当前，如果仅靠道德文化对人的感染和教化，工匠精神这个概念就会因缺乏践行基础和实施氛围而过于虚无缥缈。法治能够让弘扬工匠精神变得更加严肃。除了在道德上的规则约束之外，法治化规定了具体技术标准。技术标准的设定与产品质量提升有着密切联系：偏低的标准往往造成市场鱼龙混杂，整体质量难以提升，缺乏国际竞争力；而略高于国际水平并能得到有效执行的技术标准则有助于整个行业的质量改进。例如，中国的电热水器、电压力锅、豆浆机的安全标准以及纸制品卫生标准均高于国际水平，就很好地树立了中国制造的形象。但目前行业标准的法律地位偏低，不具备执法权。未来可令其具备相应的强制约束力，以引导行业企业践行工匠精神，不断提升质量水平。

知识链接

一技之长怎么长？大国工匠这么说

"当听到政府工作报告中'让更多青年凭借一技之长实现人生价值，让三百六十行人才荟萃、繁星璀璨。'"全国人大代表、中国石油天然气股份有限公司锦州石化分公司加氢裂化车间工人高颖明在参加辽宁团审议时说，"这样有温度的话，让我们工人代表都特别振奋。"

他在调研和工作中发现，培养国家亟须的高技能人才需要跨过三道坎——学历瓶颈、实践能力瓶颈、认知偏差。

高颖明的话引发了辽宁代表团几位成员的共鸣，大家纷纷对高技能人才缺乏等问题各抒己见——

"完善职业教育学历体系""增强职业教育师资和学生的实际操作能力""'崇尚一技之长'的价值引导"……

全国人大代表、中国航发沈阳黎明航空发动机有限责任公司机匣加工厂加工中心操作工栗生锐作为数控加工领域的新一代领军人物，已经摸索发明了50多项绝招，零件提交合格率达到100%。

栗生锐说："目前职业教育的最高学历仅为大专，这是限制技能人才成长的最大困扰。"全国人大代表、沈阳市东北育才学校校长高琛建议，尽早明确职业教育类本科院校办学标准和人才培养标准，推进本科层次职业教育发展取得实质性突破。构建专、本、研一体的现代职业教育体系，吸引更多优秀人才选择应用型技术技能岗位。

"技术工人的工作是实践性很强的工作，学历只是基础，实际操作能力更重要，而目前中职、高职毕业生欠缺的就是操作能力，短时间内难以达到企业用工标准，入职后还需要企业再培训。"全国人大代表、中国石油天然气集团公司锦西石化分公司机修车间车工王尚典接着说。

据王尚典、栗生锐等代表调研了解，职业教育普遍存在重理论、轻实践的问题。栗生锐说："一些高职学校老师的操作能力就比较低，另外，职业学校供学生实践的设备普遍老化，零件、刀具等消耗较大的耗材也供应不足。"

王尚典说："技术工人对各种材质、各类工件的特点和加工方法都得精通。所以建议从操作能力角度增加职业学校师资力量投入，保障职业学校教学设备及时更新跟上产业发展步伐，让学生的实践能力达到企业需求。"

他说，技术工人入职后，往往以工作强度大、发展空间小、薪资水平低为由而离职的情况比较普遍。

高颖明说："面对这种认知偏差，一是要在基础教育阶段加强对青年学生的价值引领，营造'崇尚一技之长'的良好氛围。另外要加强技术工人的职前教育，帮助他们做好职业规划和心理辅导，树立长期扎根基层、扎根一线的理想信念。"

（资料来源：新华社，2019年3月8日）

三、持续推进工匠精神的大众化

通过普及化、大众化来形成凸显工匠精神的"工匠氛围"，这对于践行和培育工匠精神是一个不错的选择，它包括以下三个层次。

（一）教育养成

工匠精神的实质是一种优秀品德，因此，"工匠"的德育是十分有必要的。可尝试在高等学校尤其是职业院校建立具有中国特色的"工匠通识课"，潜移默化地培育精益求精、脚踏实地及专注执着等优秀的道德品质和行为方式。通过手工劳作课或其他形式的实践课程来增强学生的实操技能与劳动素养，构建将社会实践和理论学习深度结合起来的"二合一"人才培养模式。还可以在思想政治教育课中融入工匠精神的有关内容，通过对人生观、价值观的引导和民族自豪感的培育以及对劳动的喜爱与尊重等来让学生群体对新时代工匠精神产生价值认同，预防"差不多就行""见好就收"等不良职业价值观的出现。

（二）生活融入

劳动者除了在职业工作中要践行工匠精神之外，在生活中同样要体现工匠精神。想要在日常生活中普及工匠精神，我们就要培养工匠气质。工匠气质的培育必须从生活中的日常行为和对细节的重视开始，比如，在青年人中培养守时观念和认真负责的精神等。总之，工匠精神的生活化就是强调所有人都应该注意细节，反对工作与生活中的"不拘小节"，努力将新时代"工匠习惯"和现代"工匠气质"融入民族基因之中。

（三）全球视野

其要义在于宣传中国工匠价值观，传播好中国工匠声音，阐释好中国工匠特色。我们可以从两个不同的角度去实践。第一，讲好中国"工匠故事"。日本在这方面的做法值得借鉴，如推出《工匠达人》纪录片，日本首相邀请贵宾在"寿司之神"店内用餐等，都为日本在国际上的工匠形象塑造了亮点。我国近年来也开始通过影视媒体为中国工匠代言，央视拍摄的《大国工匠》《我在故宫修文物》《大国重器》等系列影片都很好地推广了中国工匠精神。第二，利用"全球货物贸易第一大出口国"这一强大优势，以印着"Made in China"的优质商品和优质服务为载体，充分发挥我国制造业现有的规模优势、产品生态优势来快速改变世界对中国制造原有的"低端形象"的印象，通过高品质产品的大量出口来塑造我国的工匠形象。

知识链接

厚培工匠精神土壤

2019年是大庆油田发现60周年。2019年10月10日，人民日报在头版头条发表文章《新时代大庆这样回答"铁人三问"》，并在记者调查版同时推出长篇通讯《大庆为何青春常在》，从大庆油田60年来的卓越贡献里，深入揭示"大庆为什么能行"的密码，生动展现大庆当好标杆旗帜、建设百年油田的新时代新作为。

大庆为什么始终能行？我们不妨从人才的角度来观察。

刘丽很普通，是大庆油田采油二厂一名采油工；刘丽又很不平凡，是中国石油天然气集团有限公司首届"石油名匠"，35岁就成为大庆最年轻的集团公司技能专家。而像刘丽这样的技能人才、工匠大师，大庆有一大批。

一个人成才，或许源于个人的才干和勤奋；一大批人成才，则必然有着适宜成长的环境。大庆是怎样创造这种环境的呢？

以机制作"土壤"。大庆油田多年来建立并不断完善自主创新管理体系，比如，2011年，刘丽领衔成立刘丽工作室；2014年，工作室扩容，尝试多工种、跨专业联合攻关；近几年，又向"研发、生产、应用"一体化发展。"小作坊"变成"创新大联盟"，成员达531人，包含采油、集输、测试、机械等11个分会。

用平台引"活水"。大庆油田工会充分发挥劳模群体的典型引领作用，成立68个劳模创新工作室，形成一个个攻关平台。刘丽告诉我们，工人只要有创新想法，即使还不成熟，照样可以提交给工作室，工作室会组织相关专家评议、完善。如果要搞发明创新，还可给工人提供场地、材料、设备等。

以氛围造"空气"。有人说，巨匠是在严格的规矩中施展他的创造才能的。创新精神的培育需用不断完善的严密制度作保障。大庆每个阶段都不回避失误，反而将失误当作完善制度的机遇。"一把大火烧出"岗位责任制，"一把扳手砸出"八不交接法……正是这种较真的氛围，"三老四严"精神才内化于心、外化于行，创新精神、工匠精神才以制度规范的形式成为习惯和遵循，融入大庆人血脉。

以激励为"阳光"。大庆以激励机制激发工人创新积极性。一线职工摸索、提炼出的具有独创性、先进性、经济性和普及性的发明创造，都会以员工名字命名，贡献大的还与职称等挂钩。刘丽工作室就有6人被聘为技能专家，30多人被聘为高级技师和技师。

习近平总书记提出要"建设知识型、技能型、创新型劳动者大军，弘扬劳模精神和工匠精神，营造劳动光荣的社会风尚和精益求精的敬业风气"。60年来，大庆精神代代相传，依靠的不仅是王进喜、王启民、李新民等榜样的力量，更是模式、机制上的不断创新。

（资料来源：人民日报，2019年10月11日）

总之，从传统文化中的"神农尝百草""愚公移山"到当代的"钉子精神""'两弹一星'精神"，都蕴含着彰显中国智慧的工匠精神，也是当下中国精神的重要组成部分，是我们宝贵的文化财富。新时代工匠除了对事业、技艺和人生的不懈追求之外，他们具有的爱国情怀、团结向上和为社会无私奉献的精神，让中国特色的工匠精神显得更富有魅力和感召力，为实现我国的高质量发展并早日建成社会主义现代化强国提供动力支持。

第三节 新时代工匠精神的培养

> 提出一个问题往往比解决一个问题更重要，因为解决问题也许仅仅是一个教学上或实验上的技能而已。而提出新的问题新的可能性，从新的角度去看旧的问题，都需要有创造性的想象力，而且标志着科学的真正进步。
>
> ——爱因斯坦

工匠精神是一种优秀的精神品质，它蕴含的价值理念值得每一个劳动者去学习和继承。当前，社会主义意识形态仍然面临着多元文化和价值观的冲击，而高等教育肩负着培养德智体美劳全面发展的社会主义事业建设者和接班人的重大任务，必须大力培育和弘扬工匠精神，帮助当代大学生端正学习态度，激发他们刻苦钻研、开拓创新精神，为将来走上工作岗位打下坚实的思想基础和专业基础。

一、工匠精神是践行社会主义核心价值观、弘扬"劳动最光荣"的具体实践

社会主义核心价值观个人层面的爱国、敬业、诚信、友善，与工匠精神蕴含的职业精神和价值取向有着密切联系，同时，工匠精神也是贯彻发展新理念、树立崇尚劳动新风尚的内在要求。在大学生中培育和弘扬工匠精神，有助于推进大学生对社会主义核心价值观的认同和践行，树立尊重简单劳动、重视复杂劳动的价值导向。

（一）工匠精神是推进供给侧结构性改革、建设制造强国的重要推手

发展壮大新动能、加快制造强国建设需要源源不断的人才输入。习近平总书记指出，"今天，党和国家事业发展对高等教育的需要，对科学知识和优秀人才的需要比以往任何时候都更为迫切。"因此，为党和国家培养优秀的合格人才是高等教育的责任使命。

未来的工匠什么样？

新时代的工匠，已不同于我们过去的刻板印象。

51岁的工匠张鹏举是美钻能源科技上海有限公司总经理，教授级高级工程师，2016年上海市科学技术奖一等奖获得者。

海洋能源开发水下装备技术是一种特殊领域。长期以来，该领域从研发、制造、维护到配件供应等各环节，完全被西方国家所垄断。

"这种能源经济的命脉，70%掌握在人家手里，对国家是一种威胁。"张鹏举形容。所

以 2012 年，他接到一项重任：从零开始，在没有任何经验的情况下，自主研发深海采油树。

深海所有设备仪器的安装，必须在漆黑一片的 300 多米水下进行，并实现"同步、异面、异径"的金属密封，"过盈量"误差不能超出一根普通头发丝的五十分之一。难度远超普通人的想象。

陆地上的管道连接，师傅用扳手一拧就进去了。海里进不去，它要求自动对准，自动连接，误差极小。处于深海的管子受压很高，一旦崩了就像动脉血管崩了一样，是不得了的事。很多次实验失败，都把张鹏举推到崩溃边缘。比如，一个安全阀的研制，大概 200 次循环后，安全阀碎了。

2013 年，这群"菜鸟"成功造出了一台从头到尾全部由中国人自己设计制造的深海采油树。同年 4 月 20 日，采油树首次下水安装，不料意外突然发生，它卡在深海里，上不去下不来。

全球公认，安装采油树的这个阶段是最难的。团队焦急万分，而平台上的外国专家们默不作声，采取"三不原则"：一句话也不说，一个动作也不指导，一份文件也不给看。此时，所有的压力都集中在了总指挥张鹏举的身上。如果安装错误，大量石油泄漏，将对我国海洋生态环境造成灾难性影响。

根据水下机器人拍摄的画面，张鹏举反复研究、分析和计算，一边排除各种问题的可能性，一边下达各种指令，整个过程高度紧张。最后，团队终于成功安装采油树，填补了我国在这一领域的空白，从此改写了该领域长期依赖外国设备的历史。

也就是说，工匠未必是日复一日坚持同一个动作、年复一年坚持重复性劳作。其工作的强度、难度、细致程度，所需具备的抗压能力、心理素质，以及毅力、勇气与担当，恐怕都与传统工匠有所不同。

人类的生产方式从传统手工业、制造业、服务业，到如今高新科技、人工智能的介入，未来的工匠究竟什么样、工匠精神怎么理解，一定会有新的内涵和价值注入。

（资料来源：解放日报，2019 年 10 月 6 日，有删改）

（二）工匠精神是先进大学文化的重要组成部分

所谓的工匠精神是指工作者需要具备良好的爱岗敬业、开拓创新的精神，能够在工作岗位上坚守自己的职责，在提升自身能力的同时，把自身的工作做好，在促进各行各业发展中贡献自己的一份力量。

先进大学文化对师生的行为方式、价值观念等方面具有潜移默化的影响，有助于引导师生追求真理、求是创新、团结协作。高等学校要着力建设传承与创新相结合、科学精神与人文精神相统一、工匠精神与校园文化相统一的具有时代特征和学校特色的先进大学文化，汲取中华优秀传统文化的思想精华，立足学校实际，在校园文化的基础上引导学生理解并接受工匠精神，促使学生成长为具备高素质、高职业精神的人才。

（三）工匠精神是大学生未来职业发展的重要精神力量

在多元文化和价值观冲击的社会风气下，培养当代大学生坚定理想信念，干一行爱一行以及锐意进取、学无止境的治学情怀，是高等教育落实立德树人根本任务的应有之义。工匠精神中蕴含的敬业、精业和奉献精神可以为青年学子未来的职业发展提供强大的精神支柱，激励他们敢于突破自我，迎难而上，追求卓越，成为一代工匠，甚至是大国工匠。

案 例

中国石油大学（华东）学子与大国工匠"网约"特殊时期特别团课

2020年3月13日，以"坚持学习、刻苦钻研，为实现理想储备能力"为主题的线上团课开讲。应中国石油大学（华东）新能源学院师生邀请，全国五一劳动奖章获得者、改革先锋许振超为石大学子上了特殊时期的一堂特别团课。

许振超曾任青岛湾集装箱码头公司固机高级经理，中华全国总工会副主席，第十一届、十二届全国人大常委会委员，先后荣获全国劳动模范、全国优秀共产党员、全国五一劳动奖章、改革先锋、中华人民共和国成立70周年"最美奋斗者"等荣誉称号。

"大国重器离不开刻苦钻研的劳动者，高凤林通过探索学习，克服航天器焊接难题，为国家航天事业贡献自己力量；李凯军爱岗敬业，手工打磨机床导轨平面，光洁度达到9级，一把锉刀使用得出神入化。"许振超从高凤林、李凯军的故事讲起，用生动事例讲述了大国工匠精神，介绍了国内工业发展现状。他结合40多年的工作经历，分享了自己如何从失败中学习、从挫折中反思，克服困难练就"一钩准""一钩净""无声响操作"等绝活的经历。

"真的是学得头都大了，但没有办法，只有自己掌握了技术，实现国家技术自主，才不用看外国专家的脸色。"许振超在团课中回忆起当年学习外语、数学的经历，从懵懂无知的工人到能担重任的大国工匠，从细节查找故障到屡次刷新效率纪录，许振超始终保持着那股"和自己过不去"的学习劲头，他的经历深刻诠释了"干就干一流，争就争第一"的工作精神，"爱岗敬业、无私奉献"的职业精神，"砥砺奋进、刻苦钻研"的榜样精神。许振超在直播中深情勉励石大学子："在过去，我们这代人饱尝了缺乏知识、缺乏技术的苦恼。作为老一辈的建设者和劳动者，我期望同学们都能成为有能力、有本领的人。不管遇到什么情况，学习始终是最重要的事情，只有学习才能提高能力，将来才能成为担当起建设国家、建设社会的人才！"他寄语新时代的大学生应当勤奋学习、刻苦钻研，担当时代责任，为实现中国梦努力奋斗。

许振超对国家的深情热爱和对岗位的敬业精神感染着网络另一端的每一位石大学子，直播期间不断有学生为其"点赞""送花""刷礼物"，用时下最流行的方式表达对大国工匠的喜爱和敬意。主题团课结束后，新能源学院2018级本科生王蔼说："在防控新冠肺炎疫情的特殊时刻，没想到能在家中听到如此激情澎湃的主题演讲。许老身上的那种努力拼搏、昂扬向上的时代楷模精神值得大学生永远学习。"

陪同大学生听取团课的2019级辅导员徐光辉表示："在疫情防控的关键时刻，许振超老师从自己成长的经历给广大学子注入了新动力，新时代青年学生应当珍惜机会，传承努力奋斗、刻苦钻研的振超精神，牢记初心使命，为民族复兴、国家富强努力拼搏，脚踏实地历练本领、勇于担当撑起梦想。"

（资料来源：中国石油大学新闻网，2020年3月18日）

二、工匠精神培育的有效路径

工匠精神的培育和弘扬不是一蹴而就的,无论是学习的深入、能力的提高、精神的传递还是道德的养成,都需要保持一定的连续性,因此,必须将工匠精神融入人才培养全过程,根据高校的实际,探索培育工匠精神的多维路径。

(一)加强师德师风建设,建设一支具有工匠精神的高素质教师队伍

教师承担着传播知识、传播思想、传播真理的历史使命,肩负着塑造灵魂、塑造生命、塑造人的时代重任,教师的一言一行对学生的人生观、价值观起着潜移默化的作用,因此,全面把握新时代师德师风建设的新坐标,写好教师队伍建设"奋进之笔",是新时代赋予高校的神圣使命。高校要充分发挥党管人才的作用,利用各级党组织加强教师思想政治教育,深化人事制度改革,完善教师评价机制,努力使每位教师都能有施展才华的人生舞台,引导广大教师自觉践行社会主义核心价值观,以立德树人为己任。作为教师特别是大学生培养第一责任人的导师自身也应正确认识工匠精神的当代价值,摒弃教育功利化、浮躁化倾向,始终秉持守望工匠精神,当好学术权威、品德楷模和条件创造者,在教学、科研、生活各环节的过程中全方位展示师德修养,做大学生成长成才的指导者和引路人,让大学生在认知、情感等多方面切实感受教师身上所展现出的工匠精神感染力,提高大学生对工匠精神的价值认同。

(二)推进课堂教学改革,形成"大思政"工作格局

课堂是大学生系统学习的主要场所,将工匠精神融入课堂教学,可以为大学生厚植"工匠基因",提升大学生对工匠精神的理解和时代价值的把握。具体分为以下三个方面。

(1)充分发挥高校思想政治理论课的主渠道作用,实施多元的教学方案和教学方法,大力推行案例式教学,充分挖掘贴近生活、贴近大学生的先进典型案例,引发大学生产生共鸣,定位好人生坐标,激发干事创业的热情。

(2)要充分发挥专业课教师育人的主体作用,充分挖掘和运用专业课蕴含的工匠精神元素,因材施教,将工匠精神教育整合到专业课教学全过程。

(3)开展通识教育,提高大学生的综合素质。通识教育是一种人文教育,反映着特定的文化内涵与价值取向,可以让大学生领悟不同的文化和思维方式,养成独立思考和探索的习惯,提高科学与人文素养。

案 例

专业教育与思政教育同向同行

"中医药学凝聚着深邃的哲学智慧和中华民族几千年来的健康养生理念及实践经验,是中国古代科学的瑰宝,也是打开中华文明宝库的钥匙。"在信息膨胀的时代,怎样激发和巩固学生们对中医药的兴趣,引导和帮助学生们树立社会主义核心价值观,是浙江中医药大学的老师们一直在努力破解的问题。

"药用植物学"是学校实践"守好一段渠、种好责任田,使各类课程与思想政治理论课同向同行,形成协同效应"的一个尝试。课程由理论课、实验课和天目山野外实习三部分组成,贯通课堂、实验室和野外。张水利老师说,目前专业设置背景下,

中医与中药细分,"药用植物学"则能将中医与中药重新结合起来,打破了专业教育与思政教育相互隔绝的"孤岛效应"。

天目山是国家级自然保护区,中药资源丰富,配套设施成熟完善。为了活络书本知识,使课堂内容形象化、直观化,加深理解和记忆,浙江中医药大学在天目山设立教学基地已有二十多年。如今,天目山不仅是浙江中医药大学学子野外实习的重要据点,也成为坐落在大自然里的思政课堂。

每年暑期,师生们在天目山进行为期9天的实地考察,通过实际的采集解剖观察,不仅学习到药用植物在自然条件下的生长习性和环境、药用植物的生态和地理、植物标本的采集和制作,还提高了野外生存的能力,培养了团结协作、吃苦耐劳的精神。神农尝百草、时珍遍名川的意志,深深扎根在了年轻学子们的心里。

2020年新冠肺炎疫情期间,"药用植物学"在浙江中医药大学"停课不停学"平台上线一个月就突破了27万点击量,在云课堂中大放异彩。

"网红""药用植物学"的炼成,离不开有雄厚的教学资源积累作底气。"药用植物学"是一门历史悠久、积淀深厚的课程,几代前辈学者为这门课做出的贡献得到了良好传承。浙江中医药大学药学院中药资源与生药教研室有丰富的野外实践和考察经历,老师们几乎走遍了浙江的山,熟悉省内药用植物种类、分布、蕴藏情况,拍摄了大量照片,采集了许多标本,积累了广阔素材。

课件中的每一张图、每个例子,都由老师们精心整理,交织着对自然世界、人文底蕴、天人关系、处世之道的深刻思考,在提高学生专业素养的同时,也提升了他们的思想境界。"停课不停学"期间,张水利老师通过网课告诉学生:"新冠肺炎疫情对中医药是挑战也是机遇。希望通过大家的共同努力,把中医中药发扬光大,服务人民,服务世界。"

"自从学了这门课,基本上每节课都在重新认识世界。"2018级中药学专业的戴淑霜说,"我们更加懂得观察和欣赏世界了,会弯下腰看看到底是什么草、什么药。"

天目山的泥土里遗留着先辈寻寻觅觅的足迹,自然生命之中从不乏人类刻苦求索的身影。"药用植物学"正是通过带领学生们回归自然,引导他们敬畏自然、尊重规律、不忘初心、牢记使命,以寓教于乐的形式培养德才兼备的优秀学生,使他们成为能传承本草精神、守护国民健康的未来栋梁。

(资料来源:宁夏教育云,黄玉凤,2020年6月8日)

(三)完善高校科研体系,建设高水平科研平台

高校科研平台承担着教学、科研和人才培养多重角色,是学科建设的重要组成部分,没有一流的科研平台就难有一流的学科。大学生是高校科研的中坚力量,他们有力地促进了学科的交叉、融合和发展。培育大学生工匠精神,要以科研为主要抓手,把工匠精神贯穿选题设计、科研立项、项目研究、成果运用全过程,培养大学生科学精神和创新意识。

高校要进一步完善科研体系,设立科研基金,通过开展大学生教育创新计划、优秀大学生学位论文资助、优秀科研成果奖励等项目,鼓励大学生参加形式多样的高水平学术交流,独立选定前沿课题开展科学研究,参与科技创新团队和科研创新训练,培养集体攻

关、联合攻关的团队精神和协作意识。

(四) 加强创新创业联合培养基地建设，引导大学生对工匠精神的自觉践行

大学生创新创业联合培养基地是高校与政府、企业、社会组织等共同建立的人才培养平台，是大学生进行创新创业实践和专业实践的主要场所，也是推进产学研深度结合的重要载体。高校要充分发挥校、企、政等各方优势，规范基地管理，构建人才培养、科学研究、成果转化、社会服务、文化传播等多元一体、互惠共赢的资源共享机制和合作平台，让更多的大学生进入实践平台学习和锻炼，在实践中更加深刻地体会工匠精神的时代价值，树立家国情怀，培养核心素养。

知识链接

西藏自治区体育局与西藏民族大学共建教学+训练科研基地

2020年6月1日，西藏自治区体育局将与西藏民族大学围绕西藏山地户外运动开展全方位、深层次的教学、训练、科研合作。

西藏是山的故乡，涌现出贡布、潘多、次仁多吉、边巴扎西等一大批国际著名登山家，为我国和世界登山运动发展做出了卓越贡献。20世纪80年代以来，西藏自治区体育局充分发挥山峰资源优势，积极探索发展登山产业，创造了良好的政治、经济、社会效益。近年来，西藏自治区明确了构建环喜马拉雅赛事活动体系、打造全国户外运动大区的发展目标。面对新形势、新任务，人才欠缺的问题日益凸显，仅靠西藏自治区体育运动技术学校、西藏拉萨喜马拉雅登山向导学校毕业学生无法满足西藏山地户外运动产业发展需求。共建"西藏民族大学山地户外运动学院"，对于完善西藏山地户外运动人才培养体系、建设特色优势体育学科、培养高水平山地户外运动人才、推进西藏建设体育强区具有重要意义。

(资料来源：中国体育报，2020年6月2日)

(五) 丰富校园文化生活，打造先进的校园文化

大学校园文化主要由物质文化和精神文化组成。

1. 物质文化

物质文化是指师生在学校的使用物，主要包括学校建筑、运动场所、人文景观等，校园物质文化是学校价值观和精神风貌的一种直观反映。

2. 精神文化

精神文化反映着一个学校的朝气，内容更加丰富多样，主要包括学校规章制度和社团文化、学术文化、校风、教风、学风等，体现着学校的办学特色和理念。

将工匠精神元素渗透到校园文化各项载体中，可以促使大学生在潜移默化中接受熏陶，内化匠人气质。校园文化建设关系到学校的长远发展，因此，高校要高度重视特色校园文化建设，打造文化品牌，强化以文育人、以文化人功能。将工匠精神融入校园文化中，一方面可以通过举办大学生科技文化节、学术论坛，参加创新实践系列活动等营造崇尚科学的校园文化氛围，锤炼大学生工匠精神品质；另一方面以培育特色社团品牌项目为契机，让大学生们在丰富多彩、寓教于乐的社团文化活动中培育和践行社会主义核心价值

观，坚定理想信念，争做担当民族复兴大任的时代新人。

青年兴则国家兴，青年强则国家强，中华民族伟大复兴的中国梦终将在一代代青年的接力奋斗中变为现实。高等学校作为青年学生成长成才的主要阵地，要深入把握新时代工匠精神的内涵和价值，把工匠精神融入高素质人才培养全过程：通过课堂教学、系列校园文化活动等载体提高大学生对工匠精神内涵的认知；通过发挥教师的言传身教和先进典型的引领示范作用提升大学生对工匠精神的内在认同；通过参与科学研究、构建多元化创新创业实践平台、深化产学研合作，引导大学生对工匠精神的自觉践行。相信经过多维度的培育路径，可以促使大学生在践行工匠精神过程中做到内化于心、外化于行，成为德智体美劳全面发展的高素质专业化人才。

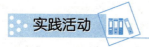
实践活动

工匠精神进校园宣传活动

一、活动目标

通过宣传活动，宣扬工匠精神，加深大学生对工匠精神的认识。

二、活动时间

建议 1 个小时。

三、活动流程

（1）将班级学生分为若干小组，选出小组长。

（2）准备与工匠精神相关的资料，并制作成各种类型的宣传材料，做好宣传渠道和人员的安排。

（3）通过校园刊物、广播、视频、演讲等多种形式的活动来宣扬工匠精神。

（4）教师或组长可参考表 3-1 对宣传活动效果进行评价及评分。

表 3-1　工匠精神进校园宣传活动评价表

评价标准	分值	得分	总分	教师或组长评价
内容契合主题	20			
材料真实、新颖	20			
内容丰富	20			
活动时间充足	20			
活动形式多样化	20			

第四章 学校劳动实践

 案例导入

一起动手扮靓校园

2020年年初，一场突如其来的疫情打乱了全国各地学校的开学节奏，经过全国人民的努力，疫情逐渐得到控制，各地开学在即。江苏某高职学院的学生小明返校领取技能竞赛材料，却被一股腐烂的气味熏得掩鼻屏息一路小跑。原来保洁人员还未返校，昔日整洁的校园好像蒙上了一层灰，各个角落都飘落了废弃物。这可让他分外着急，因为接下来的两周，他要和九位同学一起备战全国创新创业技能竞赛。这样的环境怎么能安放下一张书桌？于是，小明就跟辅导员商量，能不能号召班内已返校同学一起动手美化校园。在辅导员和小明的动员下，同学们都动了起来，通过全天劳动大扫除，往日干净整洁的校园又回来了！

（资料来源：以上信息由作者根据网络资料整理而成）

一屋不扫，何以扫天下？学校是全体师生的家园需要环境美化、卫生清洁，因为一个干净的校园，会给求知的学生们营造出舒心惬意的学习氛围，也能起到净化心灵的作用。

第一节　学校和学校教育

> 教人者，成人之长，去人之短也。唯尽知己之所短而后能去人之短，唯不恃己之所长而后能收人之长。
>
> ——魏源

一、我国学校教育的现状

（一）我国教育的历史沿革

我国是世界上唯一一个文化没有中断过的文明古国，专门的、有组织的教育活动自夏朝至今已经延续了几千年。在我国古代，涌现出了诸如孔子、孟子、老子等圣贤，他们的理论至今还被世人所研读。其中，孔子的影响最为深远，各国孔子学院的建立，是对我国传统教学理论最好的认可。及至近代，面对西方文化的侵入，有识之士提出"睁眼看世界""师夷长技以制夷"的主张，我国的文化教育开始关注世界。1862年，近代第一所新式学校"京师同文馆"诞生，它被视为我国近代教育的起点。19世纪末20世纪初，维新派的出现推动了我国近代教育的大发展。其后爆发的辛亥革命和新文化运动都极大促进了人们的思想解放，对我国社会产生了至关重要的影响。中华人民共和国成立后，教育的发展进入了一个新时期。由于当时复杂的国际与国内环境，我国学习和借鉴的目标单一，基本上是对苏联教育模式的照搬照抄。但是随着经济与科技的发展，我国的教育模式也在发生变化。我国在教育事业上投入了大量资金，教育系统逐渐完备，开始大力发展素质教育，这在我国教育历史上是一项重大创新。

（二）我国学校教育的现状

现在人们口中的学校教育，一般指的是在学校里老师和学生面对面的互动交流与沟通。我国虽然是世界上最大的社会主义国家、世界第二大经济体，但是由于经济与地域等原因，我国教学资源的分配并不均衡。发达地区拥有丰富的教育资源，而贫困地区的教学资源与硬件设施落后而且稀少。

当前，我国开始大力发展素质教育，提出德智体美劳"五育并举"的教育方针，并积极实现素质教育的"全体性"与"全面性"。

坚持素质教育的"全体性"，主要坚持以下三点：第一，保证使接受教育成为每一个人的权利和义务。接受教育是每一个儿童最重要、最根本的权利。第二，保证使整个民族的文化素养在最低可接受水平之上，杜绝新文盲的产生，中小学教育应为提高全体人民的基本素质服务，推进国家经济发展与民主建设。第三，为贯彻社会主义"机会均等"原则，为每个人的继续发展提供最公平的前提条件。素质教育的最终目标是为未来的合格公民奠定素养基础。

坚持素质教育的"全面性"，是指素质教育要通过实现全面发展教育，促进学生个体的最优发展。因为，素质教育应该是完善意义上的教育，它是指向全面基本素质的。素质教育的根本目标是促进学生全面发展，应当指出，"全面发展"已经列入世界上许多国家（包括发达国家和发展中国家）的教育目标之中。

可以说，当前我们坚持的素质教育的"全体性"与"全面性"，能有效促进学生的全面发展，推动我国教育事业的长足发展。

（三）线上教育发展迅速

随着科技的发展和人们日益增长的物质与文化需求，教育从线下走向线上。线上教育近几年一直处于行业的风口浪尖，尤其是新冠肺炎疫情后，传统教育机构、新兴互联网企业都在探索线上教育的最佳模式。那未来线上教育又将会呈现哪些发展趋势呢？现阶段，我们正处于教育教学资源丰富的时代,但教育资源分布不平衡、师生供需双方信息不畅通、歧视差生等问题依旧存在。在移动互联网时代,随着线上教育的普及,被教育者可以通过手机、掌上电脑等移动产品更加自由地学习,而不受时间或地域的限制。即使身处国内的偏远山区也能通过网络得到更好的教育。为了适应这一趋势,未来将会有越来越多的适应性产品出现。社会分工日益精细化,随之而来的是人们需求逐渐多样化,因此,针对线上教育的平台也会更加细分。

二、学校教育的特点

学校教育自产生时起,就区别于社会教育和家庭教育,其特点概括起来主要有如下六个方面。

(一)职能的专门性

学校教育职能是专门培养人,学校是专门教育人的场所。学校教育同社会教育、家庭教育相比,其不同之处首要的便是学校教育的专门性。学校教育的专门性特点主要表现在任务的专一。学校唯一的使命是培养人,其他任务都是围绕着培养人来实现的。学校教育有专门教育者——教师,他们都是经过严格选拔并经过专门训练培养出来的。这样的教育者不仅学识广博、品德高尚,并且懂得教育规律,掌握有效的教育方法。学校教育还有专门的教育教学设备,拥有专门进行教育的手段。这一切都充分保证了学校教育的有效性。

(二)组织的严密性

教育的特点在于对人影响的有目的、有组织、有计划。学校教育正是体现了教育的特点。学校教育的目的性和计划性集中体现在严密组织性上。学校教育是制度化的教育。学校教育具有严密的组织结构和制度。从宏观上说,学校有各级各类、多种多样的体系结构;从微观上说,学校内又有专设的领导岗位和教育教学组织,有专司思想、政治、教学、总务后勤、文体活动的专门组织机构,还有一系列的严密的教育教学制度。如此等等,是社会教育和家庭教育形态所不具备的。

(三)作用的全面性

学校教育对人的发展作用是全面的。社会教育和家庭教育对人的成长影响多少都带有一定的偶然性,影响的范围也往往只侧重在某些方面。而学校教育是全面培养人的活动,它不仅要关心教育对象的知识和智力的增长,也要关心学生思想品德的形成,还要照顾受教育者的身体健康成长。培养塑造全面完整的社会人,是学校教育的特有职责。而这一职责也只有学校教育才能承担起来。

(四)内容的系统性

适应培养造就全面完整社会人的需要,学校教育内容特别注重内在连续性和系统性、社会教育和家庭教育在教育内容上一般具有片段性。即使是有计划性的社会教育,也往往是阶段性的,就其知识总体来说也具有片段性。学校教育既注意知识体系,又要符合认识规律,所以教育是系统的、完整的。教育内容的完整性和系统性是学校教育的一个重要特点。

(五)手段的有效性

学校具有从事教育的完备的教育设施和专门的教学设备,如声像影视等直观教具、实验实习基地等，都是学校教育的有效手段。这些都是保证教学顺利进行的不可或缺的物质条件，这是社会教育和家庭教育所无法全面提供的。

（六）形式的稳定性

学校教育形态比较稳定。它有稳定的教育场所、教育者、教育对象、教育内容及教育秩序等。学校教育的这种稳定性，更有利于个人的发展。当然，稳定是相对而言的，它也要有相应的改革变化。稳定不是僵化，如果把相对稳定看作是墨守成规，那就必然要走向反面。总之，学校教育具有其他教育形态所不具备的独特特点，而且正是这些特点保证了学校教育的高度有效性，使它在各种教育形态中占据主导地位。

总之，学校教育是人一生中所受教育最重要组成部分，个人在学校里接受学校教育计划性的指导，系统地学习文化知识、社会规范、道德准则和价值观念。学校教育从某种意义上讲，决定着个人社会化的水平和性质，是个人社会化的重要基地。知识经济时代要求社会尊师重教，学校教育越来越受重视，在社会中起到举足轻重的作用。

第二节 校园清洁和环保行动

> 继农业革命、工业革命、计算机革命之后，影响人类生存发展的又一次浪潮，将是在世纪之交时要出现的垃圾革命。
>
> ——托夫勒

一、校园清洁

在一个优美、整洁、干净、卫生的生活环境中学习，可以让我们养成良好的卫生习惯，培养劳动观念，增强我们的公德意识，提高文明水准。我们要共同努力，使我们的校园达到"清洁、整齐、文明、有序"的标准。

学校校园清洁的范围一般包括教室、楼道、走廊、图书馆、宿舍、会议室等，这些地方的清洁需要师生共同的努力。保持校园清洁需从细节做起。

（一）公共场所和环境卫生规范

校园的公共场所卫生一般由学校的专职卫生保洁员负责，除此之外，还需要我们每个人的努力。校园公共场所的卫生我们可以按照以下规范去做。

（1）楼道、楼梯，做到地面清洁、无痰迹、无垃圾、无污水。

（2）洗手间、厕所，做到地面清洁、无积污水，墙面干净、上下水畅通、无跑冒滴漏，水池内外干净无污物，大小便池干净无便迹、无异味。

（3）公共门窗玻璃、窗台窗框，做到干净、完好、无积尘。

（4）楼内墙壁顶棚，做到无积尘、无蛛网。

（5）爱护公物，节约水电，所用卫生工具等要妥善保管、谨慎使用，尽可能修旧利废。

（6）垃圾要倒入垃圾桶（箱）内，不能随处乱倒，杜绝焚烧垃圾、树叶等污染环境现象发生。

（7）爱护环卫设施，养成良好的卫生习惯，不在各种建筑物、各种设施及树木上刻画、张贴。

（二）个人卫生和宿舍内务卫生规范

讲好个人卫生有利于形成良好的个人生活习惯。宿舍是我们每天生活的场所，良好的宿舍卫生有利于我们的身心健康。我们在保持好个人卫生的同时，也要和舍友一起维护好宿舍卫生，具体规范如下。

（1）养成良好的个人卫生习惯，要勤洗澡、勤洗衣，个人床铺整洁、卫生。

（2）不随地吐痰，乱扔废纸、白色垃圾、果皮等，不向窗外倒水和乱扔杂物。

（3）宿舍的地面、墙壁、门窗整洁干净，保证无灰尘、痰迹、蛛网等。

（4）室内空气新鲜无异味，无蚊蝇、蟑螂。

（5）床、桌、凳、书架等家具摆放整齐、干净。

（6）灯具、墙壁、顶棚、暖气设备无尘土，无蛛网。

（三）文明就餐

我们一日三餐离不开食堂，食堂是大家生活的重要组成部分，营造清洁舒适的就餐环境，不仅关系着我们的生活，而且直接体现了我们的整体形象。文明用餐是个人素质的体现，我们要从自身做起，从点滴做起，从身边做起，共同营造一个良好的就餐环境。文明就餐我们要做到以下几点。

（1）爱惜粮食，杜绝浪费。节约粮食是尊重他人劳动的表现，也是我们每个人高尚人格的体现。

（2）保持良好的就餐秩序，排队就餐、讲文明、讲礼貌、守公德、言语文明、举止得体。

（3）自觉回收餐具。吃完饭后就把餐具和杂物带到餐具回收处，既减轻了餐厅人员的工作任务，又方便了其他同学。

（4）不要随地吐痰、乱扔餐巾纸和食物残渣，注意自己的仪表、穿着和行为。

（5）爱护餐厅的设施，不蹬踏桌凳，不乱涂，不乱刻，不损坏电器照明等设备，维护公共卫生安全。

（6）尊重餐厅工作人员，不侮辱甚至谩骂工作人员，发现问题，不吵不闹，逐级反映，妥善解决。

（四）清洁的基本操作流程

1. 室内保洁的基本操作流程

（1）进行检查处理。进入室内，先查看是否有异常现象、有无损坏的物品。如发现异常，应先向学校有关部门或老师报告后再保洁作业。

（2）进行推尘处理。推尘要按照先里后外、先上后下、先窗后门、先桌面后地面的顺序，先清扫天花板、墙角上的蜘蛛网和灰尘，接着抹窗户玻璃门面的灰尘，实验器材等设备挪动后要原位摆好。

（3）进行擦抹处理。擦抹应从门口开始，由左至右或由右至左，依次擦抹室内桌椅、柜子、讲台和墙壁等。抹布应拧干，擦拭每一件物品时，应由高到低、先里后外。擦墙壁时，重点擦拭门窗、窗台等。操作时，先将湿润的涂水器毛头（干净的）装在伸缩杆顶部，沿顶部平行湿润玻璃，然后以垂直上落法湿润其他部分的玻璃。再用干净的抹布擦干净窗框及窗台，最后用干燥的无毛的棉布擦干净玻璃四周和中间的水珠。大幅墙面、天花板等的清洁为定期清除（如每周清洁一次）。

（4）进行整理归置。讲台、桌面、实验台上的主要用品，如粉笔盒、粉笔擦、实验器具等抹净后按照原位摆放整齐。

（5）垃圾清倒处理。按照垃圾分类方法收集垃圾，并清倒室内的垃圾桶，及时更换垃圾袋。

（6）清洁结束后的处理。参与保洁的人员退至门口，环视室内，确认清扫质量，然后关窗、关电、锁门。

2. 休闲空间和走廊保洁的基本操作流程

（1）进行检查处理。进入各种休闲空间后，先查看是否有异常现象、有无已损坏的物品。如发现异常，应先向有关部门或老师报告后再进行保洁作业。

（2）进行清扫处理。先用扫把对地面进行清洁，扫去纸屑、灰尘等。

（3）进行擦抹处理。从门口开始，由左至右或由右至左，依次擦抹室内桌椅、柜子、讲台和墙壁等。抹布应拧干，擦拭每一件物品时，应由高到低，先里后外。擦墙壁时，重点擦拭门窗、窗台等。操作时，先将湿润的涂水器毛头（干净的）装在伸缩杆顶部，沿顶部平行湿润玻璃，然后以垂直上落法湿润其他部分的玻璃。再用干净的抹布擦干净窗框及窗台，最后用干燥的无毛的棉布擦干净玻璃四周和中间的水珠。大幅墙面、天花板等的清洁为定期清除（如每周清理一次）。

（4）进行整理归置。桌椅、柜子等抹净后，按照原位摆放整齐。

（5）垃圾清倒处理。按照垃圾分类方法收集垃圾，及时更换垃圾袋。

（6）进行推尘处理。用拖把清洁地面，按照先里后外、先边角、桌下，后地面进行推尘作业。清洁结束后把桌椅、柜子等设备恢复原位摆好。

3. 公共卫生间保洁的基本操作流程

（1）天花板的清理。用长柄扫把清扫天花板、墙面、墙角等的蜘蛛网和灰尘。

（2）门窗玻璃门面及墙面的清理。用干湿抹布清洁玻璃、镜面和墙面上的污迹。

（3）蹲便池和小便池的清理。先用夹子夹出大、小便器里的杂物，然后冲水，再倒入洁厕剂泡一会儿。蹲便池、小便池内四周表面及外部表面均要清洗，检查冲水是否正常，有没有堵塞。

（4）洗手盆的清理。用清洁剂和百洁布擦洗洗手盆。从左到右抹干净台面，用不掉毛的毛巾从上到下擦拭干净镜子，水龙头也要清洗干净、保持光亮。

（5）更换垃圾袋。按照垃圾分类方法收集垃圾并及时更换垃圾袋。

4. 机动车道和人行路保洁的基本操作流程

主要清洁内容：清扫各种垃圾、树叶；清捡树枝和废弃物；清拔路沿石缝杂草；清除人行道边上绿化带的树叶杂草；清扫人行道和道路上的灰尘等。

（1）首先进行分组，然后分路段、分区域明确清扫范围，合理安排清理垃圾、树叶等任务。

(2) 每天采取分时段收集沿路垃圾，做到定时清扫、及时堆放、及时运送，做到不慢收、漏收。

(3) 参与保洁的学生利用竹扫把，对校园道路进行全面清扫，要做到"六不""三净"。"六不"即不花扫、漏扫；不见积水（无法排除的积水除外）；不见树叶、纸屑等；不漏收堆；不乱倒垃圾；不随便焚烧垃圾。"三净"为路面净、路尾干净、人行道净。

(4) 进行路面清扫保洁时，垃圾收集应及时且严禁将垃圾倒在道路两侧绿化带里或随便乱倒，严禁焚烧垃圾。

(5) 校园路面清扫保洁要做到：晴天与雨天一个样；主干道与人行道一个样；检查与不检查一个样。

5. 广场、操场、台阶、水沟等保洁的基本操作流程

主要清洁内容：清扫各种类垃圾、树叶；清除各种杂草、树枝；清扫或者清洗灰尘；清理明水沟内各种垃圾和杂草。

(1) 对广场、操场、停车场、台阶和楼房周边的水沟进行检查，先用扫把或垃圾夹清理面上的垃圾、树枝、树叶等。

(2) 对广场、操场、台阶周边的杂草进行清除。

(3) 用小扫把对广场、操场、停车场、台阶地面进行清尘处理。

(4) 清理垃圾，运送到学校的垃圾中转站。

(5) 不能把垃圾和树叶倒在道路两边的绿化带，更不能就地焚烧。

备注：清扫要有次序，如清扫操场应该先洒水再扫地，有风的时候应该顺风扫，楼梯应该从上往下扫。

 知识链接

维护校园环境卫生，我们一直在行动

为给师生营造一个干净、舒适的学习和生活环境，山东省某高职学院组织全体师生进行了卫生大扫除活动。

淅沥沥的雨点不断从空中落下，但丝毫没有影响同学们高涨的热情。在老师们的带领下，同学们全面打扫了教室并包干各个角落卫生死角，清理地面上的污渍，扫除教室墙面上小纸片和杂物，清除整理图书角、讲台上的粉尘杂物，擦洗黑板、玻璃窗台和墙脚的污渍。

我劳动，我快乐，人人参与，人人动手，挥洒汗水，体会劳动的快乐。

那些可亲可敬的辅导员亦在教室内外忙碌着，不怕苦，不怕累，仔细地清理每一个角落。

老师们的言传身教，同学们看在眼里、记在心里，教育无处不在、无时不在。校园的每个角落都能看到师生们劳动的身影，到处都是热火朝天的劳动景象。在大家的努力下，1个小时后整个校园焕然一新。

效率这么高？有秘诀？无他，唯平时坚持耳！

校园环境是一所学校的窗口，是师生精神风貌的集中体现。该学院在不断提高教育教学水平的过程中，充分认识到校园环境建设的重要性，运用多种形式，大力宣传卫生整治的重要性和养成良好卫生习惯的相关知识，并启动卫生互相监督机制，相互监督、相互提

醒，发现问题及时纠正，力争不断激励学生养成良好的卫生习惯，增强保洁意识，努力营造干净、整洁、文明的育人环境，为"美化环境、美好生活"贡献自己的一份力量。

（资料来源：以上信息由作者根据网络资料整理而成）

二、环境美化

（一）绿色校园的卫生维护和能源节约

《全国环境宣传教育行动纲要》在1996年首次提出了"绿色校园"概念，它将环保意识和行动贯穿于学校的管理、教育、教学和建设的整体性活动中，引导教师、学生关注环境问题，让青少年在受教育、学知识、长身体的同时，树立热爱大自然、保护地球家园的高尚情操和对环境负责任的精神；掌握基本的环境科学知识，懂得人与自然要和谐相处的基本理念；学会如何从自己开始，从身边的小事做起，积极参与保护环境的行动，在头脑中孕育可持续发展思想；让学校里所有的师生从关心学校环境到关心周围、关心社会、关心国家、关心世界，并在教育和学习中学会创新和积极实践。它不仅成为我国学校实施素质教育的重要载体，而且也逐渐成为新形势下环境教育的一种有效方式。

"空气清新，环境整洁，楼房林立，绿树环抱"，这种良好的校园环境是实现环境育人的关键。优美整洁的学习生活环境的创造，需要通过师生多方面的共同努力。所以要不断增强师生对校园环境的保护意识，树立"校园是我家，卫生靠大家"的思想意识，同时加强各项卫生制度的落实，做好平时卫生保持工作，促进大家自觉维护校园环境卫生，爱护校园公共设施，能自觉做到不乱扔、乱倒、乱吐、乱画、乱张贴。营造人人爱绿化、讲卫生、人人爱校园的良好氛围，创造宜人环境，创建一个卫生、绿色的校园需要我们每个人从身边的小事做起。

（二）精神美化

环境美化既包括物质的美化，例如，校园建筑的设计、绿植的栽培等，也包括精神的美化，即通过文化的建设来美化校园环境。以下主要介绍宿舍文化和班级文化。

1. 宿舍文化

宿舍文化是指依附于宿舍这个载体来反映和传播的各种文化现象的总和。它既包括校园中的物质文化、制度文化，也包括师生的价值观念、群体心态、校园舆论等。它以宿舍成员共同的价值观为核心，由涉及宿舍生活的各方面的价值准则、群体意识、行为规范、公共行为和学习生活习惯所组成，是由宿舍成员共同建立和长期形成的、潜移默化的氛围和影响力。

宿舍文化是在宿舍这一特定的环境里，宿舍全体成员依据宿舍的客观条件，在从事各种可能的活动中所形成的物质环境和文化氛围。它包括宿舍的室内设施、整体布局、卫生状况、规章制度、宿舍成员的人际关系、道德水准、学识智能、审美情趣、价值取向、行为方式等。

（1）保持宿舍卫生干净整洁。干净整洁的宿舍会给我们创造一个良好的生活环境，有利于我们的身心健康。每位同学都要把宿舍当成自己家，在宿舍不乱扔垃圾，认真做好值日，保持个人卫生，不给他人带来麻烦。

（2）共同打造宿舍文化。宿舍成员共同设计宿舍名字、宿舍舍徽，根据各自宿舍的特点布置宿舍，对宿舍进行美化，让宿舍成为温馨的家园。

2. 班级文化

班级文化是"班级群体文化"的简称。班级文化是作为社会群体的班级所有或部分成员共有的信念、价值观、态度的复合体。班级成员的言行倾向、班级人际环境、班级风气等为其主体标识，班级的墙报、黑板报、活动角及教室内外环境布置等则为其物化反映。

班级文化可分为"硬文化"和"软文化"。所谓硬文化，是一种显性文化，是可以摸得着、看得见的环境文化，也就是物质文化。比如，教室墙壁上的名言警句，英雄人物或世界名人的画像；摆成马蹄形、矩形、椭圆形的桌椅；展示我们书画艺术的书画长廊；激发我们探索未知世界的科普长廊；表露爱心的"小小地球村"；悬挂在教室前面的班训、班风等醒目图案和标语等。而软文化，则是一种隐性文化，包括制度文化、观念文化和行为文化。制度文化包括：①各种班级规约。它构成一个制度化的法制文化环境。②观念文化。它是关于班级、社会、人生、世界、价值的种种观念，这些观念弥漫在班级的各个角落，潜移默化地影响着我们。③行为文化。它是因制度和观念等引发出来的，是从我们身上表现出来的言谈举止和精神面貌。

（1）硬文化建设。苏霍姆林斯基曾经说过，要使教室的每一面墙壁都具有教育的作用。可见，对于教育而言，一切都可以成为它有利的素材，有效地运用空间资源，创设具有教育性、开放性、生动性且安全性的硬文化环境，对于陶冶我们的情操、激活我们的思维、融合师生的情感有着积极的作用。对班级硬文化环境建设的法则是：力求朴素、大方，适合学生，突出班级特点。

要注重教室的卫生。干净的教室不是打扫出来的，而是保持出来的。如要主动捡起地上的纸屑，把课桌椅摆放整齐，小黑板、扫帚、水桶整理齐等。每个人都需树立主人翁意识——教室就是我的家。

要重视教室的布置。两侧的墙壁可以贴一些字画、人物等（由学生自己选出）；可以把教室的四角安排成自然角、科技角、书法角等；后面的黑板报应经常更换，由学生自己排版、策划；教室前面黑板的上方可以挑选一句整个班级的座右铭。教室的布置不能乱，应使各个部分都和谐统一起来。

（2）软文化建设。建设好班级硬文化环境，只是给这个班级做了一件好看的外衣，班级真正的精神体现还要看班级软文化环境的建设。班级软文化环境是班级文化环境的核心，是最能体现班级个性的。班级整体形象的优劣最终将取决于班级软文化环境是否健康。在班级软文化的建设中，首先可以考虑设计班歌、班徽、班旗等。班级的特色标志，可以使学生增强对班级的认同感和自豪感。其次是班风的建设。这是班级软文化环境建设的重头戏，也是整个文化环境建设的核心部分。良好的班风是无声的命令，是不成规章的准则，它能使学生自觉地约束自己的思想言行，抵制和排除不符合班级利益的各种行为。班风的激励作用，还能使班级中的每个人精神振作、身心愉悦，人与人之间紧密团结、高度信任，人际关系和谐，班集体由此焕发出无穷的力量和生机。

三、垃圾分类

垃圾分类，一般是指按一定规定或标准将垃圾分类储存、投放和搬运，从而转变成公共资源的一系列活动的总称。垃圾分类的目的是提高垃圾的资源价值和经济价值，力争物尽其用。

（一）垃圾分类的背景

随着社会经济发展和物质消费水平的大幅度提高，我国每年垃圾产生量迅速增长，2018年仅生活垃圾总量就增至4亿多吨，这些垃圾不仅造成了环境的安全隐患，还造成资源浪费，成为人民群众反映强烈的突出问题，成为社会经济持续健康发展的制约因素。实行垃圾分类，关系广大人民群众生活环境，关系节约使用资源，也是社会文明水平的一个重要体现。

垃圾分类意义

在我国城市和广大农村实行垃圾分类，对改善人们的生活环境、推动绿色生态发展、建设美丽中国有重要意义，而高校推行垃圾分类，对于培养高素质的社会人才，创建文明、和谐、生态、美丽校园等具有十分重要的意义。

1. 思想革命

实行垃圾分类实际上是一场思想革命与观念转变。由于改革开放和科学技术的进步，工农业生产的高速发展，产生了大面积堆放的"垃圾山""垃圾海"。它们难以处理而且会影响人们的生产生活，甚至危及人们的健康与安全。所以，实行垃圾分类是一种新事物、新时尚。但是，因为民众对垃圾分类认识还不到位，要真正实行好垃圾分类，难度很大，是一次思想革命和观念转变。

2. 减少占地

丢弃的垃圾越多，侵占的土地也越多。垃圾堆放和填埋都会占用大量的土地，每1万吨的垃圾约占地1亩。目前我国生活垃圾堆放地侵占土地面积高达5亿多平方米，相当于5万公顷耕地，而我国的耕地面积仅为1.3亿公顷，相当于全国万分之四的耕地面积用来堆放垃圾。

3. 减少污染

我们随手丢弃的垃圾露天堆放时，垃圾中的有机物被微生物分解，释放出大量的氨、硫化物、甲烷等气体，产生恶臭和刺鼻气味，垃圾中的塑料膜、纸屑、粉尘和细小颗粒物会随风飘扬，污染大气。目前我国的垃圾处理多采用卫生填埋甚至简易填埋的方式，占用上万亩土地，并且蝇虫乱飞，污水四溢，臭气熏天，严重污染环境。土壤中的废塑料会导致农作物减产，而且抛弃的废塑料被动物误食导致动物死亡的事故时有发生。因此，垃圾分类回收利用还可以减少污染危害。

4. 变废为宝

中国每年使用塑料快餐盒达40亿个，方便面碗5亿~7亿个，一次性筷子数十亿双，这些占生活垃圾的8%~15%。1吨废塑料可回炼600千克的柴油;回收1 500吨废纸,可免于砍伐用于生产1 200吨纸的林木;1吨易拉罐熔化后能结成1吨品质很好的铝块,可少采20吨铝矿。生活垃圾中有30%~40%可以回收利用,应珍惜这个小本大利的资源。大家也可以利用易拉罐制作笔盒,既环保,又节约资源。而且,垃圾中的其他物质也能转化为资源。各种固体废弃物混合在一起是垃圾,分选开就是资源。

(资料来源:咸阳日报,2019年8月8日,有删改)

(二)垃圾种类

从国内外各城市对生活垃圾分类的方法来看,大致都是根据垃圾的成分构成、产生量,结合本地垃圾的资源利用和处理方式来进行分类的。图4-1所示为垃圾分类标志。图4-2所示为垃圾分类目录。

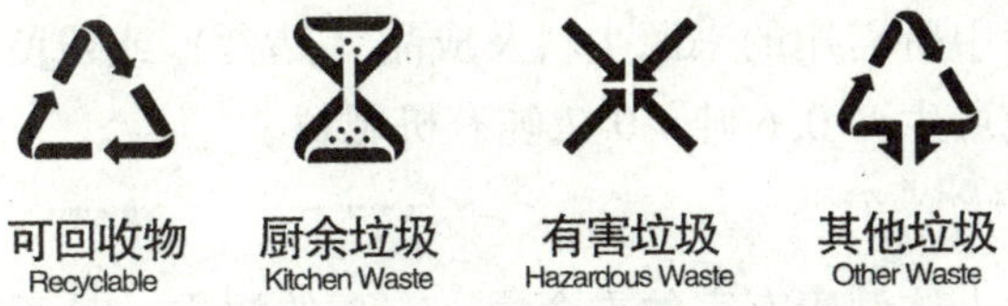

可回收物 Recyclable　　厨余垃圾 Kitchen Waste　　有害垃圾 Hazardous Waste　　其他垃圾 Other Waste

图4-1　垃圾分类标志

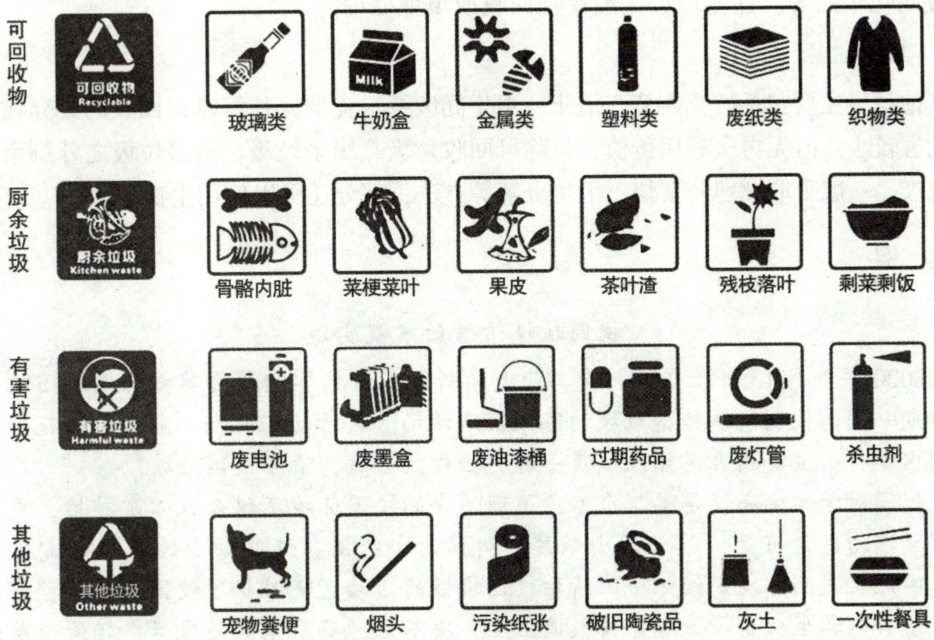

可回收物　　玻璃类　　牛奶盒　　金属类　　塑料类　　废纸类　　织物类

厨余垃圾　　骨骼内脏　　菜梗菜叶　　果皮　　茶叶渣　　残枝落叶　　剩菜剩饭

有害垃圾　　废电池　　废墨盒　　废油漆桶　　过期药品　　废灯管　　杀虫剂

其他垃圾　　宠物粪便　　烟头　　污染纸张　　破旧陶瓷品　　灰土　　一次性餐具

图4-2　垃圾分类目录

1. 可回收物

主要包括废纸、塑料、玻璃、金属和布料五大类。

废纸:主要包括报纸、期刊、图书、各种包装纸等。但是,要注意纸巾和厕所用纸由于水溶性太强不可回收。

塑料：各种塑料袋、塑料泡沫、塑料包装、一次性塑料餐盒餐具、硬塑料、塑料牙刷、塑料杯子、矿泉水瓶等。

玻璃：主要包括各种玻璃瓶、碎玻璃片、镜子、暖瓶等。

金属物：主要包括易拉罐、罐头盒等。

布料：主要包括废弃衣服、桌布、洗脸巾、书包、鞋等。

这些垃圾通过综合处理回收利用，可以减少污染、节省资源。如每回收1吨废纸可造好纸850千克，节省木材300千克，比等量生产减少污染74%；每回收1吨塑料饮料瓶可获得0.7吨二级原料；每回收1吨废钢铁可炼好钢0.9吨，比用矿石冶炼节约成本47%，减少空气污染75%，减少97%的水污染和固体废物。

2. 厨余垃圾

厨余垃圾是有机垃圾的一种，包括剩菜、剩饭、菜叶、果皮、蛋壳、茶渣、骨、贝壳等，泛指家庭生活饮食中所需用的来源生料及成品（熟食）或残留物。厨余垃圾经生物技术就地处理堆肥，每吨可生产0.6吨～0.7吨有机肥料。

3. 有害垃圾

有害垃圾指含有对人体健康有害的重金属、有毒的物质、对环境造成现实危害或者潜在危害的废弃物，包括电池、荧光灯管、灯泡、水银温度计、油漆桶、部分家电、过期药品、过期化妆品等。这些垃圾一般单独回收或填埋处理。

4. 其他垃圾

其他垃圾主要包括砖瓦陶瓷、渣土、卫生间废纸、瓷器碎片等难以回收的废弃物，其他垃圾危害较小，但无再次利用价值，是除可回收垃圾、厨余垃圾、有害垃圾之外剩余下来的一种垃圾。一般采取填埋、焚烧、卫生分解等方法，部分还可以使用生物降解。

案 例

校园垃圾清洁的寒假实践

2020年1月13日上午，河南工业大学新闻与传播学院蒲公英社会实践团队开始了为期一周的校园清洁捡拾垃圾的寒假实践活动。该活动在河南工业大学莲花街校区范围内举行，主要内容是团队成员一起打扫校园区域，清除校园垃圾。

校园对于学生来说是第二个家，美丽洁净的校园环境不仅令人心旷神怡，更能为学习氛围增色。可是，路面的小纸片、树林的小纸团，这些细小的垃圾时常被人忽略，因此实践团队决定组织一次清扫校园垃圾的活动，既维护了校园环境的整洁，也用行动告诉学生从自身做起保持校园卫生，决不让"癫狂空袋随风舞，轻薄纸屑逐人飞"的乱象上演。

蒲公英社会实践团队的成员齐聚于河南工业大学莲花街校区的A01学生公寓楼前（图4-3）。团队成员们拿着扫帚、簸箕有序列队，随着带队队长的一声出发，实践活动正式开始。

图 4-3 实践团队

实践团队首先从学生公寓区的主干道开始清扫，沿路清扫到钟楼广场，在钟楼广场附近的餐厅匆匆吃完早饭后，又从广场南侧开始，沿莲湖桥北的主干路继续清扫。这些道路陆续清扫完毕后，团队并没有停歇。接下来的一项，是打扫活动的重头戏——操场板块。团队事先将整个莲花街校区分成了六大板块，每天打扫和维护一个板块。团队成员到达操场后，立即投入到清洁工作中……

经过一天的操场打扫，实践团队发现，操场上的遗留垃圾主要有两种，一种是塑胶跑道上的卫生纸纸团，另一种是跑道旁边、健身仪器附近的烟头。鉴于此，团队成员也提醒大家，天气严寒，但用来擤完鼻涕的纸团要丢进垃圾桶；而对于非在校学生的附近社会人员，在健身后，一定要将烟头捻灭后丢入垃圾桶，杜绝安全隐患。

（资料来源：豫青网，2019 年 1 月 13 日）

（三）学校的垃圾分类

垃圾分类是学校创建文明、生态校园的需要。

1. 分类模式

根据学校实际情况，按照当地所在省市规定的可回收物、厨余垃圾、有害垃圾、其他垃圾四种类别进行生活垃圾分类。校园施工产生的建筑垃圾、绿化垃圾以及实验室危险废弃物垃圾等，按照相关规定进行处置，严禁混入生活垃圾投放。

2. 分类与收集流程

应当按照规定的时间、地点，用符合要求的垃圾袋或者容器分类投放生活垃圾，不得随意抛弃、倾倒、堆放生活垃圾。

（1）学生宿舍垃圾分类收集流程。

将宿舍的厨余垃圾滤出水分后装袋投放至室外厨余垃圾桶，不得混入贝壳类、木竹类、废餐具等不利于后期处理的杂质；其他类别垃圾分类装入相应垃圾袋中，并就近投放到室外相对应的分类垃圾桶内。

后勤负责将厨余垃圾桶内的垃圾在规定时间运至固定的垃圾集中装运点，对接市政厨余垃圾收运车清运、其他种类的垃圾由后勤安排车辆分类收集清运。

（2）教学楼垃圾分类收集流程。

所属各学院自备符合当地标准的垃圾分类桶。所属学院劳动周安排学生清扫，按类分别投放到固定的垃圾桶中。

3. 校园公共区域及学院垃圾分类收集流程

公共区域按片区划分，由负责日常打扫的学生将垃圾收集并让保洁员将果皮箱中的其他垃圾、可回收物及有害垃圾通过分类收集车进行分类统一收集、运送到固定垃圾堆放点进行分类投放。后勤安排车辆分类清运。保洁员分类收集车辆上需张贴相应分类标识。各单位楼栋内垃圾需由保洁人员运送到就近的固定垃圾堆放点进行分类投放，后勤安排车辆分类清运。

案　例

"加减乘除""十百千万"……解码上海垃圾分类一年间

2019年7月1日，《上海市生活垃圾管理条例》正式实施。实施一年间，上海作为首个"吃螃蟹"的城市，在垃圾分类这件"小事"上庄严立法，全民参与、全程发力。

上海市绿化市容局局长邓建平谈起上海垃圾分类一年间的新特点和新挑战，他说了两个词："加减乘除"和"十百千万"。

"加减乘除"，新时尚改变一座城

垃圾分类能否成功，考验的是市民素质，从"他律"实现"自律"的转变。有法律法规支撑，有市民全员参与，有志愿者全程引导，上海生活垃圾分类的社会氛围越发浓厚。

"加"体现在：资源化利用实现增量，因为分类细致、纯度高、质量有保障，分出的垃圾得到了更高效的资源化利用，回收利用率达到35%。

"减"落实在：干垃圾处置量减量和垃圾填埋处置比例降低。

"乘"立足在：垃圾分类社会效益倍增，市民垃圾基本养成分类习惯，居住区垃圾分类达标率从2018年的15%倍增到90%。

"除"着力在：环境污染点大幅减少，撤桶并点、定时投放后，住宅小区环境改善；废物箱减少后，道路公共场所环境卫生保持良好，处置设施污染物排放明显下降。

"十百千万"，2 000多万上海市民一条心

破解垃圾围城，塑造绿色生活，只要用心，人人都可以做得到。市民从不习惯到习惯，上海推进垃圾分类带来的新变化让人欣慰。"垃圾分类，从我做起"，把它从贴在墙上的标语变为全社会的新时尚，需要城市治理精细化，拿出绣花功夫，需要政策执行张弛有道、刚柔并济，也需要市民积极响应、主动配合，只有这样才能让我们的城市越来越美好。

上海市民到底多给力？即便在大雨倾盆的早上，撑伞赶来倒垃圾的居民络绎不绝。从一个人的努力扩展到2 000多万人的合力，从一户人家的行动到千家万户的践行，"十百千万"的格局悄然演进。

（资料来源：文汇报，2020年6月30日）

上海的这场垃圾分类绿色转型不仅引领了"新时尚",提升了城市品质,更释放出环保产业升级的"新动能"。从"新时尚"到"好习惯",百姓是参与者更是受益者。生活中废弃物品的数量和种类越来越多,准确分类投放确实不易。但为了保护地球母亲、造福子孙后代,我们每个人都必须学会并践行生活垃圾分类投放。

第三节　义务劳动和勤工助学

> 人的生命是有限的,可是,为人民服务是无限的,我要把有限的生命投入无限的为人民服务之中。
>
> ——雷锋

义务劳动是一种"赠人玫瑰,手有余香"的行为,我们作为当代大学生,应从身边的小事做起,为他人着想,心存社会公德,真正起到先锋模范作用。

一、义务劳动概述

(一) 义务劳动概念

义务劳动,也称志愿劳动,是指不计定额、不要报酬、自觉自愿地为社会劳动。义务劳动,虽然只比"劳动"多了"义务"二字,但蕴含了更大的能量与意义。《中华人民共和国劳动法》第六条首句是:"国家提倡劳动者参加社会义务劳动。"《现代汉语词典》对"义务劳动"一词的解释是:"自愿参加的无报酬的劳动。"而"社会义务劳动"是指社会公益活动,具体就是有关卫生环境、抢险救灾、帮贫扶弱等群众性福利事业的义务劳动。这种劳动是完全建立在劳动者的主动性、自觉性的基础上,体现的是劳动者崇高的社会责任感和高尚的品德。它与劳动者在劳动关系范围内的法定劳动义务不同。对于社会义务劳动,《中华人民共和国劳动法》在其规定中也只是提倡,并没有强制性要求。作为劳动者,可以参加,也可以不参加,这取决于劳动者本人的思想境界的高低,是属于道德范畴的问题。

(二) 义务劳动的意义

义务劳动涉及方方面面,大至国家,小至家庭。实现中华民族伟大复兴的中国梦需要奉献精神;新时代目标任务的实现需要奉献精神;社会和经济发展需要全体人民发扬奉献精神;做一个品德高尚的人需要奉献精神。义务劳动,是一种精神文化的行为表现,它不可能像物质财富那样通过简单的购买和继承的方式来获得,具有不可转让性。

1. 提升劳动素质

面对日趋激烈的国际竞争,一个国家发展能否抢占先机、赢得主动,越来越取决于国民素质,特别是广大劳动者素质。素质是立身之基,技能是立业之本。参加义务劳动,可以提高大学生文明素质和道德水平,培育"民生在勤,勤则不匮"精神和责任意识,引导大学生树立正确的人生观、价值观和世界观,从而促进其全面发展。义务劳动是一个知行合一的过程。

2. 促进个人全面发展

义务劳动能使我们的肌体充满活力,促进我们的身体发育;义务劳动,不论是体力劳动还是脑力劳动,都要做出努力、耗费精力,要取得劳动成果,需要有顽强的意志和毅力,因而可以培养人们的自信心、责任心、情感和意志力等;人们能从义务劳动中培养出尊重劳动、热爱劳动、尊重劳动人民的品质,认识到劳动没有贵贱之分,从而养成劳动光荣、不劳为耻的思想品德;义务劳动有利于培养人们的创造意识和创新精神,人们在义务劳动中既要动手,又要动脑,是一种创造性活动。

总之,义务劳动能促进人们的体力发展和智力发展,培养人们的创新精神和实践能力,培养尊重劳动的意识。

 案 例

最美快递员汪勇,平凡人中的英雄

汪勇是湖北顺丰在武汉的一名普通快递小哥。新冠肺炎疫情暴发后,汪勇牵头建起了医护服务群,从调配医疗物品、保障医护人员日常出行、协调1.5万份盒饭,再到给医护人员修眼镜、买拖鞋……一个多月来,汪勇成了医护人员的"大管家"。汪勇和他的志愿者团队将温暖聚拢,守护着冬日里逆行的医务英雄。"我做了力所能及的事,我不后悔。"汪勇说。

汪勇的事迹让许多人泪目,也让更多人感受到一名普通"80后"快递小哥的无私与无畏、担当与奉献。汪勇和他的志愿者团队就像一团火,在这个寒冷的冬季给人们带来温暖和希望,鼓舞人们奋勇战胜疫情。

汪勇的优秀表现也激励和带动着更多顺丰员工积极投身抗疫工作。湖北顺丰相关负责人介绍说,战疫期间,湖北顺丰有超过4 000名快递小哥勇冲一线,为保障物资运送做出贡献。近日,湖北顺丰对25名在疫情期间奋勇拼搏、彰显担当的优秀员工予以火线提拔,其中汪勇更是被跨等级提拔为硚口分公司经理。

(资料来源:新华网,2020年3月2日,有删改)

汪勇在疫情期间选择义务劳动,主动投身没有硝烟的战场,把个人安危置之度外,共战疫情、共克时艰、守望相助的行为值得我们每个人学习。正如湖北顺丰的负责人所说:"战疫是优秀员工试金石,表现出色员工,如同大火淬炼出的真金,是企业的财富。"

二、义务劳动的类型和要求

当今时代是创新的时代,新的知识、新的技术,不是凭空想出来的,而是在艰苦的劳动中创造出来的。义务劳动创造财富,劳动创造新的思维,义务劳动也促进了人类进步。

培养学生热爱劳动、尊重劳动、劳动光荣的意识十分有必要。

（一）让义务劳动教育成为一种价值召唤

在观念层面，大力提倡义务劳动要凸显综合性与统领性。义务劳动是基于志愿服务、体力劳动与物质生产劳动的实践活动。义务劳动教育不是社会、学校或家庭单方面的事情，而是这三个教育渠道相互配合、密切联系、各司其职的整体性教育。

学校的义务劳动可分为劳动课和校内及校外的适量的义务劳动，如义务家教，义务打扫卫生，义务植树，服务老弱病残人员，协助交警之类的劳动。

（二）让义务劳动成为一种积极的生存方式

在实践层面，要强化激励性与基础性，让义务劳动成为一种积极的生存方式。义务劳动不是刻意、强制的行为，而是依存于自觉意识、自觉追求的行动。因此，我们应该把义务劳动的理念渗透到生活、学习、工作的各个环节中，使之成为一种生存方式。

（三）义务劳动是学生德育实践的主要形式之一

学校是培养社会主义建设者和接班人的殿堂。劳动是财富的源泉、幸福的源泉。勤于劳动、善于创造是中华民族的伟大品格。当代大学生应积极参加义务劳动并在实践中提升自己，学校也应大力宣传义务劳动事迹营造良好的氛围。学校开展义务劳动有利于增强学生的劳动观念、集体主义观念，有利于培养学生爱护公共财产意识，有利于促进班风、校园文明建设。

 案 例

> **新时代的雷锋事迹**
>
> 在北京各火车站里活跃着一群助人为乐的铁路员工，他们是北京铁路分局先进集体的成员。长年来，他们学雷锋做好事，把温暖送给南来北往的旅客。"036"最早是北京北站一个普通服务员的胸牌号，由于她的热情服务，旅客们记住了"036"这个号码。现在，它已是一个响亮的优质服务品牌，成为"诚心待客，真心助人"的代名词。目前，"036"文明服务群体成员已经达到1 250名，六年来共帮助困难旅客100多万，收到群众表扬信23 000多封。
>
> 北京西站036售票厅服务员王秀英说："虽然都是很平凡的小事情，但是我们'036精神'就是体现在为旅客多想一想，想一想要是我们出行在外，遇到困难怎么办。"
>
> （资料来源：豆丁网，2016年3月28日）

三、勤工助学概述

（一）勤工助学概念

勤工助学是指学生在学校的组织下利用课余时间，通过劳动取得合法报酬，用于改善学习和生活条件的社会实践活动。在我国，勤工助学是贯彻教育与生产劳动相结合的一种教育经济活动，勤工助学对于推动学生素质教育，构建新的人才培养模式，促进学生成长成才有着重要意义。

（二）勤工助学的内涵

勤工助学源于"济困"。随着社会进步和对人才需求标准的提升，我国中高职学校和本科院校的勤工助学工作已由"济困"为主的阶段过渡到"济困与成才相结合的"社会实践阶段，越来越多的学生把勤工助学作为主动适应社会、参与社会实践、提升自身综合素质和能力的有效手段。勤工助学的内涵也越来越丰富、充实，完成了从纯粹"经济功能"到"人的全面发展教育功能"的转化。

1. 功能上由单纯解困向助困育人发展

如今，随着市场经济的发展和高等教育体制的改革，社会对复合型人才的需求不断扩大，学生价值观念和社会取向也在发生变化，成才意识日渐增强。勤工助学活动作为一项特殊的社会实践活动，其功能、内涵和作用不断得以拓展和延伸，育人功能更加突出。

2. 对象上由家庭贫困学生向全体学生发展

随着勤工助学活动的深入发展，学生们对勤工助学活动的多重功能有了更深入的理解，逐渐被学生群体广泛认同。一些非贫困学生从实践锻炼的角度出发，主动加入勤工助学活动。因此，参加勤工助学的学生群体也逐渐由贫困学生和非贫困学生共同组成。

3. 类型上由普通型向专业型发展

学校在开展勤工助学活动的过程中，更加注重开发学生智力，发挥专业特色和优势，提高人才培养质量。学生参加勤工助学由主要从事劳务型、服务型、事务型工作岗位逐渐向从事专业型、技术型、管理型工作岗位转变，实现了专业学习、能力培养和经济资助三者的有机统一。

4. 形式上由个体自发向集体组织发展

过去学生参加勤工助学往往呈现自发性、分散性特点，存在一定的安全隐患，合法权益容易受到侵害。目前学校普遍建立了统一的管理和服务机构，制定了详细的管理规定和运行机制，同时注重勤工助学基地建设，积极拓展勤工助学市场，使勤工助学有了更加广阔的发展空间，为学生创造了良好的勤工助学环境。

勤工助学的相关政策要求及权益保护

1. 活动管理

学生在学有余力的前提下，向学校提出勤工助学的申请，接受必要的勤工助学岗前培训和安全教育，再由学校统一安排到校内或校外的岗位上进行勤工助学活动。学校不得安排学生参加有毒、有害和危险的生产作业及超过身体承受能力、有碍健康的劳动。任何单位和个人未经学校同意，不得聘用在校学生打工。

2. 时间安排

学生参加勤工助学不应当影响学业，原则上每周不超过8小时，每月不超过40小时。

3. 劳动报酬

学生参加校内固定岗位的勤工助学，其劳动报酬由学校按月计算。每月40个工时的酬金原则上不低于当地政府或有关部门制定的最低工资标准或居民最低生活保障标准，可以适当上下浮动。学生参加校内临时岗位的勤工助学，其劳动报酬由学校按小时计算。每小时酬金原则上不低于8元人民币。学生参加校外勤工助学的酬金标准不低于学校所在地政府或有关部门规定的最低工资标准，具体数额由用人单位、学校与学生协商确定，并写进聘用协议。

4. 权益保护

我们在开始勤工助学活动前应当与有关单位签订协议，保护自身的合法权益。我们在进行校内勤工助学前，应当与学校的学生勤工助学管理服务组织签订具有法律效力的协议书。我们在进行校外勤工助学前，应当与代表学校的学生勤工助学管理服务组织、用人单位签订具有法律效力的三方协议书。协议书应当明确学校、用人单位和学生三方的权利和义务、意外伤害事故的处理办法以及争议解决方法。

（资料来源：全国学生资助管理中心，2016年6月8日）

（三）勤工助学的意义

1. 勤工助学实现了"济困"的功能

目前学校中很大一部分时间是由学生自由支配的，勤工助学能够让贫困学生在业余时间展示其价值，通过自己的劳动来获取报酬，缓解经济压力。

2. 勤工助学锻炼了当代学生的意志品格

当下，"90后""00后"大学生普遍害怕吃苦，缺乏服务精神和团队意识，责任意识不强。因此，勤工助学能够让学生感受到生活的艰辛，懂得什么是责任和担当，明白什么是感恩和奉献，有利于他们树立自信心，形成劳动光荣的观念，有利于他们树立正确的人生观、世界观和价值观。在团队中，他们学会了如何面对激烈的竞争，提高了心理承受能力，培养了危机意识。同时，勤工助学实践中培养的自我约束力、劳动意识和职业道德，都将成为他们以后人生路上的宝贵财富。

3. 勤工助学提高了学生综合能力和素质

通过勤工助学实践活动，学生的学习能力、社交能力及内省能力都得到了进一步提高。从校内岗位到校外岗位，从懵懂跟从到独立选择，从忐忑上岗到独当一面，学生们的实践能力、创新意识和独立分析问题、解决问题等能力明显提升。学生提前接触社会，了解社会规则，调整自己的预期，改进自身不足，契合社会需求，团队意识、自律能力、心理素质明显提升，社会适应能力显著提高。另外，通过勤工助学，学生的学习能力和专业素质也得到了增强，学生把学到的专业知识很好地运用到实践中去，边学习边实践，不仅可以让自己的专业知识更扎实与稳健，同时还可以从专业出发去扩展专业相应的特长，增加个人能力。

4. 勤工助学增强了学生创新创业能力

勤工助学引导带动学生从课堂到课外、从学校到企业、从学生到职员、从兼职到就业创业，开阔了视野。学生在自己熟悉的领域经过长期实践已趋于理性，从创新的角度重新审视身边的各种资源，寻求资源的更佳配置，谋求更大的发展。学生在勤工助学过程中容易迸发出创新想法和创业激情，结合团队管理、项目运作、人际管理、目标管理等，进入一个融会贯通、将所学所思转化为所想所为的新境界，创新创业能力将大大提升。

5. 勤工助学促进了学生就业

勤工助学能够不断提升学生的管理组织能力和待人处事能力，使学生的职业素质和职业能力全方位提升，帮助他们储备优质就业和自主创业所需要的身心素质和技能。

四、勤工助学的岗位要求

（一）勤工助学实现了劳务型和智力型相结合

要促进勤工助学劳务型和智力型相结合，实现内容的多层次化。结合学生的年级和专业特点，充分发挥学生的知识和技能，开拓智力型勤工岗位；还可以与老师的科研工作相结合，这既有利于老师科研课题的完成，又有利于学生巩固知识，锻炼能力，特别是实验类型的科研项目，更能增加学生的兴趣，培养科研态度和科研能力。实地调研结果表明，目前各高校的勤工助学工作的主要内容是图书馆书籍整理、实验室仪器清洗维护、办公室卫生打扫、宿管科日常值班、教室座椅的摆放等。此外，勤工岗位可以向服务型方向发展，对于不同阶段、不同需求的学生进行协调安排。因为相对智力型的工作而言，基层的服务型工作不仅一样可以培养学生待人接物的能力，学会人际沟通，还有助于他们更好地了解社会、适应社会，排除在学生中存在的眼高手低的问题，且这类工作一般要求较低，有较大需求量，适用于广大困难学生。

（二）勤工助学岗位设置及要求

校内岗位包括学校各类机构的办公室助理、技术助理、图书馆工作人员、校内会议临时工作人员以及一些学生机构的岗位。校外岗位主要包括展会翻译、员工培训、商场导购等。《高等学校学生勤工助学管理办法》要求勤工助学活动必须坚持"立足校园、服务社会"的原则，勤工助学要达到既向学生提供经济资助，又锻炼学生实践能力的目标。

勤工助学模式由传统型向创业型转变，是高校资助工作的内在要求和必然趋势。创业型勤工助学模式是指学校提供资金、场地支持，专业教师提供指导，通过校企合作，创建以学生为主体，由学生自主经营管理的勤工助学实体。学生既能通过创造性的劳动获取一定的报酬，同时还能参加专业实习和创业实践活动，提升专业技能和综合实践能力。创业型勤工助学让学生潜移默化地接受创新创业教育，形成"学生主导、教师指导、学生参与"的勤工助学与创业实践相结合的运行模式，推动资助形式的多样化发展，形成"资助—自助—助人"的良性循环，实现高校勤工助学的育人功能。

勤工助学的主要目的是帮助学生顺利完成学习任务，故而在完成勤工助学任务的时间安排上，更倾向于利用学生的课外休息时间。这样的安排基本不会耽误学生在学校的学习生活，不妨碍学生课堂理论知识学习、实践专业技能掌握等方面的技能形成，同时，还能够培养学生的办公能力、人际交往能力和合理规划时间能力。勤工助学的"奖、助、贷、勤、补、减（免）"体系，最大的特点就在于有偿性，主要是学生依靠自己的双手和辛勤的劳动获得相应的报酬。

（三）勤工助学岗位应聘技巧

勤工助学岗位应聘应该做好充分准备，根据岗位说明书准备佐证材料。递交书面申请后及时询问，确认面试时间。面试中涉及的常见问题：大学期间的学习情况，如专业排名、获得奖学金等；家教、兼职经历；学习紧张程度、空余时间等具体问题。要根据这些基本问题做好充分的准备，对评委的提问尽量回答，对于自己应聘的岗位谈出认知。在着装和文明礼貌方面也要精心准备，增加印象分。在语言表达方面，不要使用口头禅。在自我介绍时尽量让自己有特点。

案 例

交大标兵：勤工助学，自己交学费，成绩第一被保研

专业成绩第一、连续两年获国家奖学金、获全国大学生数学建模国家一等奖、美国大学生数学建模二等奖。此外，他还是乐于助人的公益之星，是体测成绩"101分"的运动达人。他最骄傲的，是自高考结束通过勤工助学，独立承担了自己所有学费。他就是西安交通大学优秀学生标兵、能动学院学生吴思远。

学优才赡

他说，主修学科是"智"的基础。他15个单科成绩95+，90+的科目有27个，以能动专业第一的成绩保研至西安交通大学制冷与低温工程系，继续自己的追梦之旅。

英才卓跞

他说，学术竞赛是"智"的提升，科研训练是"智"的实践。在全国大学生数学建模竞赛中，作为队长，他负责从写作、建模到编程的绝大部分工作。寒暑假，他留校培训三个月，共完成七篇建模论文，包括两篇英文论文，最终斩获国家一等奖。

同时，先后获得美国大学生数学建模竞赛二等奖，又在本科生项目设计、横向课题、大学生创新创业项目中大放异彩。

厚德弘毅

他说，付出，即"德"，奉献，即意义。价值不在"德"本身，在于有利于人。

吴思远热爱公益，参与各项公益服务活动，大学三年累计志愿工时超400小时。他参与彭康学导团建设工作两年，完成了高数、线代、概率论的资料编写，累计发放量超2 000份；他也是学导团高数答疑志愿者，两年来为同学提供考前答疑，帮助同学提高学业成绩。他说，做公益这件事情，并不是每个人都会认可你，但是你还是要坚持做下去，因为你是去做一件你感觉很有意义的事情，在未来的某一天，你的付出就会得到别人的认可和尊重。

磨炼意志

他说，身体力行，磨炼意志。"劳"亦是苦，"劳"亦是甜，虽难达济天下，"劳"能独善其身。他坚持跑步三年，总路程超过1 000千米。大二时，体测超百加一分，千米跑超满分15秒。在各个跑步赛场，也总能看到他的身影。

他参与勤工俭学三年，负责校园绿化管理工作，工作总时长超过400小时。他独立自强，每周带三个家教，自高考结束，他就独立承担自己所有学费。

（资料来源：中国校园在线，2020年4月3日）

吴思远通过勤工助学，不仅承担了自己高中后的所有学费，而且还取得了优异成绩。随着国家体制的改革和素质教育的全面铺开，勤工助学成为大学生实践活动的重要环节。我们每个人都可以在学有余力的情况下积极参与勤工助学行动，学习与实践相结合，为自己未来走向社会奠定一定基础。

第四节　专业服务和创新劳动

> 创新就是创造性地破坏。
>
> ——熊彼特

一、专业服务概述

（一）专业服务概念

专业服务，是指某个组织或个人，应用某些方面的专业知识，按照客户的需求，为客户在某一领域内提供特殊服务，其知识含量和科技含量都很高。

（二）专业服务类型

专业服务一般可以分为生产者专业服务和消费者专业服务，具体包括法律服务，会计、审计和簿记服务，税收服务，咨询服务，管理服务，与计算机相关联的服务，生产技术服务，工程设计服务，集中工程服务，风景建筑服务，城市规划服务，旅游机构服务，公共关系服务，广告设计和媒体代理服务，人才猎头服务，市场调查服务，美容美发服务和其他。

根据世界贸易组织的分类，专业服务归纳在职业服务的范畴内，包括法律服务，会计、审计和簿记服务，税收服务，建筑服务，工程服务，集中工程服务，城市规划和风景建筑服务，医疗和牙医服务，兽医服务，助产士、护士、理疗家和护理员提供的服务，其他。

知识链接

他们在杨家埠做年画

在农村，每到腊月二十三，家家户户都会在锅灶旁的墙上贴上一张"老爷爷"的画，画的上面写着"富贵满堂"，左右两列写着"上天言好事，下界保平安"，在袅袅炊烟中，"老爷爷"陪伴一家人一整年。那画上的"老爷爷"就是灶王爷，这个画就是杨家埠的木版年画。

杨家埠木版年画是一种主要流传于山东省潍坊市杨家埠村的传统民间版画，有四百多年的历史，以其制作方法简便、工艺精湛、色彩鲜艳、内容丰富著称于世，与天津的杨柳青年画、苏州的桃花坞年画并称中国三大木刻版画。2006年5月20日，杨家埠木版年画经国务院批准列入第一批国家级非物质文化遗产名录。

随着科学技术的进步，印刷技术得以长足发展，快速批量生产得以实现，但是杨家埠年画的制作依然需要匠人们的手工制作。

杨家埠年画的制作工艺别具特色。匠人们首先用柳枝木炭条、香灰作画，名为朽稿，然后在朽稿基础上完成正稿，描出线稿，反贴在梨木版上，再分别雕出线版和色版。最后经过调色、夹纸、兑版、处理跑色等，手工印刷。年画印出来后，还要再手工补点上各种颜色进行简单描绘，以使年画显得自然生动。

（资料来源：新京报，2020年1月15日）

杨家埠木版年画的制作者运用自己在木版年画制作方面的专业知识制作一幅幅年画，让人们一代代传承中国文化。大历史，小工匠，择一事，终一生，他们在平凡的岗位上做着不平凡的工作。

（三）专业服务的特征

（1）专业服务由组织或个人应用某些专业知识或者大量的实践经验来为客户提供某一领域的特殊服务。

（2）专业服务是知识和科技含量很高的服务，是少数专业人士提供的特殊服务。专业服务来自组织和组织之间、个体和个体之间的直接接触。专业服务所提供的服务是与消费同时进行的。供方和收方同时在供应和消费中得到新的利益。许多专业服务提供者与专业服务消费者需要在同时同地完成服务交易。

（3）专业服务具有技术化、知识化的特征，使高素质的人士成为国际竞争的核心。专业服务在提供服务方和接受服务方之间都会形成一种委托代理关系。这种委托代理关系以契约或签订服务协议的方式固定下来。因此，专业服务是以契约为纽带提供的服务，对法律的依赖程度相当高。

二、科技活动

（一）科技活动概念

科技活动指所有与各科学技术领域（即自然科学、工程和技术学、医学、农业科学、社会科学及人文科学）中科技知识的产生、发展、传播和应用密切相关的系统的活动。它包含两个方面的含义：第一是科学技术活动的性质，即这些活动必须集中于或密切关系到科技知识的产生、发展、传播和应用；第二是所涉及的领域，即这些活动是在自然科学、工程与技术学、医学、农业科学、社会科学及人文科学领域内进行的。

我们要积极参与科技活动，培养自身科技创新精神和创新能力，培养主动学习、不断追求新知识的精神和养成善于独立思考问题、科学思维的习惯，提高勇于实践、勇于创新的能力。

（二）科技活动分类

科技活动分为三类：研究与试验发展、研究与试验发展成果应用、技术推广与科技服务。

1. 研究与试验发展

研究与试验发展指为增加知识的总量（包括人类、文化和社会方面的知识），以及运用这些知识去创造新的应用而进行的系统的、创造性的工作。研究与试验发展的基本要素包含以下四点。

(1) 具有创造性。
(2) 具有新颖性。
(3) 运用科学方法。
(4) 产生新的知识或创造新的应用。

只有同时具备这四个条件，才是研究与试验发展。

在上述条件中，创造性和新颖性是研究与试验发展的决定因素，产生新的知识或创造新的应用是创造性的具体体现，运用科学方法则是所有科学技术活动的基本特点。

2. 研究与试验发展成果应用

研究与试验发展成果应用指为使试验发展阶段产生的新产品、材料和装置，建立的新工艺、系统和服务及作实质性改进后的上述各项能够投入生产或在实际中运用，解决所存在的技术问题而进行的系统的活动。它不具有创新成分。研究与试验发展成果应用这一分类只用于自然科学、工程和技术学、医学和农业科学领域。其特点主要有以下几点。

(1) 为使试验发展的成果用于实际解决有关技术问题。
(2) 运用已有知识和技术，不具有创新成分。
(3) 成果形式是可供生产和实际使用的带有技术、工艺参数规范的图纸、技术标准、操作规范等。

研究与试验发展成果应用不包括建筑、邮电、线路等方面的常规性设计工作，但包括为达到生产目的而进行的定型设计和试制以及为扩大新产品的生产规模和新工艺、新方法、新技术的应用领域而进行的适应性试验。

3. 技术推广与科技服务

技术推广与科技服务是指与 R&D（Research and Development，科学研究与试验发展）活动相关并有助于科学技术知识的产生、传播和应用的活动，包括为扩大科技成果的适用范围而进行的示范推广工作，为用户提供信息和文献服务的系统性工作，为用户提供可行性报告、技术方案、建议及进行技术论证等的技术咨询工作，自然、生物现象的日常观测、监测，资源的考察和勘探，有关社会、人文、经济现象的通用资料的收集及这些资料的常规分析与整理，对社会和公众的科学普及，为社会和公众提供的测试、标准化、计量、质量控制和专利服务，但不包括企业为进行正常生产而开展的这类活动。

案　例

人工智能在日常生活中应用的典型案例

当人们听到有关人工智能（Artificial Intelligence，AI）的新闻时，多数情况下的第一反应就觉得根本与自己无关，但事实真的如此吗？很多人都将人工智能视为大型科技巨头们才会关注的东西，而且认为不会对自己现在的生活带来影响。可是实际上，人工智能迟早会出现在人们生活的方方面面。以下为当下日常生活中应用人工智能的最佳案例。

1. 使用面部识别码打开手机

现在人们所使用的手机多为智能手机，因此对于这样的智能设备所采取的解锁方式就是生物识别技术，如人脸识别。换言之，每天人们都是在利用人工智能技术来启用该功能。举例来讲，苹果手机的 FaceID 可以 3D 显示，它照亮你的脸并在脸上放置 30 000 个不可见的红外点，以此捕获脸部图像信息。然后，它使用机器学习算法将脸部扫描与脸部扫描存储的内容进行比较，以确定试图解锁手机的人是否为本人。苹果表示，欺骗 FaceID 的机会是百万分之一。

2. 社交媒体

人工智能不仅能让人们在订阅源中看到个性化的内容（它基于对人们过去历史的了解判断出哪些类型的帖子最能引起人们的共鸣），还可以找出朋友的建议，识别和过滤虚假新闻，利用机器学习的方式努力防止网络欺凌。

3. 发送电子邮件或消息

当今社会，人们对于消息的传递方式有多种，相对比较正式些的应该是邮件传送。举例来讲，多数人的生活工作中，几乎每天都会需要发送一封电子邮件，而撰写的过程中，多会出现一些错别字，所以这个时候就需要激活诸如语法检查和拼写检查之类的工具，以帮助检查邮件中的书写错误问题。而这些工具需要使用人工智能和自然语言处理。除此之外，对于垃圾邮件的过滤也是应用到人工智能技术。更重要的是，防病毒软件也是使用机器学习功能来保护人们的电子邮件账户。

4. 搜索引擎

当人们遇到不懂的知识点时，最为常用的应该是百度等类似的搜索引擎。不过，在这里需要注意的是，若是没有人工智能的帮助，搜索引擎无法扫描整个互联网，也不能提供人们想要的东西。网页中那些实时出现的广告，同样也是由人工智能启动的，只不过这些广告多数是基于人们自己的搜索历史记录而"个性化"推送的，其目的是让人们认为算法能将人们看重的项目放于眼前。

5. 智能导航

人工智能在人们日常生活中的一大应用是旅行辅助工具。百度地图和其他旅行应用程序来通过人工智能技术进行交通状况的实时监控，并为人们提供实时天气情况等，从而更好地规划出行路线。

6. 银行业务

如今的银行系统通过多种方式部署了人工智能系统，这些系统为银行交易的安全性和检测欺诈行为提供了帮助。举例说明，若是人们通过手机进行扫描来存入支票，收到余额不足的警报时，就可以登录到个人的网上银行账户进行查询，这里就是 AI 在幕后起作用。如果人们在午餐时间去商店购物并购买了裤子，人工智能将验证这次购买的交易行为，以确定这是一个正常的交易，以免有未经授权的人使用你的信用卡。

如果没有 AI 的帮助，很难想象我们的日常生活和工作会变得怎么样。

（资料来源：搜狐网，2019 年 12 月 25 日）

（三）学校的科技活动

科技活动是科技教育的一种重要形式，是每一个学生都应该体验和经历的学习方式，是打通学科界限，给学生运用所学知识解决问题的最好实践机会，是学生的知识存贮方式得以发生变化的最好方式。它面向全体学生，让所有学生都参与科技活动，动手动口又动脑，能够更好地激发和培养学生们的科技创新意识。学校的科技活动主要分为三个层面。

（1）国家级的竞赛项目。

（2）省、市、县一级的竞赛项目。

（3）学校的科技活动。

学校的科技活动内容丰富、形式多样、具有个性化，可以为我们提供更多展示才能的机会。

学校科技活动的场所主要包括课堂和课外活动场所。由于空间的局限性，教室很难为学生创新思维的发展提供足够的创造空间和材料，因此学生要重视学校组织的有目的的科技活动，如"走进科技馆、走进企业、走进高新技术基地"等科技活动，积极进行探索或创造活动。

三、创新创业劳动

（一）创新的概述

1. 创新

创新是指以现有的思维模式提出有别于常规或常人思路的见解为导向，利用现有的知识和物质，在特定的环境中，本着理想化需要或为满足社会需求，而改进或创造新的事物、方法、元素、路径、环境，并能获得一定有益效果的行为。

2. 创新思维

创新思维是指以新颖独创的方法解决问题的思维过程，通过这种思维能突破常规思维的界限，以超常规甚至反常规的方法、视角去思考问题，提出与众不同的解决方案，从而产生新颖的、独到的、有社会意义的思维成果。

创新思维的方法

1. 横向思维

横向思维是将思维对象从横的方向，依照其各相应部分的特点进行思考，从而找出有待进一步完善的部位，确定如何改进的思维方式。

2. 纵向思维

纵向思维是将思维对象从纵的发展方向，依照其各个发展阶段进行思考，从而推断出下一步发展趋向，确定研究内容的思维方式。

3. 逆向思维

逆向思维是不采用人们通常思考问题的思路，而是反过来，从对立的、完全相反的角度去思考问题的思维方式。实际上就是"反其道而行之"。这是一种非常奇特而又绝妙的思维方法，常常能出奇制胜。

4. 侧向思维

侧向思维是将人们通常思考问题的思路稍加扭转，另辟蹊径，换个角度，采用被人忽视的方法解决问题的思维方式。它与逆向思维的区别在于，它不是从问题的反面，而是从侧面的某个角度来进行思考。

5. 分合思维

分合思维是将思考对象的有关部分，从思想上将它们分离或合并，试图找到一种新的产物的思维方式。分合思维包括分离思维和合并思维。

6. 颠倒思维

颠倒思维是将思考对象的整体、部分或有关性能颠倒过来，以求得新的思维产物的思维方式。

颠倒思维法包括：上下颠倒、左右颠倒、前后颠倒、大小颠倒、动静颠倒、快慢颠倒、有无颠倒、是非颠倒、正负颠倒、内外颠倒、长短颠倒、好坏颠倒、主次颠倒等。

7. 质疑思维

质疑思维指不迷信书本和权威，不受传统观念束缚，也不人云亦云地跟着别人的思路转，敢于大胆质疑，并在质疑的基础上推翻旧理论，创立新学说或做出新发明的思维方式。

8. 克弱思维

在创造研究过程中遇到障碍时，能够潜心寻找有关事物的弱点，并作为新研究的着眼点。攻克了弱点，就能够解决问题。克弱思维法是古今中外创造发明活动的中心，是人们打通思维障碍，会议营销，进行创新发明、技术革新等行之有效的方法。

（资料来源：个人图书馆，2019 年 12 月 10 日）

（二）创造和创新创业

1. 创造的概念

创造是指将两个或两个以上概念或事物按一定方式联系起来，主观地制造客观上能被人普遍接受的事物，以达到某种目的的行为。简而言之，创造就是把以前没有的事物给产生或制作出来。因此，创造的一个最大特点是有意识地对世界进行探索性劳动。

2. 创新创业的概念

创新创业是指基于技术创新、产品创新、品牌创新、服务创新、商业模式创新、管理创新、组织创新、市场创新、渠道创新等方面的某一点或几点创新而进行的创业活动。创新是创新创业的特质，创业是创新创业的目标。创新强调的是开拓性与原创性，而创业强调的是通过实际行动获取利益的行为。因此，在创新创业这一概念中，创新是创业的基础和前提，创业是创新的体现和延伸。

3. 常见的创业模式

（1）网络创业，即有效利用现成的网络资源进行创业。网络创业主要有网上开店和网上加盟两种形式。网上开店，是指在网上注册成立网络商店；网上加盟，是指以某个电子商务网站门店的形式经营，利用母体网站的货源和销售渠道。

（2）加盟创业，即分享品牌金矿、经营诀窍、资源支持，采取直营、委托加盟、特许加盟等形式连锁加盟，投资金额根据商品种类、店铺要求、加盟方式、技术设备的不同而不同。

（3）兼职创业，即在工作之余再创业。教师、培训师可选择兼职培训顾问；业务员可兼职代理其他产品销售；设计师可自己开设工作室；编辑、撰稿人可朝媒体、创作方面发展；会计、财务顾问可代理做账理财；翻译可兼职口译、笔译；律师可兼职法律顾问和开办事务所；策划师可兼职广告、品牌、营销、公关等咨询，还可以选择特许经营加盟等。

（4）内部创业，即在企业公司的支持下，有创业想法的员工承担公司内部的部分项目或业务，并且和企业共同分享劳动成果。这种创业模式的优势就是创业者无须投资就可获得很广的资源，这种树大好乘凉的优势成为很多创业者所青睐的方式。

（5）团队创业，即具有互补性或者有共同兴趣的成员组成团队进行创业。如今，创业已非纯粹追求个人英雄主义的行为，团队创业成功的概率要远高于个人独自创业。一个由研发、技术、市场融资等各方面组成的优势互补的创业团队，是创业成功的法宝，对高科技创业企业来说更是如此。

（6）大赛创业，即利用各种商业创业大赛，获得资金与平台，如 Yahoo（雅虎）、Netscape（网景）等企业都是从商业竞赛中脱颖而出的。因此创业大赛也被形象地称为创业孵化器。如清华大学王科、邱虹云等组建的视美乐公司，上海交大罗水权、王虎等创建的上海捷鹏等。

（7）概念创业，即凭借创意、点子、想法创业。当然，这些创业概念必须标新立异，至少在打算进入的行业或领域是个创举，只有这样才能抢占市场先机，才能吸引风险投资商的眼球。同时，这些超常规的想法还必须具有可操作性，而非天方夜谭。

（三）创新创业劳动的价值

1. 创新精神和创新能力深受现代企业推崇，被赋予极高的价值

创新在现代企业未来的发展中起着至关重要的作用。企业的经营离不开创新，管理也需要创新。好的创意不仅可以使企业起死回生，还会使企业兴旺发达。那些具有创新精神和创新能力的企业，比如华为、腾讯、小米、吉利等，都是通过不断创新，获得了更高的投资利润。

当今的世界已经进入了知识经济时代，先进的科学知识成为一个国家经济增长的主要支柱，掌握足够多的先进技术、保持较高的技术水平，才能走在世界发展的前列，才能在竞争中立于不败之地。我们知道，一个人的创新能力不是与生俱来的，而是在后天的不断学习和训练中逐步提高和增强的，因此我们应通过积极参与创新创业劳动培养自己的创新意识和能力。

2. 培养创新精神，树立创业意识，激发劳动创造力

创新精神、创业意识是当代学生必须具备的重要个人素质。通过树立实现自我价值的强烈的创新创业意识，用劳动实现人生价值，激发劳动创造力。学生要通过创新思维正确认识自己，培养创业意识来激发自我潜能，提升创业能力，从而创造出劳动价值、个人价值和社会价值。

3. 培养创新创业实践能力和分析解决问题的能力

"大众创业、万众创新"是指导国民进行创新创业、引领时代潮流变革的重要方针，是新时代中国特色社会主义对人才培养的基本要求。2014年9月夏季达沃斯论坛上李克强总理提出，要在960多万平方公里土地上掀起"大众创业""草根创业"的浪潮，形成"万众创新""人人创新"的新势态。学生在学习期间可积极参加各种创新创业劳动，立足未来岗位，不断地学习新知识、新技能，充分发挥自己的聪明才智，利用掌握的知识在

劳动中多搞技术革新和创新，增强劳动本领。通过创新创业劳动提高劳动效率，把自己从繁重的体力劳动中解放出来。

实践活动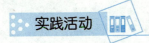

专业义务服务进校园

一、活动目标

学生能正确认识所学专业可提供的专业服务方向，理解辛勤劳动和创造性劳动重要性，找到个人努力的目标。

二、活动时间

建议利用课余时间，可持续开展一月或两月。

三、活动流程

（1）教师要求学生根据专业特点，网上搜集相关资料，列出可提供的服务项目，例如，电气专业可以义务维修小电器，计算机专业免费修图等。

（2）班内组织大讨论，最后根据易操作性、服务人群的特点和准备工作的难易程度确定具体的服务项目。

（3）教师将学生按照6~8人划分小组，每组选择合适的服务项目。

（4）组成义务服务小分队，利用课余时间在校园开展义务服务活动。

（5）活动结束后每组总结经验，找出其中问题并列出问题清单。

（6）教师帮助各组学生答疑和解决问题，并根据各组在整个活动中的表现给予点评并评分。

第五章 家庭劳动实践

 案例导入

缺乏独立自主生活能力的小林

吃饭、打水、洗澡……一切都得自己搞定的校园生活，让第一次远离父母、开始住校生活的合肥女孩小林非常不适应。为此，小林经常因情绪激动大哭，有时候甚至不敢睡觉。

从幼儿园到高中毕业，小林都是在"无菌室"里长大的，因家庭条件优越，父母只给小林定下一个目标——学习，对她一直惯着，很少批评她，所有的衣服从袜子到外套从不用小林洗，小林也没有做过家务，甚至扫地都不会。

2019年新学期开始，小林的父母把小林送到学校报到后，接连几天频繁接到小林电话，洗衣服、打饭、打水，这些都不会，还说"想家""想爸爸妈妈""想回家"。因为担心女儿，夫妻俩只得驱车一两个小时来学校看她，每次都带去换洗的衣物，还有小林喜欢吃的饭菜，临走再把脏衣服带走。

这样持续了一个多月，小林的不适应渐渐变成了恐惧，她一回到寝室就激动，有时候大哭，甚至不敢睡觉。同宿舍的室友一开始还能关心小林，后来都被她的举动吓住了，都不敢接近。小林因没法在寝室住下去，只能住到离学校最近的宾馆。她的父母以为这个"十一"假期过后小林会有所缓解，但假期里，不管谁来劝，小林都一直拒绝回到学校。经全家人商量，小林这种状况如果持续到这个学期结束，恐怕就只能退学了。

（资料来源：以上信息由作者根据教学实践素材整理而成）

人生活在社会中需要一定的生活自理能力，这些能力的缺失会对个人的发展极为不利。因为父母的过度溺爱导致小林在成长过程中缺乏基础的自我服务劳动能力，对父母依赖性大，无法独立料理自己的生活，无法适应学校的学习和生活，因而面临退学的尴尬局面。

第一节　自我服务劳动

> 希望诸君至少要做一个人,至多也只做一个人,一个整个的人。要有健康的身体,做八十岁的青年,别做十八岁的老翁。滴自己的汗,吃自己的饭,自己的事自己干,靠人,靠天,靠祖上,都不算好汉。
>
> ——陶行知

一、自我服务劳动

1. 概念

自我服务劳动是学生料理个人生活的各种劳动,如为自己整理床铺、打扫房间、洗衣补袜、洗碗筷、抹桌椅等。它是最简单的一种日常劳动,日后不管我们从事何种生产劳动,自我服务劳动都将伴随我们。

中国宋代朱熹就主张蒙学阶段训练儿童洒扫、清洁等生活习惯。现代教育则普遍重视培养个人生活自理能力。

爱劳动首先要从自我服务开始。培养热爱劳动的态度,需要从小做起,从个人做起,从小事做起。

2. 自我服务劳动技能

自我服务劳动技能是人人必须具备的技能。自我服务劳动技能包括洗手、洗脸、刷牙、洗脚、剪指甲、洗头、梳头、洗澡、穿脱衣服、系鞋带、铺床、叠被、洗小件衣物、洗碗筷、洗茶杯、钉纽扣、缝补衣物、晒被褥、洗外衣、叠放衣服、收拾书包、修补图书和整理学习用品等。

这类劳动项目重在养成学生自己动手的良好习惯,从而认识到劳动光荣,为从事其他劳动打下基础。自我服务劳动技能可促进个人充分自我服务,更加独立、自主地规划自身的生活,解决学习生活中遇到的各种困难。

知识链接

如何清理鞋子上的污渍

冬天的时候,人们都会穿一双好看又保暖的鞋子,但是有时候穿的时间长了就容易变脏,以下提供几点清理鞋子上污渍的小窍门。

1. 真皮皮革可用头发调理剂修复

皮靴相对其他鞋子更容易磨损,想要修复它不用去购买鞋油,可以用少量头发调理剂和一块干净的抹布,轻轻擦拭皮革。

2. 鹿皮长筒靴可用橡皮擦擦拭

长筒靴有一些划痕或者污渍的时候，可以找一块干净未使用的橡皮擦来轻轻地擦拭污垢，然后鞋子就能焕然一新了。

3. 橡胶雨靴可用橄榄油擦拭

雨靴是最容易弄脏的鞋子，当鞋子产生一些白色印痕时可把一些橄榄油倒在干净的布上，然后以圆周运动的方式进行擦拭，一会儿橡胶雨靴就能焕然一新了。

4. 皮革鞋可用凡士林擦拭

皮革鞋脏了后可将少量凡士林抹在干净的布上，轻轻擦拭污垢。

（资料来源：网易新闻，2016 年 11 月 28 日）

二、自我服务劳动意识建立的意义

劳动意识是当代中国学生发展核心素养的一个不可或缺的要素，它是学生全面发展、全人成长的必要条件和必然要求。一个人，先要学会料理自己的生活，这是基本的生存技能。自我服务劳动则是培养个人劳动意识和技能的必要手段和基本途径，为未来成长为合格公民而诚实合法劳动、创造成功生活奠基。

（一）重视自我服务劳动有利于劳动意识和能力的培养

劳动意识，即爱劳动，主动参与承担劳动的思想观念。劳动能力，即会劳动，掌握劳动的基本技能技巧。热爱劳动一直是中华民族的传统美德。高职阶段虽然不是义务教育，但是高职阶段对于很多学生来说是全日制在校学习的最后阶段，是一个高职生成长的关键时期，在这一时期高职学生的自我服务劳动意识就是衣食住行等"自理"的思想观念。

积极参与各种自我服务劳动教育，克服自身懒惰毛病。现代戏剧之父易卜生告诉后人："你的最大责任就是把你这块材料铸造成器。"正如人们经常听到的一句话，一个人会生活才会工作。

现在很多学生是独生子女，从小娇生惯养，所以导致一些学生"四体不勤"，懒惰成性，既没有劳动意识也缺乏劳动的技能，连个人必备的自我服务劳动能力也没有，这些都直接影响了个人的身心发展。

（二）自我服务劳动是提升个人觉悟、发展自身智力的需要

有教育家说过，个人的才能和天赋的起源在自己的指尖上。形象地说，从我们的手指淌出涓涓细流，汇成创造思想的源泉。换句话说，不动手不利于动脑。

（三）自我服务劳动有利于培养珍惜劳动成果的思想感情

一个人只有付出了辛勤劳动，才能懂得珍惜劳动成果。一个人在穿自己洗的衣服时一般会格外小心在意；在用自己修补的图书时会小心翼翼；在用自己整理的学习用品时会以免弄乱。

（四）自我服务劳动有助于促进个人意志品质的形成

劳动习惯的形成过程也是意志形成的过程。例如，每天早晨起来自己叠被并打扫宿舍，没有坚持的意志力是不可能实现的。再如自己洗衣服、洗鞋子、倒垃圾等劳动，没有

不怕脏、不怕累的品德是不行的。这些劳动不仅锻炼了我们的动手能力，而且也可以帮助我们养成良好的意志品质。

如何清洗衣物上的笔迹

衣服上不小心弄上笔印，该如何清洗呢？首先，将酒精倒在衣服有笔印的地方，均匀地涂开。酒精要选用浓度不小于75%的医用酒精。倒了酒精的一面尽量不要接触衣服的其他面，否则钢笔或者圆珠笔的印记有可能会染到衣服的其他面。然后，准备好大半盆水，将满满两瓶盖的漂白剂倒在清水中稍稍搅拌，接着加入少许的洗衣粉，充分搅拌，让洗衣粉完全溶于水中。最后将衣服完全浸泡在水里，时间是二十分钟。时间到了，清洗衣服，笔印就会消失！

如果笔印较重，用上述方法后若尚存余痕，再用牙膏加肥皂轻轻揉搓，最后用清水冲净（严禁用开水泡）。

还有一个去除笔印的办法，就是先别急着把衣服下水，而是先用汽油洗一洗笔印的部分，之后再洗整件衣服。

（资料来源：个人图书馆，2014年5月5日）

三、自我服务劳动能力提升的途径和方法

提升自我服务劳动能力是提高我们自身生存能力、竞争能力和自我发展能力的基础。虽然随着年龄的增长，人们的生活自理能力会有所提高，但自理能力不是自发产生的，它需要人们有意识地加以培养。

自我服务劳动能力需要循序渐进地形成，而不能一蹴而就。

（一）从情感上真尊重

中华传统美德是劳动最光荣，要从情感上尊重任何职业的劳动者。

（二）从行动上要肯动手

在自我服务劳动中，要多学多做，不能由父母或家人包办，摒弃"学习就已经够累的了，只要学习好就行了"的错误观点。要改变自己对劳动的错误态度，做一些力所能及的事。

（三）从提高上讲渐进

在老师和家长的帮助下制订科学的自我服务劳动培养计划，计划要根据自己年龄提出不同的自我劳动要求，逐渐提高自己能够独立完成的自我服务劳动事项。

（四）勤训练

有意识安排一份劳动任务，如铺床、做饭、洗小件衣物等，让自己反复训练，循序渐进。并多参与社会实践以此锻炼自我劳动服务能力。

（五）巧学习

主动学习正确的生活自理方法。一方面在学校认真学习老师设计好的生活讲座或观看

单项劳动视频；另一方面在家里要主动跟家长学习一些关于自我服务劳动的方法，要求家长多给予指导。

遇到自我服务劳动方面的问题，要学会"三步走"。第一步，自己想办法解决，锻炼自己处理事务和应对突发情况的能力；第二步，与同学交流，锻炼人际交往能力；第三步，向师长求助。

知识链接

个人整理收纳之断舍离

日本杂物管理咨询师山下英子于2013年出版了《断舍离》一书，书中所提及的断舍离的意思是：断，即断绝不需要的东西，不买、不收取不需要的东西；舍，即舍弃多余的废物，处理掉堆放在家里没用的东西；离，即舍弃对物品的迷恋，让自己处于宽敞、舒适、自由、自主的空间。

断舍离近几年逐渐成为一种生活理念：断掉，舍掉，离掉，物尽其用，认识自己，活在当下。那作为学生该如何断舍离呢？

1. 从时间轴看物品

从当下看这个东西是否适合自己，在购买的时候也是一样，只考虑是否实用。

2. 舍物原则

扔，赠，毁，卖。当不想扔掉某样用不着的东西，可选择送给需要的人，"这东西在我这里没办法物尽其用，但我觉得你会爱惜使用它的，所以能不能请你收下它呢？"对于一些有纪念意义的，决定扔时，说声"对不起"。

3. 相称原则

物品是自我的投射，相信自己配得上所选择的物品，不一定越贵越好，也不是便宜就买。不要自我贬低，做自我提升。

4. 七五一法则

看不见的收纳空间放满七成，看得见的收纳空间限量放五成，装饰性的给人看的空间放一成。

5. 替换原则

当购置新物后，如果有旧的东西跟新物同类，相应替换掉旧的东西，这样心态会呈现用的一直都是最好的状态。

（资料来源：简书社区，2017年3月19日）

断舍离已经逐渐成为一种新时代的生活标志，很多用过一段时间断舍离的人们都说，它会令自己的人生提速30%，内心丰盈，过得更充实。作为高职生的我们也可以把这个方法应用到个人的自我服务劳动中，尤其是个人物品和家庭物品的断舍离上，学着按照科学的方法进行筛选，问清楚内心真实的需求，有助于个人生活质量的提升。

第二节　日常生活劳动

> 如果儿童让自己任意地去做什么而不去劳动，他们就既学不会文学，也学不会音乐，也学不会体育，也学不会那保证道德达到最高峰的礼仪。
>
> ——德谟克利特

 案　例

带着父母上大学，边读书边照顾母亲

家境贫寒、身体瘦弱的小潘被徐州工程学院机械设计专业录取后，他就带着不会说话、不能行走、没办法自理、全天 24 小时需要人照顾，连吃饭都要插胃管进食的母亲和体弱的父亲来到了徐州这座城市。

小潘每天需要喂母亲 5 顿饭，每隔两小时就要帮她翻身、按摩，因此他每天的时间都要切割成一个个"两小时"。每天的早中晚，他要分三次给母亲买菜做饭，而到了夜里，他要陪母亲到凌晨 2 点才能睡觉。为避免时间太久把人累垮，父子俩就制定好了时间，轮流照顾小潘的母亲。在小潘的悉心照料下，虽然他的母亲长期卧床，可是身上却没有褥疮，家里也没有异味。

（资料来源：环京津网，2019 年 10 月 28 日）

为了更好地照顾母亲，小潘的大学生活充满了忙碌，甚至还有一些苦涩，但他硬是用一副瘦弱的身板扛下了这种种苦难和煎熬，他撑起一个家的同时，也没有荒废学业。家人生病或年老体弱，我们作为家庭中的一分子应该尽可能抽出时间参与照顾，这就需要我们掌握一定的知识，懂得如何照顾老人和病人。

一、家庭照护

家庭照护指对患有严重疾病综合征、身体功能失调、慢性精神功能障碍等患者提供的照护。家庭照护是老年人照护的首要形式，它的服务内容包括基本的医疗护理服务、个人照料、情感和社会支持等。

（一）照顾老年人

孝与感恩是中华民族传统美德的基本元素，是中国人传统美德形成的基础，也是政治道德、社会公德、职业道德、家庭美德、个人品德建设的基本元素。我国孝道文化包括敬养父母、生育后代、推恩及人、忠孝两全、缅怀先祖等，是一个由个体到整体，修身、齐家、治国、平天下的延展的多元文化体系。它强调幼敬长、下尊上，要求晚辈尊敬老人，子女孝敬父母，爱护、照顾、赡养老人，使老人们颐养天年，享受天伦之乐。

1. 老年人的需要

为了更好地照料家中的老年人，我们需要了解老年人的基本需要。

（1）食物的需要。

注意老年人的膳食营养，为不能自理的家中老年人喂食和喂水。

（2）排泄的需要。

帮助不能自理的老年人进行排便、排尿，及时清除排泄物。

（3）舒适的需要。

营造安静、清洁、温度适宜的休养环境。

（4）活动和休息的需要。

帮助老年人适当活动，并尽可能促进老年人的正常睡眠。

（5）安全的需要。

防止老年人跌倒、噎食、误吸、损伤，保持皮肤的完整性。

（6）爱和归属的需要。

营造良好的休养环境和人际环境，促进老年人的人际交往，帮助老年人及时与家人联系、沟通，并给予精神上的关心。

（7）尊重的需要。

运用沟通技巧，维护老年人的自尊，保护老年人的隐私。

（8）审美的需要。

协助老年人的容貌、衣着修饰，使其保持良好的精神状态。

2. 老年人照料服务

在协助满足老年人的基本需要时，我们需要为老年人提供以下生活照料服务。

老年人生活照料服务内容有：个人清洁卫生服务、衣着服务、修饰服务、饮食服务、如厕服务、口腔清洁服务、皮肤清洁服务、压疮预防服务、便溺护理服务等。

（1）个人清洁卫生服务。

它包括洗脸、洗手、洗头（包括床上洗头）、洗脚，协助整理个人物品，清洁平整床铺，更换床单等。

（2）衣着服务。

它包括协助穿脱衣裤、帮助扣扣子、更换衣裤、整理衣物等。

（3）修饰服务。

它包括梳头、化妆、剪指甲和协助理发、修面等。

（4）饮食服务。

它包括协助用膳、饮水、管饲等。

（5）如厕服务。

它包括定时提醒老年人如厕、协助如厕，使用便盆、尿壶等。

（6）口腔清洁服务。

它包括刷牙、漱口，协助清洁口腔、假牙的清洁保养等。

（7）皮肤清洁服务。

它包括擦浴、沐浴等。

（8）压疮预防服务。

它包括保持床单干燥、清洁、平整；定时翻身更换卧位，防局部受压过久，受压部位按摩增进血液循环；保持皮肤干燥、清洁，预防皮肤受损等。

(9) 便溺护理服务。

它包括清洗、更换尿布等。

(二) 家人住院陪护

家人生病需要住院，作为学生的我们可以提供一些力所能及的服务为家人分忧解难，如承担部分陪护工作。若想成为一名合格的陪护者，需要了解一些陪护常识和日常起居照料内容。

(1) 现在医院一般都提供住宿的常用物品，如床单、被褥、热水瓶等，病人和陪伴家属只需准备个人用品即可。建议携带以下用品：衣物、水杯、洗漱用品（肥皂、牙刷、牙膏、脸盆、毛巾）、日常餐具、纸巾、拖鞋。

(2) 先到门诊或病房开住院证，然后交一定的费用。凭住院证，到所住科室的护理站办理住院病历，测量体温、脉搏、呼吸、血压等，听取护士介绍病区情况及住院注意事项，并领取住院所用物品，交纳物品押金。

(3) 了解所住科室和医院的基本情况。要熟悉住院药房、交费处、查账处、洗澡间、消防通道等位置的布局。同时，要知道自己家人的管床医生、护士以及主管教授，并同他们建立联系。

(4) 医院属于公共场所，人员很杂，一定要妥善保管好贵重物品和金钱。

(5) 每家医院都有属于自己的一套"入院须知"，应仔细浏览。

(6) 住院时的治疗检查内容。住院期间为明确诊断会做一些检查，多在住院当天或第二天完成。大型检查，医生一般会征求病人或陪护者的意见。如不同意，可婉转地表示"考虑考虑"或"同家属商量一下"，给自己留有余地。

(7) 一般住院3天后，医院会给出一个诊断和治疗的初步意见，并对治疗效果做初步判断。病人或陪护者在此时可明确提出心中疑问：为什么要用这种药？有没有作用类似而价格低廉的？需要住多长时间院？病人伙食如何安排？住院时病情突然变化，该找谁？住院期间每一位病人都有固定的管床医生和责任护士为其提供诊治服务，当病情有变化时，可向他们反映，夜间，可向值班的医生、护士反映。

(8) 为保证正常的治疗秩序，医院大都规定上午查房时间谢绝探视，探视时间大多定在下午和夜间。

(9) 年龄大的病人行走不便、情绪不稳，陪护要注意病人跌倒或出现意外。

(10) 入院时需交纳预付款，治疗期间可在医院设立的查询柜台查询。发现疑问时，可积极向病区护士反映。

(11) 病人住院的权益包括：管床医生每天查房，做体检，告知病人各项检查结果，为病人制订治疗方案并解释病情，安排上级医师查房，办理出院，为病人提供卫生宣教等。

(12) 出现不满意的情况，可向医院医务处、科主任、科护士长投诉。

(13) 手术后积极的治疗和护理，妥善认真的伤口管理，对治疗效果至关重要。全麻的病人未清醒时，应平卧，不垫枕头，头偏向一侧，以防唾液或呕吐物吸入呼吸道，引起呼吸道感染。硬膜外麻醉或腰麻的病人，术后要平卧6~12小时，以防术后头痛的发生。

胸部手术之后，多采取半坐或半卧位。脊柱手术后的病人，要睡硬板床。四肢手术后的患者，须抬高手术的肢体或进行牵引。

（14）术后要让病人早点活动。根据手术的大小和术后的病情，在经过医生允许的条件下，让病人早点下床活动。如腹部手术，麻醉清醒后即可下床活动或做床上活动，以防止腹胀和肠粘连。肥胖病人应多活动四肢，防止静脉血栓形成。

（15）可协助医护人员观察术后病人的体温、脉搏、面色、呼吸、血压和小便等。如病人感觉不适，发热和心跳快等，应向医生、护士报告。

（16）一般的手术，术后6小时才可进食，腹部手术的病人，要腹部通气后方可进流质食物。

（17）出院前应做的准备：应请主管医生写好出院小结，小结里一般详细记载了本次住院的重要检查结果和治疗手段，对病人的康复和进一步治疗起到至关重要的作用。需要出院带药，也要向医生交代。

照顾病人时的日常起居内容

（1）协助起床、洗脸、洗手、刷牙、漱口、梳头等。

（2）协助进餐、饮水、加餐等。

（3）清洗使用过的餐具。

（4）协助排泄大小便。

（5）晚上睡觉前为其洗脚或泡脚，并协助其入睡。

（6）协助医护人员观察病情。

（7）协助按时、按量服药。

（8）协助下床活动或散步。

（9）陪送其做各种检查。

（10）进行必要的心理疏导。

（11）整理病床、床头桌的卫生。

（12）清洁其个人用品和衣物。注意衣物的清洁消毒方法，对衣物和便器等用品进行清洁、消毒，并妥善保管。

（资料来源：以上信息由作者根据教学实践素材整理而成）

二、家庭护理

（一）生命体征测量

生命体征包括体温、脉搏、呼吸、血压，它是标志生命活动存在与质量的重要征象，是评估身体的重要项目之一。我们可以掌握基础的生命体征测量方法。

1. 测量体温

协助被测家人解开衣物，有汗应擦干腋下，将体温计水银端放置于其腋窝深处贴紧皮肤、屈臂过胸夹紧，过5分钟以后取出体温计。

2. 测量脉搏

协助被测家人手臂放松，要求其手臂向上，然后我们将自己的食指、中指、无名指的指端放在其的桡动脉表面，计数 30 秒。正常成人 60~100 次/分，老年人可慢至 55~75 次/分。

3. 测量呼吸

可测量脉搏后仍然把手按在被测家人的手腕上，观察其腹部或胸部的起伏，一呼一吸为一次，计数为 30 秒。

（二）换药

换药是指对创伤后手术后的伤口及其他伤口进行敷料更换，促使伤口愈合和防止并发症的方法，主要目的是清除或引流伤口分泌物，除去坏死组织，促进伤口愈合。换药步骤如下。

（1）要进行无菌操作，原则上要戴口罩、帽子，用肥皂及流水洗净双手。
（2）区分所需换药伤口的种类、准备所用物品。
（3）采取合适的体位，铺治疗巾。
（4）去除伤口原有的敷料。撕胶布时要由外向内，顺着毛发生长方向，外层敷料用手揭去后，内层用无菌镊除去，顺着伤口的长轴方向。
（5）伤口清洁、消毒、处理后根据伤口的种类使用不同的换药方法。
（6）敷料覆盖伤口后再视情况进行包扎。

三、家庭清洁

（一）家具清洁

家具上的灰尘，不要用鸡毛掸之类拂扫，因为飞扬的灰尘会重新落到家具上，应该用半干半湿的抹布抹除家具上的灰尘，这样才能抹干净。

对家具进行清洁保养时，一定先要确定所用的抹布是否干净。当清洁或拭去灰尘之后，一定要翻面或者换一块干净的抹布再使用。不要偷懒而一再重复使用已经弄脏的那一面，这样只会使污物反复在家具表面摩擦，反而会损坏家具的光亮表层。此外要选对护理剂。目前，有家具护理喷蜡和清洁保养剂两种家具保养品。前者主要针对各种木质、聚酯、油漆、防火胶板等材质的家具；后者适用于各种木制、玻璃、合成木或美耐板等材质的家具，特别适用混合材质的家具。因此，若能使用兼具清洁、护理效果的保养品，便能节省许多宝贵的时间。护理喷蜡和清洁保养剂使用前，最好先将其摇匀，然后直握喷雾罐，呈 45 度角，让罐内的液体成分能在不失压力的状态下被完全释放出来。之后对着干抹布在距离约 15 厘米的地方轻轻喷一下，如此再来擦拭家具，便能起到很好的清洁保养效果。此外，抹布使用完后，切记要洗净晾干。至于带有布料材质的家具，如布艺沙发、休闲靠垫，则可以使用清洁地毯的清洁保养剂。使用时，先用吸尘器将灰尘吸除，再将地毯清洁剂少量喷在湿布上擦拭即可。

（二）家电保洁

1. 电视保洁

液晶屏是液晶电视的核心部分，自然也是清洁的重点。使用柔软的布沾少许玻璃清洁剂轻轻地擦拭（擦拭时力度要轻，否则屏幕会因此而短路损坏），不要使用酒精一类的化学溶液，不要用硬质毛巾擦洗屏幕表面，以免将屏幕表面擦起毛而影响显示效果，也不能用粗糙的布或是纸类物品，因为这类物质易产生刮痕。当不开电视时，需关闭液晶显示屏（不要仅限于遥控器的关闭状态），以防止灰尘堆积。不要用指尖（经常对屏幕指指点点）或尖物在LCD屏幕上滑动，以免划伤表面。另保持使用环境的干燥，远离一些化学药品。

2. 电冰箱保洁

电冰箱需要安排单独电源线路和使用专用插座，不能与多个其他电器合用同一插座，否则会造成不良事故。正确安放电冰箱：不能距离火炉、暖气片等热源的地方较近，同时应避免阳光的直接照射，这样有利于散热；应摆放在不潮湿的地方；应摆放在通风良好地方；冰箱背部应离墙10厘米以上，顶部应有30厘米以上的高度空间，四周不应该放置过多的杂物；应摆放在地面平稳的地方，否则当压缩机启动时会产生振动并发出很大的噪声，长期如此会缩短电冰箱的使用寿命；上下不应该摆放重物或过多杂物，特别是不能摆放其他电器。

3. 洗衣机保洁

一般新买的洗衣机在使用半年后，每隔三个月都应用洗衣机专用洗洁剂清洗一次。清洁洗衣机时，要先往一条干毛巾上倒上200mL的米醋；然后把沾满米醋的毛巾放到洗衣机里；盖上洗衣机的盖子，按下电源键，调成甩干，再按下启动键。一会儿桶的内部会均匀沾上米醋，保留1个小时，这样可以软化污垢；倒半袋小苏打，往小苏打里倒入适量的清水，把小苏打溶解一下；洗衣机里加满水，把小苏打液倒进洗衣机里，泡2个小时；2个小时以后，盖上洗衣机盖子漂洗两次。另外要注意，平时不用洗衣机的时候，最好经常打开洗衣机的盖子，让洗衣机内部保持干燥状态。洗完的衣服应立刻拿出来晾晒，千万不要闷在里面。

4. 空调保洁

空调使用有两忌：一是忌与其他电器共用插座；二是忌在运行中改变热泵型空调的运行状态。空调清洗时可用柔软的布蘸少量的中性洗涤剂擦拭空调器，而且清洗时水温应低于40℃，以免引起外壳、面板收缩或变形；室内进风过滤网应每隔20天清洗一次，室外机组也应定期除尘。

5. 饮水机清洗

清除饮水机机身里的水垢，可以先排尽余水，然后再打开冷热水开关放水，取下饮水机内接触矿泉水桶的部分，用酒精棉仔细擦洗饮水机内胆和盖子的内外侧，为下一步消毒做准备。按照去污泡腾片或消毒剂的说明书，兑好消毒水倒入饮水机，使消毒水充盈整个腔体流至10～15分钟，但更建议从进水口倒入少许白醋或鲜榨柠檬汁，再将里面加满水流至两小时，这样不用担心清洁剂残留对人体造成危害。

（三）居室日常清洁

1. 清场

将影响清洁作业的家具、工具、材料、用品等集中分类放置到合适位置。垃圾清扫后转移到室外或倒进室内垃圾桶。

2. 清洁墙面

掸去墙面浮尘。

3. 清洁窗框

先湿抹,再铲除多余物,最后用干净清洁巾擦净。如果窗户玻璃较脏,可以同时擦拭干净。

4. 清洁窗户玻璃

清洁窗户玻璃一般使用以下方法:擦窗器法,水刮法,搓纸法。

5. 清洁窗槽和窗台

首先用吸尘器吸出窗槽污垢;不易吸出的污物,用铲刀或平口工具配合润湿的清洁布尝试清理,尽量使用不好的清洁布或废布。窗槽清理完毕,将窗台收拾干净。

6. 清洁纱窗

可用水冲洗纱网,再擦净纱窗窗框。晾干后安装。

7. 清洁卧室、客厅、餐厅、书房、阳台

主要包括开关、插座、供暖设施、柜体、家具类表面。

8. 清洁厨房

依序为顶面、墙面、附属设施、橱柜内部、橱柜外部、台面、地面(如果厨房为清洁使用水源地,厨房地面可安排在后期进行)。

9. 清洁卫生间

依序为顶面、附属设施、墙面、台面、洁具。

10. 清洁踢脚线

踢脚线上沿吸尘,然后擦干净。

11. 清洁门体

依序是门头、门套、门框、门扇、门锁。

知识链接

美国和德国不同年龄段孩子的劳动清单

美国孩子平均每天在家里劳动的时间为1.2个小时,不同年龄段的劳动清单如下。

2~5岁:扔垃圾箱;拿取东西;挂衣服;使用马桶;洗手;刷牙;浇花;整理玩具;喂宠物;睡前铺床;饭后把盘碗放到厨房水池里;把叠好的干净衣服放回衣柜;把脏衣服放到脏衣篮。

5~6岁:不仅要熟练掌握前一阶段要求的家务,还要能独立到信箱里取回信件;铺床;准备餐桌;饭后把脏的餐具放回厨房;把洗好烘干的衣服叠好放回衣柜(学校和家庭教给孩子如何正确叠不同的衣服);自己准备第二天要穿的衣服;收拾房间(会把乱放的东西捡起来并放回原处)。

6~12岁:不仅要熟练掌握前几个阶段要求的家务,还要能打扫房间;做简单的饭;帮忙洗车;吸地擦地;清理洗手间;扫树叶,扫雪;会用洗衣机和烘干机;把垃圾箱搬到门口街上（有垃圾车来收）。

13岁以上：不仅要熟练掌握前几个阶段要求的家务，还要能换灯泡；换吸尘器里的垃圾袋；擦玻璃（里外两面）；清理冰箱；清理炉台和烤箱；做饭；列出要买的东西的清单；洗衣服（全过程，包括洗衣、烘干衣物、叠衣以及放回衣柜）；修理草坪。

德国法律条文中有一项规定：孩子在6岁之前可以玩耍，不必做家务；6~10岁，偶尔要帮助父母洗碗、扫地、买东西；10~14岁，要剪草坪、洗碗、扫地及给全家人擦鞋；14~16岁，要洗汽车、整理花园；16~18岁，如果父母上班，要每周给家里大扫除一次。对于不愿意做家务的孩子，父母有权向法院申诉，以求法院督促孩子履行义务。

（资料来源：搜狐网，2019年6月11日）

从美国和德国不同年龄孩子的劳动清单中可以看出，他们都非常重视孩子的家庭劳动，培养孩子独立自主精神。中国家庭中的很多人从小劳动的时间少，或者根本没有学着劳动。这和很多父母的教育观念有关，他们注重孩子的智力开发，却缺乏对他们生存技能的培养，致使他们中的一些人缺乏责任心。现在通过学习，我们已经认识到我们是家庭当中的一分子，有责任和义务做一些力所能及的家庭劳动，从日常生活劳动中培养我们的责任心和自豪感。

（四）室内空气净化

室内是人们生活工作的主要场所，如果室内长期空气质量差，不但影响人们的工作效率和生活质量，还对健康和寿命有负面作用，因此越来越多的人喜欢使用空气净化器，但我们也可做一些力所能及的净化工作。

（1）空气需要流动才能保持清新，平时室内有异味或是沉闷了，就要适当打开门窗通风换气。如果窗户和门设在背风面，自然通风能力差，最好安装一个排气扇或是鼓风机。

（2）适当开门窗能通风换气，但有时也会导致室内空气变差。室外烟尘或是有异味，就要关闭门窗，防止污染室内空气。梅雨天气的时候回潮厉害，也要关闭门窗，防止室外的潮湿空气流入室内，导致室内空气产生浓烈的霉味。

（3）每天打开窗帘。因阳光中有紫外线，具有一定的杀菌能力所以为了绿色环保杀菌，最好每天打开窗帘给室内晒一会太阳。

（4）安装紫外灯。假如室内完全无法接受阳光照射，可以安装紫外灯，人员不在室内的时候，定期开灯进行杀菌，对室内空气净化也有好处。

（5）放置水盆和加湿器来增加空气湿度。如果室内空气非常干燥，不但容易起尘，还可能导致室内静电累积和传导，对居住者和精密电子设备都有害。

（6）放置生石灰或干燥剂。如果室内湿度过大，易导致物品霉烂，还容易滋生细菌，所以，此时要降低室内空气湿度，可以在室内用敞口容器放置一些生石灰，或是放置一些其他无腐蚀性干燥剂（最好选择可以循环回收使用的干燥剂），它们的强吸水性可防止空气潮湿。

（7）凡事从细节做起，在日常生活中养成良好习惯。大小便都要及时冲水，坐式马桶不用时要盖上盖子；卫生间和厨房有异味要开通风机，做饭炒菜要开抽油烟机；卫生间和厨房要定期清洁消毒杀菌，防止滋生细菌产生霉味；卫生间和厨房的门窗在卧室和厅堂一侧要尽量关闭，防止厨卫废气污染其他房间；厨卫的其他向阳门窗要尽量定期打开，晒一下太阳，自然杀菌。

（8）偶尔可以使用空气清新剂来除味。长期来说，不建议使用空气清新剂，市场上不少空气清新剂都有一定的局限，长期使用可能有副作用。

（9）室内要经常打扫卫生，进行除尘。如果没有吸尘器，就用除尘拖把。地面不要弄得太湿，不然容易滋生细菌。

（10）防止室内污染。像汽油、柴油、油漆溶剂等挥发性物质，尽量不要在生活居室内存储，以防止挥发到空气里产生污染，也不安全。一旦这些物品产生了室内污染，特别是装修或重新装修，一定要对居室进行足够时间的通风。

（11）养植绿色植物。可以在室内养诸如滴水观音、吊兰、绿萝、海芋、橡皮树等吸附灰尘和有毒气体能力比较强的绿色植物，选取的植物要容易养活，这样不用费心。

洗衣小窍门

1. 衣服上沾了油怎么办？

先找一个牙膏，挤到衣服上，再蘸一点水进行揉搓，用水清洗后，油渍就会不见了。

2. 衣服上弄上笔迹怎么办？

学生的衣服上总是会弄上一些笔迹，非常影响美观。可以用牛奶倒在弄脏的地方，用手来回搓一搓，很快就会洗干净。

3. 衣服被染色怎么办？

不同颜色的衣服放在一块清洗之后可能会染色，用84消毒液（常用的漂白衣服的洗涤剂）清洗白色的衣服。一些彩色的衣服可以用专门漂彩色衣服的洗涤剂。

（资料来源：以上信息由作者根据教学实践素材整理而成）

第三节 日常家务劳动

> 劳动是产生一切力量、一切道德和一切幸福的威力无比的源泉。
> ——拉·乔乃尼奥里

一、家居维修

几乎每个人在日常生活中都会遇到水管漏水、墙地面破损以及开关插座失效等问题。这些家居中与居住使用密切相关的小问题，稍不注意就容易导致大难题。面对这些问题，很多人常常感到束手无策，叫人来修理，不仅要收费，而且不能及时解决问题；自己动手，看似挺简单的事情，做起来又很费劲。其实，大多数家居维修工作都不难解决，主要在于人们对其是否了解，是否有一个正确的维修方法。下面介绍几种常用工具能帮人们解决一部分家居维修工作。

（一）钻孔机

手摇曲柄钻和电钻（图5-1）是重要的家庭维修工具，其中电钻分为有线和无线两种类型。无线电钻使用电池，并配有一个充电器，这种电钻现在非常受欢迎。可变速的电钻也是一种方便的工具，开始时可以采用较低的旋转速度，然后加速。还有各式各样的附件和配件可供选择，包括钢丝刷、涂料混合器，甚至是圆锯附件。

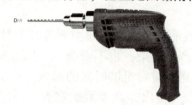

图 5-1　电钻

选择什么样的钻头取决于使用的钻孔机类型。可以根据表 5-1 选择正确的钻头。

表 5-1　钻孔机类型

钻头	钻孔机类型	用途
麻花钻	手摇曲柄钻、电钻或钻床	在木材和金属中钻小直径孔
铲形钻头	电钻或钻床	在木材中钻最大 38 毫米的孔
螺旋钻头	手摇曲柄钻	在木材中钻最大 38 毫米的孔
变径钻头	手摇曲柄钻	在木材中钻最大 76 毫米的孔
飞刀	钻床	在木材中钻最大 152 毫米的孔；在其他材料中钻更小的孔
孔锯	电钻或钻床	在木材中钻最大 76 毫米的孔

推钻和手摇曲柄钻是两种主要的手摇曲柄钻，推钻适用于钻导孔和固定铰链，在操作空间有限时，用手摇曲柄钻则比较适宜，因为它具有棘轮结构。

知识链接

差的不仅是未来

哈佛大学曾经做过一项调查研究，得出一个惊人的结论，爱干家务的孩子和不爱干家务的孩子，成年之后的就业率为 15∶1，犯罪率是 1∶10。爱干家务的孩子，离婚率低，心理疾病患病率也低。另有专家指出，在孩子的成长过程中，家务劳动与孩子的动作技能、认知能力的发展以及责任感的培养有着密不可分的关系。

（资料来源：个人图书馆，2014 年 5 月 25 日）

家庭作为个人成长的根基，家务劳动方式对于人们的健康成长有着重要的影响。每个人不论年龄大小都是重要的家庭成员，这就要求每个人在家庭中负起该有的责任，而承担家务则是最好的方式。通过家务劳动能体会父母的不易，体验劳动的价值，感知生活的意义，从而拓展我们的生存空间。

（二）紧固件

紧固工具通常是家用维修工具箱中的首选工具。简单地说，它们就是帮助人们使用紧固件（如钉子、螺栓和黏合剂）的工具。紧固工具包括锤子、螺丝刀、钳子和夹子。以下对前两种工具进行简要介绍。

1. 锤子

最常见的锤子是木匠用的羊角拔钉锤（图5-2）。它配有铁头，把手为木柄或铁柄，用来击打钉子或其他紧固件。锤头一端的钳爪是有两个分叉的拱形物，用来从木头中拔出钉子。锤头的其余部分是锤眼和锤面。扁形或平面形的锤子适合于初用者，但用这种锤子很难将钉子直接砸入物体表面。如果想要将涂漆的窗户卸下，或者必须在易于损坏的平面上轻轻捶打，使用橡皮锤（图5-3）就会非常方便。其他专用锤子还包括用于捶打金属的半球形锤、用于砖和混凝土材料的泥瓦匠锤。

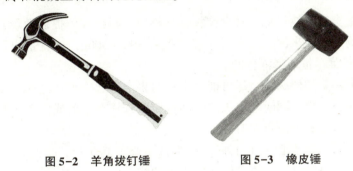

图 5-2　羊角拔钉锤　　　　图 5-3　橡皮锤

2. 螺丝刀

每个家庭都应置备一套高质量的螺丝刀，用于拧紧或拧松螺丝。螺丝刀的类型有很多种，不同类型的螺丝刀使用不同的螺丝刀头。以下介绍几种常用的螺丝刀头。

（1）标准螺丝刀头（图5-4），即通常所说的平头螺丝刀、开槽螺丝刀或一字螺丝刀。务必确保螺丝刀的尖头有适当的宽度和厚度，以使其能与螺丝头的槽咬合。

（2）菲利普螺丝刀头（图5-5），也称为十字螺丝刀或X形螺丝刀，它能与螺钉或螺栓中的十字形凹槽咬合。

（3）六角形螺丝刀头（图5-6），六角形螺丝刀能与正方形或六边形的凹槽咬合，它可以产生更大的力矩，以旋紧或松开紧固件。

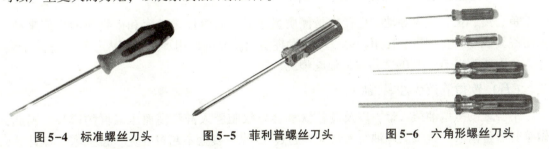

图 5-4　标准螺丝刀头　　　图 5-5　菲利普螺丝刀头　　　图 5-6　六角形螺丝刀头

二、家庭营养膳食原则

人体是由物质组成的，人体要维持生命并保持健康就必须恰当地不断补充消耗掉营养物质且达到平衡。营养是生命的源泉，健康的根本。对于6岁以上的正常人群，国家卫生部曾给予膳食指南，我们可按照以下十条原则安排个人和家人的膳食。

(一) 食物多样，粗细搭配

每种食物都有不同的营养素，只有最大限度地增加食物的种类，才能避免营养不良。专家建议每天每人应吃50种以上的食物，这其中包括主食、蔬菜、水果以及各种菜肴佐料。另外，不吃谷类主食就会出现营养不良，影响健康。

粗细搭配不单单是建议经常吃粗杂粮，而且涉及主食的加工方式。例如，稻米、小麦不可碾磨得太精，否则谷粒表层所含的B族维生素、矿物质等营养素和膳食纤维等将会大部分流失于糠麸之中。建议每天最好能吃50g以上的粗粮。

(二) 多吃蔬果，不忘薯类

蔬菜水分含量丰富、能量低，富含植物化学物质，是给人体提供微量营养素、膳食纤维和天然抗氧化物的重要来源。成人每天应该摄入300~500g，也就是说每顿饭至少要有1~3份蔬菜，而蔬菜尽量选择深色的。

在保证水果无污染的情况下，尽可能将果皮与果肉一起吃掉。这样可以增加膳食纤维的摄入，有助于肠道健康。同时吃水果的时间也应该选择在餐前或两个正餐之间的辅餐时间，如上午十点左右或下午三点左右。

除了蔬菜和水果，薯类食品由于膳食纤维含量高、脂肪低，也应该成为餐桌上的常客，比如红薯，一次可以食用一块，但注意避免油炸。

(三) 每天要吃奶类、大豆

奶类营养成分齐全，组成比例适宜，容易消化吸收，除含丰富的优质蛋白质和维生素外，含钙量较高，且利用率也很高，是膳食钙质的极好来源。建议每人每天饮奶300g或相当量的奶制品。

大豆的营养构成相比其他杂豆有很大的区别。大豆的蛋白质可以达到50%，氨基酸的组成是比较平衡合理的。大豆含丰富的优质蛋白质、必需脂肪酸、B族维生素、维生素E和膳食纤维等营养素，且含有大豆低聚糖以及异黄酮、植物固醇等多种植物化学物质。建议每人每天摄入30~50g大豆或相当量的大豆制品。

(四) 适量进食鱼、禽、蛋、瘦肉

鱼、禽、蛋、瘦肉等动物性食物是优质蛋白质、脂溶性维生素和矿物质的良好来源，如与谷类或豆类食物搭配食用，可以明显发挥蛋白质互补作用。建议每人每天可吃一个鸡蛋，鱼肉或鸡肉50~100g，猪肉提倡吃瘦的。

(五) 饮食清淡少油、盐

不合理的烹调油摄入量，以及高盐饮食会导致肥胖人群和高血压人群的增长。因此，做菜时尽量清淡。建议烹调油每人每天不超过30克，食盐不超过6克。按一家三口计算，每月家庭吃油不超过半桶（5升装），吃盐1袋（1斤装）。

(六) 食不过量，天天运动

吃得过饱、缺乏运动是当前慢性病高发的主要危害因素，因此控制食量、增加运动必不可少。建议每顿吃七八分饱为宜，每天至少30分钟的有氧运动。驾车族尽量减少开车机会，能走路就不骑车，能骑车就不开车。

（七）三餐合理，零食适当

按适合个人的健康体重计算出每天所需要的总热量，然后再按早、中、晚三餐各 1/3 的比例摄入热量。也可按早餐 1/5、中餐 2/5、晚餐 2/5 安排一日三餐的进食量。

建议零食可在两餐之间食用，要选择富有营养的食品，如牛奶、酸奶、水果、蛋糕、肉松、牛肉干和干果等。

（八）足量饮水，少喝饮料

在温和气候条件下生活的轻体力活动，成年人每日至少饮水 1 200 毫升（约 6 杯），在高温或强体力劳动条件下应适当增加。在水的选择上，建议首选白开水，碳酸类饮料尽量少喝，因为它会给人体增加多余的热量，可选择一些果汁、奶制品，如酸奶。

（九）饮酒限量，忌空腹喝

成年男性一天饮酒不超过 25 克，相当于白酒 1 两，啤酒 250 毫升，葡萄酒 100 毫升；成年女性一天不超过 15 克。最好不要空腹喝酒，切忌一醉方休或借酒浇愁。

（十）新鲜卫生，少吃剩饭

食物选择首先要新鲜、卫生。据有关调查显示，刚摘下来的蔬菜每过一天，营养素就会减半。所以在选购食物时，要选择外观好，没有泥污、杂质，没有变色、变味并符合卫生标准的食物。每次做饭菜，尽量按需做，避免吃剩菜剩饭，少吃熏制、腌制、酱制食品。

知识链接

现代人不是营养过剩，而是营养不均衡！

随着时代的发展，我国已经从计划经济步入小康社会，曾经限量供应、只能在节日期间吃到的食品变得非常普遍，随时随地都可以吃到。这本是时代进步的标志，但问题是，丰富化和精细化的饮食条件带来的却是令人担忧的营养问题，这导致我国人群肥胖和心脑血管等慢性疾病问题日益严重。

那么，现代人的营养问题究竟出在哪里呢？

事实上，现代人的饮食看上去虽然丰富，却多是甜品、零食、油炸食品等，而这些食物营养极其有限，多数情况下，只能提供脂肪、蛋白质和碳水化合物三大营养素，人体必需的微量元素和维生素则极度缺乏。脂肪、蛋白质、碳水化合物这三大营养素尽管能为身体提供必要的能量，但是摄入过多的话，就会变成多余的脂肪长到身上，所以嘴不闲着，又好吃以上食品的人很容易因此变成一个胖子，而过度肥胖又是万病之源。所以现代人遇到的问题，不是营养过剩，而是营养"偏科"。

（资料来源：搜狐网，2018 年 8 月 7 日）

三、家常菜中常见食材的处理方法

不同的食材有不同的处理方法，我们把一些日常食材的初步处理方法进行了整理，参见表 5-2。

表 5-2　日常食材初步处理方法

食材名称	初步处理方法
青椒	1. 将青椒洗净后掰开；2. 去除蒂和内部的籽
芹菜	1. 芹菜洗净，摘下芹菜叶子；2. 撕去芹菜梗表面的粗丝
黄瓜	1. 黄瓜洗净，加少许盐用清水浸泡；2. 带刺黄瓜要用刷子刷洗
冬瓜	1. 冬瓜用刷子刷洗干净；2. 用削皮刀削去硬皮；3. 去皮冬瓜一切两半；4. 挖去冬瓜瓤
苦瓜	1. 苦瓜用刷子刷洗净；2. 顺长剖开；3. 挖去苦瓜瓤
南瓜	1. 南瓜刷洗干净；2. 对半剖开；3. 用汤匙将瓤挖出；4. 用菜刀将南瓜皮削去，削时注意菜刀要贴着皮，不要削太厚
甘蓝	1. 甘蓝洗净，根部朝上放在案板上，用长水果刀顺根切入 2 厘米，刀尖朝菜心；2. 将水果刀顺着菜根旋转切一圈；3. 将刀尖向上一撬，菜根就撬下来了；4. 从根部可以将菜叶完整地剥下来；5. 菜叶放入加少许盐的清水中浸泡，再洗净即可
洋葱	1. 剥去洋葱外层干皮；2. 切去洋葱两头；3. 切圈：洋葱横放在案板上，直刀出洋葱圈；4. 切丝：洋葱对半切开，切丝
花椰菜	1. 花椰菜冲洗一下；2. 掰开成小块；3. 放入加了少许盐的清水中浸泡片刻即可
芸豆	1. 芸豆摘去两侧筋；2. 清洗干净；3. 将芸豆掰成段
豆芽	1. 豆芽摘去豆皮；2. 掐去根须；3. 洗净
西红柿	1. 西红柿冲洗干净；2. 放入烧开的水中烫一下；3. 取出西红柿晾凉，将皮剥去
干木耳	1. 用淘米水泡发干木耳；2. 泡发好的木耳清洗干净；3. 切除未泡发的部分；4. 剪去硬蒂，撕成小朵即可
干香菇	1. 干香菇冲洗一下，用沸水泡至回软（泡发香菇的水营养丰富，过滤后可用于烹调）；2. 捞出泡发好的香菇，用剪刀剪去根部，漂洗去泥沙杂质
干蘑菇	1. 干蘑菇冲洗一下；2. 用温水泡发蘑菇；3. 蘑菇泡发好后洗净，擦干
笋	1. 用刀从笋尖至笋根划一刀；2. 从开口处把笋壳整个剥掉；3. 靠近笋尖的部分斜切成块；4. 靠近根部的部分横切成片
莲藕	1. 将莲藕从藕结处切开，切去两头；2. 用削皮刀削去莲藕的表皮；3. 将去皮莲藕用清水清洗干净，如果不马上使用，要用清水浸泡，以防止变黑
猪肉	1. 用清水洗净；2. 剔去猪肉上的筋膜；3. 斜刀切片
牛肉	1. 将新鲜牛肉洗净；2. 横刀切片
羊肉	1. 用清水洗净；2. 剔去羊肉上的筋膜；3. 斜刀切片
鸡翅	1. 鸡翅冲洗干净、擦干，放在火上稍微烤一下；2. 用手搓一搓，鸡翅上大部分的毛就去掉了
鸡腿	1. 用刀在鸡腿侧面剖一刀，露出鸡腿骨；2. 剥离鸡腿肉，用刀背在腿骨靠近末端处拍一下，敲断腿骨；3. 将腿骨周围的肉剥开，将腿骨取出；4. 将整个鸡腿肉平摊开，去掉筋膜，肉厚的地方划花刀，再用刀背将肉敲松

续表

食材名称	初步处理方法
鲤鱼	1. 鲤鱼放在案板上，用刀从鱼尾向鱼头方向刮鱼鳞，冲洗干净；2. 用刀切去鱼鳍；3. 用手挖去鱼鳃（也可以用剪刀）；4. 将筷子伸入鱼腹中，转动筷子将鱼内脏弄出来；5. 用清水将鱼身内外的黏液和血污洗净即可
带鱼	1. 轻刮带鱼身上的鱼鳞，不要刮破鱼皮，如果是新鲜带鱼，可不必去鳞；2. 用剪刀沿着鱼背剪去背鳍；3. 切去鱼的尖嘴和细尾，再用剪刀沿着鱼的口部至脐部剖开，剔去内脏和鱼鳃，最后用清水把鱼身冲洗干净
墨鱼	1. 从市场买回来的墨鱼，通常已经去掉外皮、内脏，可直接用水冲洗干净；2. 将墨鱼褶皱裙边撕开，剥除皮膜；3. 去除头足部位的脏污；4. 用手剥除头足部位中心最硬的部位；5. 切下头足部位，将眼、口等用剪刀剪掉即可
虾	1. 用剪刀剪去虾须；2. 剪去虾足；3. 将牙签从虾背第二节上的壳间穿过；4. 挑出黑色的虾线；5. 洗净虾
鲜蛤蜊	1. 蛤蜊用水冲洗一下，放入盆中；2. 盆中加入清水，放少许食盐；3. 泡 3～5 小时后，等蛤蜊的沙子吐得差不多了，再次洗净
和面	1. 面粉放入面盆中，分次加清水；2. 边加水边搅，直到成雪花状的小面片；3. 用手揉成均匀的面团。如揉面过程中如感觉太干，可酌量加入清水

四、家常菜肴和家庭主食制作举例

（一）家常菜肴

1. 酸辣土豆丝

材料：土豆。

调料：小辣椒、花椒、蒜。

具体做法如下。

（1）把土豆去皮切丝，越细越好，再把小辣椒切丝，蒜瓣切粒。

（2）土豆丝切好，过冷水去淀粉，这样炒出的菜口感脆。

（3）准备好盐和白醋，用白醋会使菜品看着色彩干净。

（4）开火、放炒锅、添油。

（5）油温热时，把花椒粒放进去，炸出香味，花椒一定要捞出丢掉。

（6）油热时，把辣椒丝和蒜粒放入爆出香味，倒入准备好的土豆丝，颠锅翻炒几下。

（7）放白醋，放盐动作要快，再翻炒几下，使盐味更匀。

（8）菜熟装盘、整形，一盘酸、辣、脆的土豆丝就完成了。

2. 炒青菜

材料：青菜。

调料：鸡精、盐、大蒜。

具体做法如下。

（1）将大蒜、青菜分别洗净，切好备用。

（2）热锅中倒一点油，把切好的大蒜倒入油中，闻到蒜香后，将切好的青菜倒入。

（3）加一点水，盖上锅盖焖一会儿，大火持续3分钟后，放入盐和鸡精，翻炒均匀。

（4）大火收汁后，立即出锅，味道又鲜又美。

3. 椒油炝藕片

材料：鲜藕。

调料：盐、花椒油、醋、味精、姜、酱油。

具体做法如下。

（1）姜洗干净去皮切成末。

（2）鲜藕洗净削去黑皮，切成薄片，放入凉水内清洗。

（3）锅中放适量清水，烧开后倒入鲜藕焯熟，捞进凉水里，待晾凉后沥干。

（4）藕片加盐、酱油、醋、味精拌匀盛入盘内，放上姜末，最后用花椒油炝在藕片上即可。

4. 麻婆豆腐

材料：豆腐丁、牛肉末、豆瓣酱。

调料：食用油、盐、酒、干红辣椒碎、青蒜粒、姜末、花椒粉、水淀粉、酱油、少许糖。

具体做法如下。

（1）锅内加少许食用油，大火加热，油热后依次加入豆瓣酱、盐、干红辣椒碎、青蒜粒、姜末、花椒粉、牛肉末，也可将牛肉末用上述调料腌好后一并加入，炒香。

（2）加入豆腐丁，改小火，煮沸。

（3）待豆腐煮熟后，改大火，加入由水淀粉、糖、酒、味精、酱油调好的芡汁。待芡汁均匀附着后，关火。

（4）起锅，撒上花椒粉，香喷喷、川味十足的麻婆豆腐就做成了。

5. 宫保鸡丁

材料：鸡脯肉、炸花生米、鸡蛋。

调料：食用油、香油、酱油、料酒、香醋、盐、淀粉、白糖、味精、大蒜、干辣椒。

具体做法如下。

（1）鸡肉洗净切丁，用蛋清、盐、淀粉腌拌均匀，大蒜洗净切末。

（2）食用油入锅烧热，鸡丁下锅炸熟，捞起沥油。

（3）锅中留油少许，爆香干辣椒、蒜末，再下入鸡丁翻炒。

（4）最后放酱油、料酒、味精、白糖、香醋、水淀粉、香油炒匀并勾芡，最后加入炸花生米炒匀。

6. 可乐鸡翅

材料：鸡中翅6~8个，可口可乐一小杯。

调料：辣椒粉少许，孜然少许（成粒的孜然，不要粉末的）、葱花、大蒜。

具体做法如下。

（1）锅里放水，等水烧开后下鸡翅，鸡翅七成熟即可。滤干水备用。

（2）油多放，用葱花和大蒜爆锅，下鸡翅，放孜然和辣椒粉，大火炒炸，炸到皮略焦为宜。

（3）用勺子把多余的油撇出来，把可乐倒进去，加盐和味精，一点水都不要有，等可乐快烧干的时候把火稍微关小一点收汁。

（4）在烧可乐的同时可以用勺子把蒜末和葱末撇去，最后盛盘的时候连汁一起盛。

7. 韭菜炒鸡蛋

材料：韭菜、鸡蛋。

调料：盐、植物油。

具体做法如下。

（1）将韭菜择洗干净，控干水分后切成3厘米长的段。

（2）将鸡蛋打入碗内搅匀。

（3）将炒锅烧热，加油烧至五六成热，倒入鸡蛋液，炒至小团块时倒出。

（4）锅里植物油烧热后，加入韭菜，用旺火速炒、放盐，快熟时倒入鸡蛋，颠翻两下，即可出锅装盘。

8. 鱼香肉丝

材料：瘦肉、水发木耳、胡萝卜。

调料：食用油、酱油、高汤、香醋、盐、白糖、鸡精、泡椒末、葱、姜、蒜、淀粉。

具体做法如下。

（1）将瘦肉洗净切成粗丝，盛于碗内，加盐和水淀粉调匀。

（2）葱、姜、蒜洗净切丝备用。

（3）木耳和胡萝卜切丝备用。

（4）把白糖、酱油、香醋、盐、葱丝、姜丝、蒜丝、高汤、鸡精、水淀粉调成鱼香汁。

（5）锅内放油、烧至五成热油时倒入肉丝，炒散后下泡椒末，待炒出色泽时，再将木耳丝、胡萝卜丝和鱼香汁倒入，急炒几下即可。

9. 红烧肉

材料：五花肉。

调料：食用油、酱油、料酒、生姜、冰糖、盐、白糖。

具体做法如下。

（1）五花肉一块，切成一厘米见方的条状。

（2）炒锅洗净、烧热，下两汤匙油，放三四汤匙白糖，转小火。

（3）不停地用炒勺搅动，使白糖溶化，变成红棕色的糖液，这也称为炒糖色。

（4）把切好的五花肉倒入，炒均匀，使每块肉都沾上糖色。

（5）加酱油、料酒、生姜、冰糖、盐少许，烧开，再转小火烧二三十分钟。等汁挥发得差不多，加大火收汁。等汁收完后装盘，香喷喷的红烧肉就完成了。

10. 糖醋排骨

材料：肋排。

调料：食用油、酱油、香醋、盐、白糖、味精、香葱、姜、大蒜、淀粉。

具体做法如下。

（1）排骨洗净剁成小段；姜、蒜洗净切片；香葱洗净切末。

（2）锅内放油，烧至五成热时，将排骨炸至表面呈焦黄色时捞起沥油。

（3）锅内留底油，加入盐、酱油、味精、姜片、蒜片，与排骨同炒，倒入没过排骨的温水，大火烧开，改小火炖煮30分钟。

（4）排骨入味香软时，加白糖、香醋、香葱末，用水淀粉勾芡，大火收浓汁即可。

（二）家常主食

说到主食人们总会想到米饭和馒头，以下介绍一下蒸米饭和馒头的基本做法和注意事项。

1. 蒸米饭

蒸米饭很简单，分为两步。第一步，需将米洗干净，放入要用来蒸米饭的容器中，加入清水。第二步，盖上盖后，放在火上或插上电即可。

蒸米饭的注意事项有以下四点。

（1）洗米。记住洗米不要超过3次，如果超过3次，米里的营养就会大量流失，这样蒸出来的米饭香味也会减少。

（2）泡米。先把米在冷水里浸泡半个小时，这样可以让米粒充分地吸收水分。这样蒸出来米饭会粒粒饱满。

（3）米和水的比例。蒸米饭时，米和水的比例应该是1：1.2。有一个特别简单的方法来测量水的量，用食指放入米水里，水不可超过食指的第一个关节。

（4）增香。如果家里的米已经是陈米，没关系，陈米也可以蒸出新米的味道。就是在经过前三道工序后，我们在锅里加入少量的精盐或花生油，记住必须是烧熟且晾凉的花生油。

2. 蒸馒头

食材：面粉或麦芯小麦粉。

辅料：酵母粉、温水。

具体做法如下。

（1）揉面前的准备。揉面前需要先添加酵母粉，酵母粉与面粉的比例是1：100，也就是说500克的面粉，加5克的酵母粉。将酵母粉放到30℃的温水中化开，融化酵母粉的水量需要量取好，一般制作500克面粉会用50 mL的水来化酵母，酵母化开后加入面粉中，再加450 mL的水到面粉里。

（2）揉面。用筷子将面粉搅拌成雪花状再开始动手揉面，这样揉面就不会黏手，揉好面后盖上纱布准备发面。

（3）发面。很多人做馒头不成功，是因为发面的时间不够或者发面的时间太长了。判断面是否发好的方法非常简单，只要用手指粘一些面粉插入到面团里，面团不会缩，这就说明面已经发好了。

（4）二次发酵。将发酵好的面团揉成光滑的面团，然后再将面团揉成条状，分成相同大小，再揉成圆形后盖上纱布进行二次发酵。想要简单一些，就做刀切馒头，将面团揉成长条形，然后切成均等大小。二次发酵的时间，夏天为20分钟，冬天30~40分钟。

（5）冷水下锅蒸。等馒头二次发酵完成就可以开始蒸馒头了，冷水下锅，先大火烧水，等水烧开后，转中火再蒸15分钟就可以了。

（6）开锅。馒头蒸好几分钟后开锅。

一些注意事项如下。

（1）面粉选择。蒸馒头非常关键的一步就是选择面粉，建议选择多用途麦芯粉，即中筋面粉。麦芯粉做出的馒头，面香味浓。

（2）揉面程度。面要揉到面光、盆光、手光，即"三光"。

（3）二次发酵。要想馒头松软绵密，一定不能少了二次发酵。

（4）防止收缩。馒头蒸熟后先不着急打开锅盖，要过几分钟再打开，这样馒头就不会马上收缩了。

（5）增加甜度。爱吃甜馒头的可以在加水的时候加入适量白砂糖。

 知识链接

帮助家人养成5个健康饮食习惯

如何健康饮食，如今是人们关注的焦点问题。随着日常食物的极大丰富，我们不仅要吃得好，而且更要吃得对！下面5个健康饮食习惯，值得每个人去养成。

1. 晚餐早比晚好

因人体排钙高峰期是餐后4~5小时，晚餐吃得太晚，不仅影响睡眠、囤积热量，而且容易引起尿路结石。老年人晚餐的最佳时间最好在下午六七点，而且应不吃或少吃夜宵。

2. 冷水洗肉热水菜

用温水或热水洗肉，不但容易变质、腐败，做出来的肉口感也会受影响。最重要的是，会加速肉中蛋白质、氨基酸和B族维生素的流失。与之相反，洗各类果蔬时用温水更好，因温水比凉水更容易去除果蔬表面的农药残留。

3. 凉菜汁蘸着吃

很多人去饭店都喜欢点盘大拌菜或蔬果沙拉，觉得这样能补充维生素。其实，这些菜中的酱汁反而会给原本健康的菜带来不少热量。最好把调好的酱汁放在一个小碗里，用切好的菜蘸着吃，这样，你需要的酱汁只是原来的1/6。

4. 生吃洋葱

洋葱含有大量保护心脏的类黄酮，每天生吃半个可增加心脏病人约30%的好胆固醇。尤其在吃烤肉这样不怎么健康的食物时，里面的洋葱就像你的"救命草"。

5. 餐前喝两杯水

饭前喝两小杯水能减少饥饿感和食物摄入量，餐前饮水的人一天能少摄入近300卡热量。

（资料来源：澎湃在线，2020年11月28日）

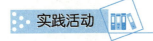 实践活动

为父母做一道菜

一、活动目标

帮助学生重视日常家务劳动，培养个人动手能力和家庭责任感，增强感恩心。

二、活动时间

建议 45 分钟

三、活动流程

（1）每名学生精心为父母准备一道热菜并把制作过程录制后编辑为 90~120 秒的短视频，短视频中要说明（文字或语音）：a. 选择这道热菜的原因；b. 菜品的制作关键；c. 父母品尝后与自己的谈话。

（2）每名学生写一份 1 000 字左右的心得体会。

（3）教师将学生按照 6~8 人划分小组，组内成员一起观看小组内每个人制作的视频，并对心得体会展开讨论，然后汇总形成本组的心得体会。

（4）每组推选一名代表上台演示自己的视频，并分享小组的心得体会，其他小组可以对其进行提问，小组内其他成员也可以回答提出的问题；通过问题交流，将每一个需要研讨的问题都弄清楚。

（5）教师对各组分享进行分析、归纳、总结，引导学生重视日常家务劳动，懂得感恩。

（6）教师根据各组在研讨过程中的表现予以评分。

第六章 社会劳动实践

雷锋精神永放光芒

郭明义，1958年12月生，辽宁鞍山人，1977年参军，1980年入党，1992年复员到齐大山铁矿工作。多年来，先后获部队学雷锋标兵、鞍钢劳动模范、鞍山市特等劳动模范、全国无偿献血奉献奖金奖、中央企业优秀共产党员、全国"五一劳动奖章"等荣誉称号，当选鞍山市无偿献血形象代言人，中共十八届中央候补委员，中华全国总工会兼职副主席，被中央精神文明建设指导委员会授予"当代雷锋"荣誉称号。

郭明义从身边的点滴小事做起，从服务社区开始，让志愿服务成为一种习惯、一份责任、一种担当，让雷锋精神融入他的血脉中，成为发自内心的思想自觉。郭明义积极参与社会公益事业，被人民群众亲切地誉为"爱心使者"和"雷锋传人"。

习近平总书记在收到爱心团队汇报"跟着郭明义学雷锋"的主要成果和心得体会的来信后，给他们写了回信，希望大家从"赠人玫瑰、手有余香"中感受善的力量，以实际行动书写新时代的雷锋故事，为实现中国梦有一分热发一分光。

（资料来源：环京津网，2019年9月3日）

以上案例中，社工精神与雷锋精神交相辉映，两者都是为他人服务，且都是建立在自己的能力基础之上的。社工有专业的知识结构和知识能力，更注重助人自助，有效地整合资源来帮助他人。雷锋作为一个时代的符号，成为人们精神中一面永不褪色的旗帜，他的"助人为乐、无私奉献、毫不利己、专门利人"的精神，更是人们宝贵的精神财富。社会工作作为专门的助人活动，价值理念与雷锋的助人精神在一定程度上相契合，借鉴社会工作专业价值观有助于更好地开展学雷锋活动，而吸收雷锋精神中的精髓也有助于促进社会工作价值观的本土化。

第一节　社会实践和社会调查

> 只有人们的社会实践，才是人们对于外界认识的真理性的标准。真理的标准只能是社会的实践。
>
> ——毛泽东

一、社会实践概念、类型和意义

（一）社会实践的内涵

1. 社会实践的定义

社会实践是培养学生创新精神和实践能力、提升学生综合素质的良好载体，是实施素质教育的一种良好形式。哲学上的实践是讲人类认识世界、改造世界的各种活动的总和，包括认识世界、利用世界和改造世界等。当然重点是为求生存进而为求发展的改造世界的活动，其中尤以物质生产活动为最基本。社会实践是学生走向社会的一个很重要的锻炼环节，也是教育与实践相结合的具体体现。学生参加实践活动，是课堂教育的延续。社会实践是教育教学内容的重要组成部分，主要以学生个人主动参与及体验为主，是巩固所学知识、吸收新知识、发展智能的重要途径，它不受教学大纲的限制，学生可以在这个课堂里自由驰骋，发挥自己的才能。

2. 社会实践的特点

社会实践具有实践性、开放性、生成性和自主性等特点，为学生综合素质的提升，特别是创新精神和实践能力的培养，提供了广阔的空间。学校学习的最终目的是要学以致用，为以后的社会生活积累必要的知识储备。社会实践可以使学生对书本知识在实际生活中的应用有一个练习的机会，同时也使学生对社会有一个初步的了解，在这种双向了解的过程中，学习社会知识，促进学生社会化，为所有人以后融入社会生活做一个铺垫和准备；在动手的过程中，体会课本知识，发展自己的动手能力；充分利用在校期间的以学习为主、学好和掌握科技知识的有利条件，在社会实践中磨炼自己，真正锻炼和提高自己的适应能力。

3. 社会实践的原则

大学生社会实践的总体要求是：全面贯彻党的教育方针，遵循大学生成长规律和教育规律，以了解社会、服务社会为主要内容，以形式多样的活动为载体，以稳定的实践基地为依托，以建立长效机制为保障，引导大学生走出校门、深入基层、深入群众、深入实际，开展教学实践、专业实习、军政训练、社会调查、生产劳动、志愿服务、公益活动、科技发明和勤工助学等，在实践中受教育、长才干、做贡献，树立正确的世界观、人生观和价值观，努力成长为中国特色社会主义事业的合格建设者和可靠接班人。

大学生社会实践的工作原则主要有以下几点。

（1）坚持育人为本，牢固树立实践育人的思想，把提高大学生思想政治素质作为首要任务。

（2）坚持理论联系实际，提高社会实践的针对性、实效性、吸引力和感染力。

（3）坚持课内与课外相结合，集中与分散相结合，确保每一个大学生都能参加社会实践，确保思想政治教育贯穿于社会实践的全过程。

（4）坚持受教育、长才干、做贡献，保证大学生社会实践长期健康发展。

（5）坚持整合资源，调动校内外各方面积极性，努力形成全社会支持大学生社会实践的良好局面。

4. 社会实践存在的问题

（1）社会实践的时间较短，内容缺乏创新。有调查显示，超过80%的学生在大学阶段每年都会参加社会实践活动，其中54%的团队实践时间不到一周，30%的团队实践会持续两周到四周，只有16%的团队实践会持续超过一个月。

（2）学校和社会缺乏对社会实践的指导及保障机制。

（3）大学生对社会实践的认识不准确。学生中的很多人认为实践活动是旅游，是打寒暑假工，这些错误的认识使得他们在实践过程中得不到锻炼，达不到实践活动真正的育人效果。

（4）家长及社会支持度不高。

（二）社会实践类型

1. 以校内服务为主的岗位实践

社会实践活动首先应该从与学生学习生活关系密切的校内生活开始。学校在具体的开发过程中，可以充分运用学生的能力，相信学生，放手让学生从事一些校内岗位相关工作，从而提高学生的能力。如校园迎宾活动、校园卫生值日的检查、纪律的维护、家长会时的服务导引工作、大型活动时的秩序维护等；也可帮助老师做一些辅助的工作，如帮助图书馆进行图书的整理、登记工作，帮助实验老师进行实验仪器的整理，帮助微机老师进行电脑系统维护等；还可从事一些校园的公益劳动，如进行公益卫生打扫、到食堂帮厨。这些活动，既锻炼了学生的能力，也使学生对其生活的校园有一个了解，了解部分老师的工作，从而使他们珍惜这些活动和劳动成果，尊重老师的工作。

2. 以调查研究为主的社会实践

学生在老师的指引下，针对某一社会现象，进行资料查询、专家走访、实地考察，提出这一现象出现的缘由、现状、解决的办法等，进而形成自己的考察报告。从学生的选题、调查的过程到形成报告的这一过程中，都需要认真地思索，不但要开动脑筋充分运用所学的知识，而且能充分锻炼学生的资料收集能力、分析问题能力、观察能力、人际交往能力、写作能力等。在这类实践中，需要教师对学生进行认真指导，切实选择适合学生实际的、经过其努力便能解决而又存在一定难度的论题，如调查水污染、学生心理状况、课间教室关灯与资源节约等，都是他们可以参与的社会实践活动。

3. 以社区服务为主的社会实践

学生在教师指导下，走出教室，进入实际社会情境，直接参与和亲身经历各种社会生活活动，开展各种力所能及的社区服务性、公益性、体验性的学习与实践，以获取直接经验，发展实践能力，增强学生的社会责任感。针对自己生活的社区，通过垃圾分类、清除非法广告、帮助孤残老人和儿童、慰问军属烈属等各种形式的活动，进一步了解社会，增强社会责任感。

4. 以公益宣传为主的社会活动

学生可利用节假日，走上街头，进行公益宣传，提高公众对某一社会现象的关注，增强公众的科学意识，建设环保节约型社会。如环保宣传、交通安全宣传、节约水资源的宣传、法律知识宣传、禁烟宣传等，这类宣传比较容易进行，只要结合着某一节日（如世界水日）进行就可以，但要注意在宣传时不要只面向公众，还要与个人的生活实际相联系，这样在宣传的过程中也会提高学生个人的意识与水平。

5. 以参观为主的实践活动

在学校的组织下学生可以进行一些参观活动，这些参观可分为两类：一类是个人所在地的现代化企业，一类是本地的一些人文自然景观。通过参观现代企业，学生可感受到现代企业文化和企业管理，体验到现代高科技。通过参观本地的人文自然景观，如历史博物馆、科技馆、地质博物馆、一些遗址等，学生可了解本地的自然人文情况，增强其对区域性文化的了解。

（三）社会实践意义

1. 提高个人能力

大学生社会实践是在校大学生利用课余时间，步入社会进行社会接触，提高个人能力，触发创作灵感，完成课题研究，发挥个人聪明才智以求和社会有更大的接触，对社会做出贡献的活动。学生们通过参与、动手、思考、解决问题等过程，将所学的书本知识内化为自己的能力，全面提升其自身的思想素质、求真精神和务实的品质；同时也培养了其积极向上、珍爱美好生活的优良心理品质。

2. 激发对社会问题的思考

社会实践活动，将有助于学生们接触群众、了解社会。他们在社会实践过程中，很自然地要走出校门、离开书本、走入社会，并通过融入社会、贴近自然、感触生活，增加对社会的认识与理解、体验与感悟，并能够在此基础上反思社会现象，发展批评思考能力，从而增强他们的社会责任意识。这是一个长期积累的过程。同时在参与实践活动的过程中，会促使他们对出现的一些问题进行思考，并站在他们的角度上探寻解决的办法，加深学生对社会的认识。

3. 促进个人成长

社会实践活动有效地锻炼学生的能力，提高学生的综合素质，增强学生的社会生活能力。当然在这一过程中，也会存在一些困难，如社会实践活动的时间安排问题、教师的跟进问题，甚至活动的一些经费问题等。但在活动过程中，只要用心发掘资源，一定能够找到合适的方式与方法，也一定能够对学生们的成长起到积极的作用。

案 例

> **五味杂陈的支教日子**
> 农村教育是我国国民教育中极为重要的环节。小张是某高校教育类专业学生,她与几名同学相约开展"支教"活动,旨在为农村的孩子们带去新知识,拓展他们的视野,提高他们的学习兴趣。可是上课时却遇到了种种难题。可能是因为参加支教的学生年龄不大,也不严厉,所以刚开始上课时课堂控制比较困难。孩子们会问奇怪的问题,上课时学生也总想站起来或是在教室里走动。经过十多天的努力,班级纪律良好,孩子们进步明显,小张第一次有了欣慰的感觉。这些天的实践体验既丰富了大学生活,又为漫漫人生旅程增添了一抹绚丽的色彩。第一次站上讲台的激动仍记忆犹新,经过这次支教,她深切地体会到当老师的不易,也决心扎实提高教学基本功。
>
> (资料来源:豆丁网,2017 年 5 月 18 日)

二、社会实践的实践过程

大学生社会实践活动从筹划、实施到完成是一个过程。对于同一活动,由于其方法、时机、对象、目标的不同,其效果是截然不同的。因此,在组织社会实践过程中,要想效果最佳,必须重视过程优化。学生社会实践活动过程一般包括调适、抉择、升华、策划四个环节。过程优化的重点就是上述四个环节的整体优化。

(一)调适

学生们应该对社会实践过程中碰到的各种难题,从心理上、思想上、能力上、知识上进行必要的准备。长期生活在"象牙塔"中的学生们,一旦步入社会,展现在面前的将是一幅五彩缤纷的社会画面,赤、橙、黄、绿、青、蓝、紫,五光十色,令人目不暇接,若缺乏必要的思想准备,必然导致青红不分、皂白不辨。

1. 社会实践前的知识调适

参加社会实践的过程,既是接触工农、了解社会、认识国情、提高觉悟的过程,也是运用知识、理论联系实际、服务社会的过程。因此,我们每个人合理的知识结构,直接影响社会实践活动的效果。所谓知识结构,是指一个人知识体系的构成状况与组合方式。就学生个体而言,无论在知识容量上,还是在知识构成上都是有限的,因此要求按照社会实践的需要调节知识结构——从实际出发、从社会需要出发,坚持缺什么补什么的方针。

2. 社会实践前的能力调适

知识不等于能力。歌德曾尖锐指出:"单学知识的人仍然是蠢人。"建立合理的能力结构,是提高实践有效性的关键之一。在社会实践活动中最关键、最能起作用的能力是:社会适应能力、实践动手能力、言语表达能力、组织管理能力和分析观察能力等。

3. 社会实践前的心理调适

一旦走向社会,许多难题就会摆在同学们面前。一是生活,衣、食、住、行都要自理,这对自理能力较差的一些学生而言是一大难关。二是活动,在社会上开展的活动与学校不同,时间有限,加上人生地不熟,对此若没有必要的心理准备,过分地理想化,一旦碰到难题，就会无所适从、进退两难。

（二）抉择

抉择即选择，指从众多方案中挑选最佳方案的过程。在众多方案中如何选出最佳方案，直接影响着社会实践活动的实际效果。在选择活动目标时应注意，目标不宜太低，但也不宜太高。比如，工科专业的学生，如果想把攻克某个难关作为活动目标，那么其成功率肯定是不高的。社会实践活动的内容是丰富多彩的。要选好活动的内容，必须选好活动的主题，在鲜明的主题下可以容纳丰富的活动内涵。主题提出后，必须具有可行性，要让人看得见、摸得着，只有这样才能引起人们的心理共鸣。学生在校时间是有限的，在参加社会实践活动的时间安排上，应根据学习的松紧程度给予合理安排，大规模的、难度大的、任务重的活动，一般应安排在假期为宜，并要坚持就近、方便的原则。

（三）升华

社会实践的根本宗旨在于人才和社会的双重效益。要使人才效益达到最佳，一个不可缺少的环节就是升华。所谓升华，就是要使我们的思想觉悟、知识能力等方面在社会实践中得到提高和精炼。升华过程可有下述三个阶段：净化阶段、深化阶段和升华阶段。我们的思想应发生新飞跃，积极为成为新时代的建设者做好准备。

（四）策划

社会实践策划是社会实践中的一个重要环节，是对社会实践目标、内容和方法的统一。强化社会实践策划活动，可以将对社会实践活动的指导提前，帮助学生们更好地完成社会实践活动。社会实践活动，是培养大学生的重要方式，在我们成长为合格的社会主义接班人的过程中具有不可替代的作用。策划是理论知识与实践活动的结合点，在整个社会实践中起到承上启下的作用，是大学生形成理论联系实际观念的重要方法。

1. 社会实践策划对实现大学生全面发展具有重要作用

社会实践策划不同于实践活动计划。计划是为达成具体目标所制订的实施步骤与方法。而策划则是针对所要实现的目标，根据实际情况，确定实施的具体内容，包括目标、内容和方法，是目标与内容的统一、内容与方法的统一、理论知识与实践实际情况的统一。在策划中，所注重的不仅包括步骤和方法，还包括目标与内容本身。社会实践的内容能够帮助学生树立正确的人生观、世界观和价值观，能够帮助学生将理论知识运用到具体的实践中，在实践中运用理论知识分析问题、解决问题，并提高学生理论研究的热情和主动性。

2. 社会实践策划是社会实践活动的重要环节

策划则是发起的重要内容、实施的主要依据和总结的衡量标准。策划内容包括确定社会实践的组织机构、内容、人员及其他相关因素等。在这个阶段，首先应根据社会实践的目标和具体要求，确定能够实现或反映目标和要求的社会实践内容，如把科技、文化、卫生"三下乡"社会实践活动的要求和实践活动主题具体到为农村、社区开展法律宣讲活动、社会调查活动等。

3. 策划有一定规律可循

做好社会实践策划活动，应注意以下两个环节。首先，社会实践策划应当尽量做到全面，具有一定现实意义。其次，社会实践策划还要具有一定的现实意义，即我们策划的社会实践活动要贴近生活、贴近群众，使我们的社会实践活动符合群众和社会的需求。我们不仅要在社会实践中学知识、长才干，还要通过社会实践在农村、社区做出自己应有的贡献。社会实践策划要在现实中得以执行，还必须具有可行性。可行性是策划书得以执行的基础，也是我们比较容易忽视的问题。

 知识链接

用理想信念为新时代青年领航

2017年12月30日，习近平总书记在给莫斯科大学中国留学生的回信中指出，青年一代有理想、有本领、有担当，国家就有前途，民族就有希望。青年学生追求理想的高度决定着中华民族未来发展的高度，青年学生坚定信念的程度影响着中国特色社会主义事业发展的进度。2019年3月18日，习近平总书记主持召开学校思想政治理论课教师座谈会并发表重要讲话指出，思政课是落实立德树人根本任务的关键课程，其作用不可替代。青少年阶段是人生的"拔节孕穗期"，更加需要思政课教师的精心引导和培育，帮助他们树立坚定的理想和信念。作为一名一线青年思政课教师，在正视纷繁复杂的思想舆论环境的同时，坚定理想信念，按照新时代"六个要求"的素养切实提升自我，意义重大。

坚定理想信念，做马克思主义的忠实信仰者和捍卫者。习近平总书记说，功崇惟志，业广惟勤。理想指引人生方向，信念决定事业成败，没有理想信念，就会导致精神上"缺钙"。坚定的信仰、崇高的理想，是优秀思政课教师的灵魂和安身立命之本，要有抵御各种错误思潮的能力，经得起复杂现实环境的挑战。2017年1月，我只身一人前往美国新泽西州立罗格斯大学，开始为期半年的访学旅程。我的专业是马克思主义理论，近年来侧重关注公益文化与人的发展。能争取到去美国访学的机会，得益于祖国的繁荣富强，得益于学校和上级部门的大力支持。对于一名思政课教师而言，美国是一个多民族、多元文化盛行的国家，体察美国民众日常的生活，是一项重要的访学内容。在大胆接触美国社会各界民众和参与民间自发组织的社区公益活动的过程中，我始终坚定马克思主义信仰，不迷失于西方多元文化，不迷茫于西方社会思潮，不沉沦于西方宗教思想漩涡，始终用马克思主义作为照亮生活和工作的信仰底色。

坚定理想信念，掌握过硬本领报效祖国。一颗爱国心，一腔报国志。回首中国百余年的留学史，一个个为中华崛起而漂洋过海、负笈求学的奋斗故事，激励着新时代的海外学子心系祖国、学成报国。在罗格斯大学华民研究中心做访问学者期间，我通过听英文广播、看英文影视、参加英语工作坊、交美国朋友等方式恶补语言；坚持每周旁听两门外教课程，广泛阅读相关文献，搜集自身研究方向相关资料，积极主动向合作导师和研究中心的同事请教；利用美国高校优质资源，积极参加各类学术研讨活动，认真学习美国志愿服务的创新性理论成果与先进管理经验，并结合中国国情进行理论创新。功夫不负有心人，经过一段时间的努力，我各方面的学习与研究工作进展顺利，并取得了一些成果，获得了合作导师和同事们的赞许。所以，理想信念从来就不是一句空洞的口号，它总是要体现在工作生活的点点滴滴上。

坚定理想信念，讲好中国故事有情怀。随着中国日益走向世界舞台中央，增进不同民族文化的交流互鉴已成为今天共建人类命运共同体、共创世界美好未来的重要方面。访学期间,每每与华裔美籍科研人员谈起党的十八大以来我国取得的历史性成就时,他们纷纷表示,今日祖国的强大是海外华侨发展最强有力的依靠。文化立世,文化兴邦。面对世界百年未有之大变局与党和国家事业发展全局,向海外朋友介绍中华五千年悠久历史、中国优秀传统文化、革命文化和社会主义先进文化、中国特色社会主义发展道路,帮助他们更加全面地了解一个真实生动的中国,促进世界各民族间的彼此交流,是新时代青年学子的责任和担当。半年的访学时间,是打开思政课教师国际视野的一个窗口,是加强国际学术交流的良好契机,是将自我专业发展及其价值实现融入新时代民族复兴历史使命的重要渠道。作为一名思政课教师,这一阶段的经历也有助于引导青年学生正确认识世界和中国发展大势,正确认识中国特色和国际比较,正确认识时代责任和历史使命,正确认识远大抱负和脚踏实地。

(资料来源:神州学人,2019年5月9日,作者系温州大学马克思主义学院副院长卓高生)

三、社会调查

(一)社会调查的概念和类型

社会调查是人们有目的有意识地通过对社会现象的考察、了解和分析、研究,来了解社会真实情况,认识社会生活本质及其发展规律,探索改造、建设社会的道路或方法的一种自觉认识活动。社会调查是社会"调查"和"研究"的简称。它包含以下四层意思。

(1)社会调查是一种自觉认识活动。
(2)社会调查的对象是社会现象。
(3)社会调查要使用一定方法。
(4)社会调查有一定目的。

调查程序包括选题阶段,准备阶段(准备调查内容、调查工具、调查对象),调查阶段(收集资料,实施调查),分析阶段(审核、整理、统计、分析),总结阶段(调查报告)。

(二)大学生应该掌握的调查方法

1. 选题

根据当前国家经济形势和相关的方针政策,以及自己的专业、兴趣和学识,并结合社会调查的要素特征,选定一个值得研究的问题,如小城镇建设,退耕还林,等等。选题时应当查阅必要的文献资料,咨询相关老师。

2. 计划

我们要紧扣选定的主题,参照相关资料,提出不同层次的问题,并确定系统的调查项目,比如,要研究小城镇建设的问题,就要提出其必要性和所需条件等问题,每个问题又包含了若干小问题。

3. 设计指标

指标就是用一定的数量和单位来描述调查对象,如某地区的人口和人均收入等。我们要用各种数量和质量指标从各方面完整地揭示调查对象的本质特征,保证其纵向和横向的可比性。

4. 拟定提纲

我们要用提纲的形式将以上准备确定下来,对所有提出的问题和项目加以精选,分轻重缓急,使系统完整。

5. 选择适当的调查方式和方法

常用的调查方式有普遍调查(对调查对象的每个部分毫无遗漏地逐个调查)、典型调查(选择一个或若干个具代表性的单位做全面、系统、周密的调查),个案调查(对社会的某个人、某个人群或某个事件、某个单位所做的调查)。常用的调查方法有问卷法(合理设计问卷,采用开放式、封闭式或混合式问卷收集信息)、文献法(通过书面材料、统计数据等文献对研究对象进行间接调查)、访问法(通过交谈获得资料)、观察法(现场观察,凭借感觉的印象搜集数据资料)。

6. 培训与准备

请有关专家对参与调查的人员进行必要的培训,包括调查态度和调查技能的培训。此外,还应该注意筹备必要的资金和物质条件,做好与被调查单位的接洽工作,并争取有关单位的支持,保证调查工作的顺利开展。大学生开展社会调查见图6-1。

图6-1 大学生开展社会调查

(三)社会调查的意义

社会调查有助于我们认识社会生活的真实情况和因果联系,揭示社会现象的本质及其规律,寻求新方法。研究问题、制定政策、推进工作,刻舟求剑不行,闭门造车不行,异想天开更不行,必须进行全面深入的调查研究。只有深入调查研究,才能真正做到一切从实际出发、理论联系实际、实事求是,保证我们在工作中尽可能防止和减少失误,即使发生了失误也能迅速得到纠正而又继续胜利前进。经常开展调查研究,有益于深刻了解群众的需求、愿望和创造精神、实践经验。

案 例

大学生社会调研报告（节选）

一、调研时间

2021 年 12 月 21—22 日。

二、调研地点

景德镇各大商场、商城。

三、调研目的

通过几天的参观实习和调研，对各种类型的专卖店进行观察，并对具体的案例进行分析，增加自身对于商业空间设计的知识积累，进一步了解并认识自己应该注意的问题，为今后的室内设计工作打下良好的基础。

四、调研内容

考察商场各专卖店（服装店、鞋店、包店、珠宝店等）的空间设计。

五、结论

原先简单的室内设计已经不能满足人们的需求了，现在设计师们要做的不仅是从色彩、材料、总体预算上为人们考虑，而且更要在室内空间使用上下功夫，只有这样才能做出更符合人们要求的设计。店面的布置最好留有依季节变化而进行调整的余地，使顾客不断产生新鲜和新奇的感觉，激发他们不断来消费的愿望。一般来说，专卖店的格局只能延续 3 个月时间，每月变化已成为专卖店经营者的促销手段之一。

（资料来源：以上信息节选自本书作者的社会调查报告）

调研不仅是一项劳动技能，而且是社会实践活动的重要方式。大学生可以根据专业、兴趣和特长，进行简便易行的调研。这种调研活动一方面开阔了眼界，另一方面也具备行业参考价值，不仅是学生提升个人价值的重要途径，而且还是以技能回报社会的初创成果。我们应该乘风破浪，以新知识武装自己，提升劳动技能的含金量。

第二节 社区劳动

> 活着就要做个对社会有益的人。
> ——张海迪

一、社区与社区服务

1. 社区定义

社区是若干社会群体或社会组织聚集在某一个领域里所形成的一个生活上相互关联的大集体，是社会有机体最基本的内容，是宏观社会的缩影。社区是具有某种互动关系和共同文化维系力的，在一定领域内相互关联的人群形成的共同体及其活动区域。

社区的特点：有一定的地理区域；有一定数量的人口；居民之间有共同的意识和利益；有着较密切的社会交往。

2. 社区志愿者

社区志愿者是以社区为范围无偿主动承担社会责任的人。社区志愿者是指以社区为范围，在不为任何物质报酬的情况下，能够主动承担社会责任而不关心报酬，奉献个人时间及精神的人。

3. 社区志愿服务

一是志愿者"一助一"长期结对服务工作，此工作从1994年年初开始实施，通过青年志愿者组织牵线搭桥，由一名青年志愿者或一支青年志愿者服务队为一个困难家庭提供经常性服务，目前全国"一助一"已结成250多万对。二是开展设点服务，即以街道设施、家庭、楼院设立网点为居民提供多种技能性或劳务性服务，如理发、修脚、修理电器等。

4. 社工精神

社工精神与人文精神、志愿精神既有联系又有区别。与人文精神相比，社工精神是一个小概念，人文精神是其上位概念；志愿精神与社工精神则是两个内涵不同的并列概念。社会工作是一门专业的助人学科，是一个高尚的事业。社工精神是社会工作实践的灵魂，是社会工作者的精神动力。作为一种专业价值观，它指一整套用以支撑社会工作者进行专业实践的哲学信念。社会工作价值观以人道主义为基础，充分体现了热爱人类、服务人类、促进公平、维护正义和改善人类与社会环境关系的理想追求，激励和指导着社会工作者的具体工作。社工精神具有重要意义，并主要表现在理论作用与实践作用上。在理论作用上，社工精神是构成专业社会工作的必要条件之一，是确定社会工作专业使命或目标的根据，同时，也是专业教育的核心内容。在实践作用上，社工精神是社会工作者的实践动力；通过社会工作专业伦理标准这种形式，社会工作价值观可以指导社会工作者的实践。社工精神是促进社会工作者个人成长的有效力量。社会工作价值观是维系社会期望和社会工作专业服务关系的关键。

二、社区劳动的技能与技巧

1. 社区劳动范畴

主要以校园周边社区为中心开展志愿者服务工作，立足于本辖区群众开展活动，为广大群众的精神文明建设和生活劳动建设服务。

学生在社区可结合个人的专业主要开展以下服务项目。

（1）为社区打扫部分街道卫生的志愿活动。
（2）开展敬老助残、救助弱势群体的志愿活动。
（3）开展环保知识及健康知识的宣传和讲座。
（4）开展爱心家教等有益社区儿童的志愿活动。
（5）宣传青年志愿者精神及其他综合活动等。

2. 绿色服务

当前社会最为关注的问题无疑是环境问题。随着社会的发展和人类的进步，在满足了经济需求后，人类开始寻找自身和周围环境的良性发展。因此开展环保活动刻不容缓。学生们可参加青年志愿者协会，在校团委的领导下，主要开展以下几个方面的社区环保劳动。

（1）开展植树造林的志愿者活动。
（2）开展垃圾分类的志愿者活动。
（3）开展清理白色垃圾的志愿者活动。
（4）开展动物保护的志愿者活动。
（5）开展环保方面的宣传活动等。

3. 健康服务

宣传健康知识，提高全民对健康的重视。一般由学校青年志愿者协会协助区政府及各机关部门开展各项活动，主要有以下几个方面。

（1）参与献血、捐献骨髓等服务活动。
（2）开展关于健康方面的公益演出。
（3）编制健康知识小手册，并为社区群众发放。

4. 文艺宣传

开展文艺活动，主要有节目主持、声乐、器乐、戏剧、相声、小品表演及本地的风土人情、风俗习惯、传统文化等的发扬与宣传。

5. 赛会服务

负责为各种大赛活动服务，服务内容有以下几个方面。

（1）外语翻译。
（2）微机操作。
（3）礼仪服务。
（4）安全保卫。
（5）体力服务。

6. 公益服务

主要针对各类社会福利机构，如福利院、敬老院、慈善机构、红十字会、纪念馆、医院、图书馆、博物馆等，开展相应服务。

7. 一对一服务

志愿者可在区内及市范围内结成一对一定点服务，以接力的形式将工作延续下去。可根据需要的不同、志愿者能力的特点，针对不同形式的需要，组织不同的小分队开展社区劳动。志愿者的服务对象，如孤寡老人、残疾人、生活困难的人、离退休人员、下岗员工、特困未成年人、教育行业的弱势群体等。我们可以根据服务对象的不同制订不同的实施方案，并组成一批长期稳定的志愿者服务队来为他们提供帮助，如扶贫帮困、文化教育、法律援助、文体娱乐、生活家政、医疗卫生、环境保护等。

案 例

积极参与社区防疫的大学生

湖北某医科大学学生小刘的家乡位于陕西省一个小镇。2020年疫情刚开始时,他了解到当地防疫物资非常紧张,所以利用自己的专业所长与家人一道成功配置出了含有效氯8 000 mmp的消毒液。

为满足防疫所需,他与家人共制了2 240升84消毒液,按比例可配置134.4吨消毒药水,满足全镇各街道、村组、养老院所需。

小刘说,作为大学生,无论是居家自我隔离还是参与防疫工作,都是不同程度在为抗击疫情做出自己的贡献。如今,他在家乡成了妇孺皆知的优秀志愿者。

(资料来源:人民网,2020年5月4日)

第三节 农工商生产劳动

> 我们世界上最美好的东西,都是由劳动、由人的聪明的手创造出来的。
> ——高尔基

 知识链接

能工巧匠去哪了

根据一家经济调研机构统计,在中国大城市人口结构里,"高端劳动力"和"低端劳动力"的比重基本上是1∶1的。大城市越来越大,而且人口仍然不断地在向大城市集中。当代大学生毕业之后很大一部分在找工作时不仅缺乏一定的求职技能而且缺乏目的性。与此同时,很多工厂却苦于招不到年富力强的能工巧匠,商场招不到业务全面的销售员,公共事业单位求贤若渴也很难完成招聘计划。

能工巧匠是指工艺技术高超的人。经济发展必然呼唤高技能人才涌现,高职生应该充分了解我国的工业、农业和商业的发展趋势,掌握一定的基础技能,发展自己的核心技能,做到人无我有、人有我精,凭借一门过硬的手艺得到一个金饭碗。因为机会总是偏爱有所准备的人。

(资料来源:以上信息由作者根据网络资料整理而成)

一、农业生产劳动

(一)农业文明与常见农作物

1. 农业文明

今天我们所享受的所有文明皆起源于农耕文明,稼穑是社会发展的根基和重要一环,更是人生不可或缺的一环,有稼穑经历和体验的人生更扎实,也更丰富。《尚书·无逸篇》说:"不知稼穑之艰难,乃逸乃谚。"意思是没有体验过"面朝黄土背朝天"的艰辛滋味,就会变得放纵、荒唐。这句3 000年前周公告诫子孙的至理名言,到了今天更具现实意义。

现代农业文明带给当代人类的不仅仅是一种新能源,更是继工业革命之后的又一次经济形态转型的新革命。中国农业文化来自中国传统农业,体现和贯彻中国传统的天时、地利、人和以及自然界各种物质与事物之间相生相克关系的阴阳五行思想,精耕细作,轮种套种,是它的典型工作生产模式。随着中国农业的发展,现代农业越来越需要有文化、懂技术、会经营,有较强市场意识、有较高生产技能、有一定管理能力的新型农民。

2. 认识常见农作物

我国农作物主要分为七大类:粮食作物、油料作物、蔬菜作物、果类、野生果类、饲料作物、药用作物。粮食作物:以小麦、水稻、玉米、大豆、薯类为主要作物。油料作物:油籽、蔓青、大芥、花生、胡麻、向日葵等。蔬菜作物:萝卜、白菜、芹菜、韭菜、胡萝卜、菜瓜、莲花菜、莴笋、辣椒、黄瓜、西红柿、香菜等。果类:梨、青梅、苹果、桃、杏、核桃、李子、樱桃、草莓、沙果、红枣等。野生果类:酸梨、野杏、毛桃、山枣、山樱桃、沙棘等。饲料作物:玉米、蚕豆、南瓜等。药用作物:人参、当归、金银花、薄荷等。

粮食作物是人类主要的食物来源,同时也是牲畜的精饲料。经济作物一般指为工业,特别是为轻工业提供原料的作物,按其用途分为:纤维作物(棉花、麻类、蚕桑),油料作物(花生、油菜、芝麻、大豆、向日葵、橄榄),糖料作物(甜菜、甘蔗),饮料作物(茶叶、咖啡、可可),嗜好作物(烟叶),药用作物(人参、灵芝),热带作物(橡胶、椰子、油棕、剑麻)。

 知识链接

二十四节气歌

春雨惊春清谷天,夏满芒夏暑相连。秋处露秋寒霜降,冬雪雪冬小大寒。
每月两节不变更,最多相差一两天。上半年来六廿一,下半年是八廿三。
节气的交节时间,是天体运动的自然结果。它基本概括了一年中四季交替的准确时间以及大自然中一些物候等自然现象发生的规律。一年四季由"四立"开始,所谓"立"即开始的意思,立春、立夏、立秋、立冬。四季在一年中交替出现,"四立"标示着四季轮换,反映了物候、气候等多方面变化,如春生、夏长、秋收、冬藏,以及日照、降雨、气温等的变化规律。

(资料来源:个人图书馆,2015年2月14日)

(二)种植技能、畜牧技能和采摘技能

1. 农作物种植技能

在种子没有问题的前提下,植物要想生根发芽就必须满足4个条件:温度、水分、空气和肥料。例如,大蒜发芽比较适宜的温度是20摄氏度左右,超过这个温度就会抑制大蒜发芽速度。农作物在生长发育过程中,需要碳、氢、氧、钙、镁、硫、氮、磷、钾、硼、铝、锌、锰、铁、铜、氯等多种元素,其中碳、氢、氧可以从水和空气中取得,而其他大多数是

从土壤中取得，当土壤不能满足时，必须通过施肥来解决。影响农作物生产的主要因素有：天气、土壤和人为措施。天气是影响农作物生产的一个因素，有的农作物需要长光照，有的农作物需要的积温少，有的农作物需要的积温多。水是农作物的生命，其需水量很大。土质的好坏直接影响产量，改良土壤增加土壤的肥活度十分重要。合理施肥是提高农作物产量的一项重要措施，而不同的农作物所需的肥量是不同的。要知道同一种农作物在各生育期中需水、施肥的多少，以及适应的气候，才能为农作物提供良好的生长条件。

农作物栽培步骤：精细整地，抢墒覆膜。土壤耕作是根据植物对土壤的要求和土壤特性，采用机械、非机械方法改善土壤耕层结构和理化性状，以达到提高肥力、消灭病虫杂草的目的而采取的一系列耕作措施，包括切茬、开沟、喷药、施肥、播种、覆土等多道工序。覆膜栽培关系到土壤的结构。施足底肥，谨防早衰。重施有机肥，增施磷、钾肥，适当施氮肥，以便增强树势，这是提高果实品质、促进着色的基础。改善光照，合理整形修剪，打开光路。出苗时，中耕除草并施人畜粪水。

2. 畜牧技能

畜牧业主要包括牛、马、驴、骡、骆驼、猪、羊、鸡、鸭、鹅、兔等家畜家禽饲养业和鹿、貂、水獭、麝等野生经济动物驯养业。畜牧业与种植业并列为农业生产的两大支柱。发展畜牧业必须根据各地的自然经济条件，因地制宜，发挥优势。畜牧业养殖技术，包括培育和繁殖，其中养殖技术包括生猪养殖技术，家畜养殖技术，水产动植物养殖技术，特种养殖技术几大类。

 案　例

> **养山鸡走上致富路**
>
> 小徐毕业于山东农业大学计算机专业。然而，在农村老家的一次偶然的劳动实践，让他走上了一条独特的创业道路。
>
> 他从一家畜禽企业引进了 2 000 只刚出壳的野鸡苗回到老家，把养鸡场建在一块麦田里，用红砖和石棉瓦搭建了简易房。
>
> 由于养鸡场的条件相对有限，温度、湿度、通风一直控制不好，鸡苗买回来以后就开始出现感冒、发热的症状，最严重的时候一天死了 300 多只。为了防止鸡雏聚集在一起取暖引起窒息，小徐不分白天黑夜地守在小窝棚里，有一次竟然三天三夜没有合眼。
>
> 野山鸡长到 30 日龄的时候就可以露天放养了，这时候对精饲料和青饲料的需求比较大，各项投入也与日俱增。为此，一家人做了明确分工：父亲负责家里的几亩庄稼，并提供原粮和青饲料；母亲负责洗衣、做饭等后勤保障；小徐则负责捕捉黄鳝和小龙虾卖给鱼贩子，再用这些钱买玉米、豆饼等精饲料。鸡仔每天吃的是农场里天然的虫、草，喝的是深层泉水，满山乱窜，快乐成长。更令人拍案叫绝的是，他们每天为鸡补充自己配制的益生菌保健液，增强野鸡免疫力，解决了野鸡大规模养殖遇到的难题。
>
> 这批露天养殖的野鸡最终成活了 400 多只，并且全都在春节前集中上市，卖了一个好价钱。虽然这批野鸡的成活率不高，却给辛苦半年多的小徐带来了丰厚的回报。
>
> （资料来源：澎湃在线，2020 年 6 月 23 日）

3. 采摘技能

农作物采摘应参照节气和植物生长规律，做到正确合理、适时采摘。要掌握采摘时间，成熟度需合适，太嫩影响产量，太老影响质量。一般采摘适宜期为7~8分熟时。如蔬菜每天采摘时间以上午9时前下午6时后为宜，这时蔬菜嫩脆，纤维少、品质优。采摘时，要用中指顶住花梗，然后用食指和拇指捏住，轻轻地掰下来，不要强拉硬扯，不要折断不要采半截，要有顺序地从上到下，从内到外依次采净粗细、长短、成熟度一致的，不能漏采和强采。另外，随着科技发展，农业机器人也可以担当采摘重任，它以农产品为操作对象、兼有人类部分信息感知和四肢行动功能。

知识链接

水果采摘技巧

采摘水果时，为了不伤及果树，不要强拉硬拽，条件允许的情况下准备好相关工具，比如剪刀等，这样采摘起来更轻松。

剪短指甲并带好手套，因为很多水果的表皮都是非常脆弱的，尖利的指甲很可能会划伤表皮，不仅影响果实美观，还会使得水果出现伤口，容易氧化而腐烂，大大缩短其保存时间。

要挑成熟的进行采摘，必要时可以先摘一个进行品尝，符合自己的口味之后再进行采摘。采摘时，要做好防晒以及防蚊虫、防过敏工作，尤其是对于易过敏体质。采摘的顺序是先外后里，先上后下，这样能够避免碰掉果实，还能防止碰伤树枝。

采摘水果时切忌爬树采摘，携带采摘工具，以防跌落摔伤。

（资料来源：以上信息由作者根据教学实践素材整理而成）

二、工业生产劳动

（一）中国工业现状

中国已从一个落后的农业大国转变为一个工业大国；中国工业化进程已从初期阶段快速发展到工业化后期阶段。在世人瞩目的经济增速背后，是一个世界性的实体经济大国崛起，或者更为具体地说是工业大国的崛起。

（二）一般工业技能

1. 金工实习

金工实习包括铸造、锻压、焊接、切削加工的基础知识和车工、铣工、刨工、磨工、钳工、数控加工、特种加工等内容。

职业学院机电工程专业通常开设金工实习课程，包含钳工实习、车工实习和铣工实习。要求掌握铣床的基本结构和操作方法、工件安装的方法及要求、工件对刀的方法、铣削要素及切削用量的换算、铣削方式的区分，具有使用普通铣床按照图纸加工出中等复杂零件的技能，具备按图纸要求控制尺寸的能力。

工人技能的增强是经济进步和经济福利增长的基本源泉。技能标准是按不同工种、不同等级制订的，包括"应知""应会"和"工作实例"三部分。我国的技术等级标准，按照工种的技术复杂程序分成不同的等级系列，其中，7~8级为高级工。例如，钳工，即切削加工、机械装配和修理作业中的手工作业，因常在钳工台上用虎钳夹持工件操作而得名。钳工作业主要包括錾削、锉削、锯切、划线、钻削、铰削、攻丝和套丝、刮削、研磨、矫正、弯曲和铆接等。钳工是机械制造中最古老的金属加工技术。在机械制造过程中钳工仍是广泛应用的基本技术，至今尚无适当的机械化设备可以全部代替。初级钳工职业要求见表6-1。

表6-1 初级钳工职业要求

职业功能	工作内容	技能要求	相关知识
一、作业前准备	（一）作业环境准备和安全检查	1. 能对作业环境进行选择和整理 2. 能对常用设备、工具进行安全检查 3. 能正确使用劳动保护用品	1. 钳工主要作业方法和对环境的要求 2. 钳工常用设备、工具的使用、维护方法和安全操作规程 3. 劳动保护用品的作用和使用规定
	（二）技术准备（图样、工艺、标准）	1. 能读懂钳工常见的零件图及简单工艺装配图 2. 能读懂简单工艺文件及相关技术标准	1. 常见零件及简单装配图的识读知识 2. 典型零件的计算知识 3. 简单零件加工工艺知识
	（三）物质准备（设备、工具、量具）	1. 能正确选用加工设备 2. 能正确选择，合理使用工具、夹具、量具	1. 钳工常用设备的使用、维护、保养知识 2. 钳工常用工具、夹具、量具的使用和保养知识
二、作业项目实施	（一）零件的画线、加工、精整、测量	1. 能进行一般零件的平面画线及简单铸件的立体画线，并能合理借料 2. 能进行锯、錾、锉、钻、绞、攻螺纹、套螺纹、刮研、铆接、粘接及简单弯形和矫正 3. 能制作燕尾块、半燕尾块及多角样板等，并按图样进行检测及精整 4. 能正确使用和刃磨常用刀具	1. 一般零件的画线知识 2. 铸件画线及合理借料知识 3. 刮削及研磨知识 4. 铆接、粘接、弯形和矫正知识 5. 样板的制作知识 6. 刀具的刃磨及砂轮知识
	（二）工艺装备的组装	能进行简单工具、量具、刀具、模具、夹具等工艺装备的组装、修整及调试	1. 机械装配基本知识 2. 简单工艺装备组装、修整、调试知识 3. 砂轮机、分度头等设备及工具的基本结构、工作原理和使用方法及维护知识 4. 起重设备的使用方法及其安全操作规程
	（三）工艺装备的检查	能按图样、技术标准及工艺文件对所组装的工艺装备进行检查	量具的选用及测量方法
三、作业后验证	工艺装备的验证	能参加一般工艺装备的现场验证和鉴定	工艺装备验证和鉴定的步骤及要求

案 例

从钳工到发明家

从普通钳工到发明家,沈卫军走过了 23 年。这 23 年,沈卫军辗转各个车间,他对机器也从单纯的兴趣上升为对职业的热爱。靠着一股子钻研劲,一些奇思妙想不断在他脑中涌现,他因此获得了 5 项国家授权专利,以及"全国机械工业劳动模范""上海市十大工人发明家"等荣誉称号。

1993 年的一天,年仅 19 岁的沈卫军成为振华重工一名钳工,跟着一名老师傅学本事。三年的学徒时间,沈卫军在车间里从钻、铣、车、刨、磨、画线等基本功学起。有一次画完线后,沈卫军随手把量尺放在地上。师傅见状,立马变脸,厉声说道:"你不知道量具是标准,标准都被你破坏了,还谈什么质量和精度。"这让沈卫军对所从事的工种有了更加深刻的认识,"量具长久放在地上会有磨损,影响后道工序,师傅这一课教会我,做任何事都要严谨。"在师傅的指点下,他掌握了正确的方法,锉刀、锯弓也就成了他手中的利器,工作起来得心应手。由于工件结构原因,精细到毫厘之间的修理只能用手工来做。

他以饱满的工作热情、踏实的工作作风,在平凡岗位上书写着钳工的别样风采,并且在工作中不断创新发明。

(资料来源:中国新闻网,2016 年 12 月 14 日)

2. 电子装配

电子装配主要是电子产品部件的元件安装、焊接、拼装、包装。它要求有较强的空间感和计算能力,有准确的分析、推理、判断能力,此外手指、手臂要灵活。初级电子装配工职业要求见表 6-2。

表 6-2 初级电子装配工职业要求

职业功能	工作内容	技能要求	相关知识
一、装配前的准备	(一)学习并理解图样及技术资料	1. 能看懂一般的零部件图和简单的电气原理图 2. 能看懂装配流程卡 3. 能识别电气原理图中常用元器件的名称、规格、型号、用途	1. 辨认所应用的零部件(元器件)的知识 2. 三视图知识
	(二)选择和检查工具、设备及必备材料	1. 能分选出合格零件与不合格零件 2. 能判断常用元器件的质量 3. 能清点及正确摆放各种工具 4. 能按工艺要求准备并调整好工具和工艺装备	1. 岗位职责与作业规范 2. 常用工具的名称、规格、用途 3. 元器件的原理及应用知识 4. 工艺装备的类别、用途及维护知识 5. 万用表的使用要求

续表

职业功能	工作内容	技能要求	相关知识
二、一般部件的装配	（一）零部件的清理和预处理	1. 按工艺要求选择合理的清理、清洗零部件的方法 2. 能按要求完成对零部件的清理和清洗 3. 能按工艺要求对零部件进行预处理	1. 常用紧固件的种类、代号、规格 2. 常用黏合剂的名称、代号与性能 3. 焊剂、焊料及化工试剂的使用方法及防护知识
	（二）装配	1. 能核对装配位置是否合格 2. 能使用相应的工具、材料、辅料，通过焊接、螺纹连接、粘接、铆接、销连接等装配手段完成装配工作 3. 能用卡尺、万用表等计量器具进行检测	1. 计量器具的使用、维护与管理程序 2. 零部件识图知识

三、商业服务劳动

（一）商业文明

16—18世纪的中国商业革命是由国内大宗商品的远距离贸易和海外贸易扩张来推动的。国内大宗商品的远距离贸易，由具有地方特点的商帮进行，著名的商帮有徽商、晋商、粤商、闽商、江右商、洞庭商、京商等。千百年来，京商文化穿越了历史长河，汇聚了不同文化因子，是我国地域型商业文化的典型代表：前店搞经营，专管应酬，招揽顾客；后场搞生产，负责加工订货。"炮制虽繁必不敢省人工，品味虽贵必不敢减物力"，这种商业文明彰显了精益求精和顾客至上的精神。

（二）服务业从业精神

服务业最重要的是"动脑、动手和用心"三方面的结合。动脑是理论与批判性思维的培养；动手是实操技能的训练；用心是对行业和做人的态度培养。同时，在服务领域保障艺术性和科学性的平衡。服务业的主要从业精神如下。

1. 换位思考

服务精神是指为某种事业、集体、他人工作的思想意识和心理状态。具有服务精神的人有帮助或服务客户的愿望，即专注于如何发现并满足客户的需求。换位思考应该落到实际行动，如追踪客户的需求、抱怨；让客户对最新项目进展有所了解；与顾客在彼此的期望方面保持沟通，监督客户满意度的执行；给客户提供有益信息，以及友善和开心的帮助；对更正客户服务问题采取亲自负责的态度，及时解决问题等。

2. 服务意识

服务意识是指企业全体员工在与一切企业利益相关的人或单位的交往中，所体现的为其提供热情、周到、主动的服务的欲望和意识，即发自服务人员的内心自觉主动做好服务工作的一种观念和愿望。具有服务意识的人，能够把自己利益的实现建立在服务别人的基础之上，能够把利己和利他行为有机协调起来，常常表现出"以别人为中心"的倾向。因为，只有首先以别人为中心去服务别人，才能体现出自己存在的价值，才能得到别人对自己服务的认可。

3. 顾客至上

服务行业的企业文化是以服务为导向、以顾客为中心的服务文化。服务业在人类现代文明和社会经济发展中的地位正日益显现，现代服务业是社会经济链条中的重要一环，上游可创造产品和效率，下游可创造市场和需求。进入21世纪，人类进入了知识经济时代，现代服务业集聚了一大批受过良好教育、拥有现代文化素养、受过专业训练的人力资源。服务和产品的营销原则基本相同，但也有一些差异。与实际产品相比，服务更难以通过客观指标来描述，因此消费者可能在服务选择和购买方面有更多选择。此外，服务有效性更多地取决于服务员工的服务质量，而不仅仅是品牌保证。由于与人相关的诸多因素，服务业通常被认为是非标准产品。

徽州商训

徽商很爱读书，他们有白天经商、晚上读书的习惯。爱读书给徽商带来了三个方面的影响。一是读书提高了徽商的文化素养、文化品位。较高的文化素质就成为他们与官僚士大夫交往的"黏合剂"，同时也给徽商的商业经营带来了许多便利。二是读书使得徽商善于从历史上汲取丰富的商业经验、智慧，促进自身商业的发展。三是增强了经商的理性，即他们能够以"儒道经商"形成良好的商业道德。徽商对商业的执着和专注，在中国商业史上可以说是相当罕见的。儒学教育自然就成为他们立身行事、从商业贾奉守不渝的指南。

斯商：不以见利为利，以诚为利。

斯业：不以富贵为贵，以和为贵。

斯买：不以压价为价，以衡为价。

斯卖：不以赚赢为赢，以信为赢。

斯货：不以奇货为货，以需为货。

斯财：不以敛财为财，以均为财。

斯诺：不以应答为答，以真为答。

（资料来源：以上信息由作者根据网络资料整理而成）

（三）营销策划实习

营销，指企业发现或发掘准消费者需求，让消费者了解该产品进而购买该产品的过程。市场营销是在创造、沟通、传播和交换产品中，为客户、合作伙伴以及整个社会带来经济价值的活动、过程和体系。它主要是指营销同时针对市场开展经营活动、销售行为的过程，即经营销售实现转化的过程。商业最看重的是营销，谋营销就是谋发展。以餐饮业为例，多家名店借助抖音等多媒体直播带货送福利的方式，促进客人到店消费或者预订外卖，实现了盈利。

1. 4P 理论

4P 理论概括了营销四要素：产品（Product）、价格（Price）、渠道（Place）、促销（Promotion）。4P 理论是营销策略的基础。产品主要包括产品的实体、服务、品牌、包装，它是指企业提供给目标市场的货物、服务的集合，包括产品的效用、质量、外观、式样、品牌、包装和规格，还包括服务和保证等因素。价格主要包括基本价格、折扣价格、付款时间、借贷条件等，它是指企业出售产品所追求的经济回报。渠道主要包括分销渠道、储存设施、运输设施、存货控制，它代表企业为使其产品进入和达到目标市场所组织、实施的各种活动，包括途径、环节、场所、仓储和运输等。促销是指企业利用各种信息载体与目标市场进行沟通的传播活动，包括广告、人员推销、营业推广与公共关系等。产品、价格、渠道、促销，是市场营销过程中可以控制的因素，也是企业进行市场营销活动的主要手段，对它们的具体运用，形成了企业的市场营销战略。

 案 例

> **智慧餐厅实现突围**
>
> 海底捞首家智慧餐厅在北京经营业绩增长迅猛。海底捞在解决食品安全问题的同时，用技术手段降低成本，提升了运营效率。该餐厅呈现出 6 个不同的主题，消费者通过点餐的平板电脑下单后，与前台点餐系统连接的自动出菜机就通过机械臂从菜品仓库中开始配菜，并通过传送带把烹调好的菜品送至传菜口，再由送餐机器人将菜品送至相应的餐桌，店内的送餐机器人共有 6 台。为满足不同客人的需求，海底捞还打造了"千人千味配锅机"，顾客提交定制化锅底的需求后，系统会自动记录下这些需求，将好吃标准化。
>
> （资料来源：搜狐网，2018 年 11 月 2 日）

海底捞这次改变，是营销的升级，也是商业文明与工业文明的结晶，同时也对店内员工劳动技能提出了更高的要求。这也说明了要想获得餐饮业的高端实践岗位，需要自己具有与之适应的劳动技能。只有主动学习，积极提升自身的劳动素养，提升服务水准，才能最终实现自己的全面进步，获得更大的成长。

2. 销售核心 5 要素

成功的销售人员，要掌握 5 个核心要素：产品知识、销售技巧、落实执行、做事态度和借助外力。销售核心 5 要素与 4P 理论相互支撑，旨在人员层面夯实关键技能。营销需要我们对客户的心理需求准确把握，在销售沟通中要重视语言的引导，对销售漏斗层层铺垫。要根据客户分类，适度跟进，认真、勤奋是必备的态度。此外还需要和同事及上级处理好关系，这样团队才会提供销售上的帮助。

3. 精准营销

（1）精准的市场定位。市场营销中有一个著名的 80/20 法则，它充分说明了不同的客户会给企业带来不同的价值。因此，当我们准备将产品推向市场时，必须先找到准确的市场定位，然后集中公司的优势资源，这样才有可能获得市场战略和营销活动的成功。营销要在恰当的时间，用恰当的方式提供恰当的产品给恰当的顾客。"恰当"即为"精准"。

（2）巧妙的推广策略。精准营销借助数据库的筛选，寻找到目标客户，实施有效的推广策略，实现精准销售，从而大大降低营销费用的浪费。当前方兴未艾的新媒体营销就是基于大数据和互联网技术开展的精准推广。

（3）更高的客户体验。在以市场导向、消费者为中心的营销新时代，要想获得收益，就必须关注客户价值。只有客户价值的实现才可能为企业带来丰厚的利润和回报。当然，只有当客户的需求转化为公司价值时，我们才是真正满足了客户需求。由此可见，以消费为导向、关注消费个体体验就是精准营销中要实现更高的客户体验的真谛。

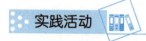

畅想希望尝试的劳动

一、活动目标

深刻认识自己的优势和不足，愿意积极学习，提升个人劳动技能。

二、活动时间

建议30分钟。

三、活动流程

（1）每个人畅想想尝试的劳动，并根据表6-3收集相关资料评估自己是否能胜任，若有欠缺需要在哪些方面继续努力。

（2）教师根据学生希望尝试的具体工作按照农、工、商三大类进行划分，然后再在每个大类里面按照4~6人划分小组。

（3）组内每个人按照自己填写的表格向组员展示并进行陈述，其他人可以对其提问并给予建议。

（4）每组推选一名代表向全班同学做展示和陈述，并对自我选择做评价。

（5）教师进行分析、归纳和总结，并对每名同学在活动过程中的表现予以评分。

表6-3　××劳动要求

岗位功能	工作内容	技能要求	相关知识	自我评估	继续努力

第七章　职场劳动实践

职场"过劳死"现象

　　世界卫生组织经过调查，发现全球健康人仅占总人数的5%，被确诊患有各种疾病的人占总人数的20%，处于健康与疾病之间的亚健康状态的人约占总人数的75%。

　　2005年1月，36岁的清华大学电机系讲师焦连伟由于长期超负荷工作，承受着巨大的心理和生活压力而发生了突发性心脏骤停导致心肌梗死。

　　2016年6月，34岁的天涯副主编金波因长期熬夜，工作太拼，猝死在北京地铁里。

　　2017年2月，34岁的著名音乐编曲覃桢因过度用脑及劳累导致心肌梗死。

　　2018年1月，38岁的重庆知名游戏圈从业者冒朝华因长期加班熬夜，突发脑出血医治无效逝世。

　　……

　　近年来，常有"白领通宵熬夜加班猝死"的新闻见于报端，猝死原因有很多说法。神经内科专家提醒，过度透支脑功能会导致脑死亡，严重危害身体健康，甚至猝死。

（资料来源：以上信息由作者根据网络资料整理而成）

　　如今"过劳死"的威胁对象已从体力劳动者转向脑力劳动者，且呈年轻化趋势，"过劳"似乎已成中国职场的常态，而过度加班又是导致过劳死的首要原因。加班常态化、工作压力大，如今正在威胁着许多年轻人的生命，而这已不是哪个行业独有的现象，广告、媒体、医疗以及金融等行业都没有幸免。随着社会就业竞争的加剧，过劳问题也将日益严重，要真正维护自身权益，需要我们对职场劳动保护多一些了解。

第一节　劳动保护和职场安全

> 谁肯认真地工作，就能做出许多成绩，就能超群出众。
>
> ——恩格斯

劳动保护是国家和组织为保护劳动者在劳动生产过程中的安全和健康所采取的立法、组织和技术措施的总称。劳动保护旨在消除危及人身安全与健康的不良条件和行为，防止事故和职业病，保护劳动者在劳动过程中的安全与健康。

一、合理规避劳动禁忌

（一）脑力劳动禁忌

1. 生理健康失常

长期过度脑力劳动，使大脑缺血、缺氧，神经衰弱，从而导致注意力不集中，记忆力下降，思维欠敏捷，反应迟钝，睡眠规律不正常。睡眠规律不正常症状为：白天瞌睡，大脑昏昏沉沉；夜晚卧床后，大脑却兴奋起来，难以入眠；醒后大脑疲劳不缓解，精神不振。

2. 心理健康失常

由于上述生理功能的失衡，造成了心理活动失衡，出现忧虑、紧张、抑郁、烦躁、消极、敏感、多疑、易怒、自卑、自责等不良情绪。其症状表现为表面上强打精神，但内心充满困惑和痛苦、无奈和彷徨，继而对工作与学习丧失兴趣，产生厌倦感，甚至产生轻生念头。

（二）体力劳动禁忌

1. 长期重复一定姿势

长期从事站姿作业或坐姿作业、站立或行走的职业、强迫体位作业等，较容易导致腰肌劳损、下肢静脉曲张、神经血管疼痛、视力下降等身体损伤。

2. 不良劳动环境条件

如高温、寒冷、潮湿、光线不足、通道狭窄等不良劳动环境条件，增加了劳动负荷，提高了劳动强度，容易产生疲劳和损伤。

3. 企业劳动安排不合理

劳动时间过长，劳动强度过大，休息时间不够，轮班制度不合理等，也容易形成过度疲劳，造成身体损伤。

4. 身体素质不强

劳动者身体状况不适应所安排的劳动强度时也会导致其身体损伤。

(三)可采取的措施

1. 适当运动锻炼增强身体素质

脑力劳动者因工作性质会经常使大脑过度消耗,而且需要长时间静坐,胸部难以得到扩展和活动。而体力劳动者因经常长时间重复一个劳动动作,容易使发力部位劳损,且其他部位得不到锻炼。所以无论是脑力劳动者还是体力劳动者皆可通过适当的运动来使身体各部位得到锻炼,提高身体素质,增强免疫力。

2. 生活规律且合理膳食,科学用脑,不熬夜

饮食有规律且营养健康,不饥一顿、饱一顿,进食后 1～2 小时再思考问题,设法提高用脑效率;尽量避免熬夜,不破坏人体的生物钟,使身体各器官得到恢复和及时补充。

3. 采取合理的工作姿势

改善作业平台和劳动工具,加强自身作业训练,使自己能够采取正确的工作姿势和方式,尽量避免不良作业姿势,避免和减少负重作业,使身体各部位处于自然状态,以减轻身体承受的压力。

4. 改善劳动环境并科学优化劳动组织和劳动制度

劳动者可要求单位科学合理设计劳动环境并能控制劳动环境中各种有害因素,创造良好的劳动环境,如适宜的温度、湿度、光照、空间等。另根据参与劳动的个体情况合理安排相匹配的工作,并安排适当的工间休息和轮班制度。

 知识链接

体力劳动的等级划分

体力劳动强度分级是我国制定的劳动保护工作科学管理的一项基础标准,是确定体力劳动强度大小的根据,见表 7-1。应用这一标准,可以明确工人体力劳动强度的重点工种或工序,以便有重点、有计划地减轻工人的体力劳动强度,提高劳动生产率。

表 7-1 体力劳动强度分级

强度等级	距离
Ⅰ(轻劳动)	坐姿:手工作业或腿的轻度活动(正常情况下,如打字、缝纫、脚踏开关等) 立姿:操作仪器,控制、查看设备,上臂用力为主的装配工作
Ⅱ(中等劳动)	手和臂持续动作(如锯木头等);臂和腿的工作(如卡车、拖拉机或建筑设备等运输操作);臂和躯干的工作(如锻造、风动工具操作、粉刷、间断搬运中等重物、除草、锄田、摘水果和蔬菜等)
Ⅲ(重劳动)	臂和躯干负荷工作(如搬重物、铲、锤锻、锯刨或凿硬木、割草、挖掘等)
Ⅳ(极重劳动)	大强度的挖掘、搬运

(资料来源:中国职业病网,2019 年 10 月 26 日)

(四)女职工劳动禁忌

为保护女职工的合法权益和身体健康,减少和解决女职工在劳动中因生理特点造成的特殊困难,创造积极、健康、和谐的社会经济环境,我国对女职工实行特殊劳动保护制度。

1. 女职工禁忌从事的劳动范围

用人单位在安排女职工工作时,应当遵守女职工禁忌从事的劳动范围的规定,见表7-2,并应当将本单位属于女职工禁忌从事的劳动范围的岗位书面告知女职工。

表7-2 《女职工劳动保护特别规定》中禁忌从事的劳动范围的规定

情况	禁忌从事的劳动范围
女职工	1. 矿山井下作业 2. 体力劳动强度分级标准中规定的第四级体力劳动强度的作业 3. 每小时负重六次以上、每次负重超过二十千克的作业,或者间断负重、每次负重超过二十五千克的作业
女职工在经期	1. 冷水作业分级标准中规定的第二级、第三级、第四级冷水作业 2. 低温作业分级标准中规定的第二级、第三级、第四级低温作业 3. 体力劳动强度分级标准中规定的第三级、第四级体力劳动强度的作业 4. 高处作业分级标准中规定的第三级、第四级高处作业
女职工在孕期	1. 作业场所空气中铅及其化合物、汞及其化合物、苯、镉、铍、砷、氰化物、氮氧化物、一氧化碳、二硫化碳、氯、己内酰胺、氯丁二烯、氯乙烯、环氧乙烷、苯胺、甲醛等有毒物质浓度超过国家职业卫生标准的作业 2. 从事抗癌药物、己烯雌酚生产接触麻醉剂气体等的作业 3. 非密封源放射性物质的操作,核事故与放射事故的应急处置 4. 高处作业分级标准中规定的高处作业 5. 冷水作业分级标准中规定的冷水作业 6. 低温作业分级标准中规定的低温作业 7. 高温作业分级标准中规定的第三级、第四级的作业 8. 噪声作业分级标准中规定的第三级、第四级的作业 9. 体力劳动强度分级标准中规定的第三级、第四级体力劳动强度的作业 10. 在密闭空间、高压室作业或者潜水作业,伴有强烈振动的作业,或者需要频繁弯腰、攀高、下蹲的作业
女职工在哺乳期	1. 孕期禁忌从事的劳动范围的第一项、第三项、第九项 2. 作业场所空气中锰、氟、甲醇、有机磷化合物、有机氯化合物等有毒物质浓度超过国家职业卫生标准的作业

2. 女职工夜班特别规定

《女职工劳动保护特别规定》第六条规定:对怀孕七个月以上的女职工,用人单位不得延长劳动时间或者安排夜班劳动,并应当在劳动时间内安排一定的休息时间。同时该法第九条规定:对哺乳未满一周岁婴儿的女职工,用人单位不得延长劳动时间或者安排夜班劳动。此外,一些地方法规对此有进一步规定,例如,《上海市女职工劳动保护办法》第十二条规定:女职工妊娠七个月以上(按二十八周计算),应给予每天工间休息一小时,不得安排夜班劳动。

二、职业病防护

职业病,是指企业、事业单位和个体经济组织等用人单位的劳动者在职业活动中,因接触粉尘、放射性物质和其他有毒有害物质等而引起的疾病。职业病的危害因素是指在生产过程中、劳动过程中、作业环境中存在的危害劳动者健康，可能导致职业病的各种因素。

（一）常见职业病种类

根据《中华人民共和国职业病防治法》的规定，2013年12月23日，国家卫生计生委、人力资源社会保障部、安全监管总局、全国总工会四部门联合印发《职业病分类和目录》，新颁布的《职业病分类和目录》将职业病分为10大类132种，职业病种类见表7-3。

表7-3 职业病分类

职业病分类	职业病种类
一、职业性尘肺病及其他呼吸系统疾病	（一）尘肺病 1. 硅肺；2. 煤工尘肺；3. 石墨尘肺；4. 炭黑尘肺；5. 石棉肺；6. 滑石尘肺；7. 水泥尘肺；8. 云母尘肺；9. 陶工尘肺；10. 铝尘肺；11. 电焊工尘肺；12. 铸工尘肺；13. 根据《尘肺病诊断标准》和《尘肺病理诊断标准》可以诊断的其他尘肺 （二）其他呼吸系统疾病 1. 过敏性肺炎；2. 棉尘病；3. 哮喘；4. 金属及其化合物粉尘肺沉着病（锡、铁、锑、钡及其化合物等）；5. 刺激性化学物所致慢性阻塞性肺疾病；6. 硬金属肺病
二、职业性放射性疾病	1. 外照射急性放射病；2. 外照射亚急性放射病；3. 外照射慢性放射病；4. 内照射放射病；5. 放射性皮肤疾病；6. 放射性肿瘤（含矿工高氡暴露所致肺癌）；7. 放射性骨损伤；8. 放射性甲状腺疾病；9. 放射性腺疾病；10. 放射复合伤；11. 根据《职业性放射性疾病诊断标准（总则）》可以诊断的其他放射性损伤
三、职业性化学中毒	1. 铅及其化合物中毒（不包括四乙基铅）；2. 汞及其化合物中毒；3. 锰及其化合物中毒；4. 镉及其化合物中毒；5. 铍病；6. 铊及其化合物中毒；7. 钡及其化合物中毒；8. 钒及其化合物中毒；9. 磷及其化合物中毒；10. 砷及其化合物中毒；11. 铀中毒；12. 砷化氢中毒；13. 氯气中毒；14. 二氧化硫中毒；15. 光气中毒；16. 氨中毒；17. 偏二甲基肼中毒；18. 氮氧化合物中毒；19. 一氧化碳中毒；20. 二硫化碳中毒；21. 硫化氢中毒；22. 磷化氢、磷化锌、磷化铝中毒；23. 氟及其无机化合物中毒；24. 氰及腈类化合物中毒；25. 四乙基铅中毒；26. 有机锡中毒；27. 羰基镍中毒；28. 苯中毒；29. 甲苯中毒；30. 二甲苯中毒；31. 正己烷中毒；32. 汽油中毒；33. 一甲胺中毒；34. 有机氟聚合物单体及其热裂解物中毒；35. 二氯乙烷中毒；36. 四氯化碳中毒；37. 氯乙烯中毒；38. 三氯乙烯中毒；39. 氯丙烯中毒；40. 氯丁二烯中毒；41. 苯的氨基及硝基化合物（不包括三硝基甲苯）中毒；42. 三硝基甲苯中毒；43. 甲醇中毒；44. 酚中毒；45. 五氯酚（钠）中毒；46. 甲醛中毒；47. 硫酸二甲酯中毒；48. 丙烯酰胺中毒；49. 二甲基甲酰胺中毒；50. 有机磷中毒；51. 氨基甲酸酯类中毒；52. 杀虫脒中毒；53. 溴甲烷中毒；54. 拟除虫菊酯类中毒；55. 铟及其化合物中毒；56. 溴丙烷中毒；57. 碘甲烷中毒；58. 氯乙酸中毒；59. 环氧乙烷中毒；60. 上述条目未提及的与职业有害因素接触之间存在直接因果联系的其他化学中毒

续表

职业病分类	职业病种类
四、物理因素所致职业病	1. 中暑；2. 减压病；3. 高原病；4. 航空病；5. 手臂振动病；6. 激光所致眼（角膜、晶状体、视网膜）损伤；7. 冻伤
五、职业性传染病	1. 炭疽；2. 森林脑炎；3. 布鲁氏菌病；4. 艾滋病（限于医疗卫生人员及人民警察）；5. 莱姆病
六、职业性皮肤病	1. 接触性皮炎；2. 光接触性皮炎；3. 电光性皮炎；4. 黑变病；5. 痤疮；6. 溃疡；7. 化学性皮肤灼伤；8. 白斑；9. 根据《职业性皮肤病诊断标准（总则）》可以诊断的其他职业性皮肤病
七、职业性眼病	1. 化学性眼部灼伤；2. 电光性眼炎；3. 白内障（含放射性白内障、三硝基甲苯白内障）
八、职业性耳鼻喉口腔疾病	1. 噪声聋；2. 铬鼻病；3. 牙酸蚀病；4. 爆震聋
九、职业性肿瘤	1. 石棉所致肺癌、间皮瘤；2. 联苯胺所致膀胱癌；3. 苯所致白血病；4. 氯甲醚、双氯甲醚所致肺癌；5. 砷及其化合物所致肺癌、皮肤癌；6. 氯乙烯所致肝血管肉瘤；7. 焦炉逸散物所致肺癌；8. 六价铬化合物所致肺癌；9. 毛沸石所致肺癌、胸膜间皮瘤；10. 煤焦油、煤焦油沥青、石油沥青所致皮肤癌；11. β-萘胺所致膀胱癌
十、其他职业病	1. 金属烟热；2. 滑囊炎（限于井下工人）；3. 股静脉血栓综合征、股动脉闭塞症或淋巴管闭塞症（限于刮研作业人员）

（二）职业病的防护

1. 毒物防护

生产性毒物，是指在生产过程中产生、存在于工作环境空气中的毒物。生产性毒物的种类繁多，影响面大，职业中毒约占职业病总数的一半。预防职业性毒物必须采取综合性的防治措施，见表7-4。

表7-4　生产性毒物防护措施

防毒措施		具体说明
降低毒物浓度	改革工艺	1. 尽量采用先进技术和工艺过程，避免开放式生产，消除毒物逸散的条件 2. 采用远距离程序控制，最大限度地减少工人接触毒物的机会 3. 用无毒或低毒物质代替有毒或高毒物质等

续表

防毒措施		具体说明
降低毒物浓度	通风排毒	1. 应用局部抽风式通风装置将产生的毒物尽快收集起来,防止毒物逸散 2. 常用的装置有通风柜、排气罩、槽边吸气罩等,排出的毒物要经过净化装置,或回收利用或净化处理后排空
	合理布局	1. 不同生产工序的布局,不仅要满足生产上的需要,而且要考虑卫生上的要求 2. 有毒的作业应与无毒的作业分开,危害大的毒物要有隔离设施及防范手段
	安全管理	对生产设备要加强维修和管理,防止跑、冒、滴、漏污染环境
	个人防护	1. 做好个人防护与个人卫生。除普通工作服外,还需对特殊工种的作业人员提供特殊质地的防护服。如接触强碱、强酸应有耐酸耐碱的工作服,对某些毒物作业要有防毒口罩与防毒面具等 2. 为保持良好的个人卫生状况,减少毒物作用机会,应设置盥洗设备、沐浴室及存衣室,配备个人专用更衣箱等
	增强体质	1. 合理实施有毒作业保健待遇制度,因地制宜地开展体育锻炼 2. 注意安排夜班工人休息,组织员工进行有益身心的业余活动,以及做好季节性多发病的预防等
	监测检查	1. 要定期监测作业场所空气中毒物浓度,将其控制在最高容许浓度以下 2. 实施就业前健康检查,排除职业禁忌证者参加接触毒物的作业 3. 坚持定期健康检查,早期发现员工健康问题并及时处理

2. 粉尘防护

生产性粉尘是指在生产中形成的,并能长时间飘浮在空气中的固体微粒,如矽尘、煤尘、石棉尘、电焊烟尘等。生产性粉尘根据其理化特性和作用特点不同,对机体的损害也不同,可引起不同疾病。因此,应采取有效的预防措施控制生产性粉尘的产生,见表7-5。

表7-5 生产性粉尘防护措施

防尘措施	具体说明
组织措施	1. 加强组织领导是做好防尘工作的关键。粉尘作业较多的厂矿领导要有专人分管防尘事宜,建立和健全防尘机构,制定防尘工作计划和必要的规章制度,切实贯彻综合防尘措施,建立粉尘监测制度 2. 大型厂矿应有专职测尘人员,医务人员应对测尘工作提出要求,定期检查并指导,做到定时定点测尘,评价劳动条件改善情况和技术措施的效果 3. 做好防尘宣传工作,从领导到职工,让大家都能了解粉尘的危害,根据自己的职责和义务做好防尘工作

续表

防尘措施		具体说明
技术措施	改革工艺过程	1. 革新生产设备是消除粉尘危害的根本途径。应从生产工艺设计、设备选择，以及产尘机械在出厂前就应有达到防尘要求的设备等各个环节做起 2. 如采用封闭式风力管道运输，负压吸砂等消除粉尘飞扬，用无砂物质代替石英，以铁丸喷砂代替石英喷砂等
	湿式作业	1. 湿式作业是一种经济易行的防止粉尘飞扬的有效措施 2. 凡是可以湿式生产的作业均可使用，例如，矿山的湿式凿岩、冲刷巷道、净化进风等，石英、矿石等的湿式粉碎或喷雾洒水，玻璃陶瓷业的湿式拌料，铸造业的湿砂造型、湿式开箱清砂、化学清砂等
	密闭、吸风、除尘	1. 对不能采取湿式作业的产尘岗位，应采用密闭、吸风、除尘方法 2. 凡是能产生粉尘的设备均应尽可能密闭，并用局部机械吸风，使密闭设备内保持一定的负压，防止粉尘外逸 3. 抽出的含尘空气必须经过除尘净化处理，才能排出，避免污染大气
卫生保健措施	个人防护和个人卫生	1. 对受到条件限制粉尘浓度达不到允许浓度标准的作业应佩戴合适的防尘口罩 2. 开展体育锻炼，注意营养；此外应注意个人卫生习惯，不吸烟 3. 遵守防尘操作规程，严格执行未佩戴防尘口罩不上岗操作的制度
	就业前及定期体检	1. 对新从事粉尘作业的员工，必须进行健康检查，目的主要是发现粉尘作业就业禁忌证及作为健康资料 2. 定期体检的目的在于早期发现粉尘对健康的损害，发现有不宜从事粉尘作业的疾病时，及时将员工调离岗位

3. 物理有害因素防护

生产作业场所物理有害因素主要包括高温、高气压、振动、噪声、照度、紫外线、红外线、微波、电磁辐射（高频、超高频、微波）工频等。物理有害因素的防治主要是加强个人防护和采用合理的工艺及其设备，具体的防护措施见表7-6。

表7-6 物理有害因素的防护措施

防护内容	具体措施
噪声	1. 如长期在超过86dB（A）作业环境下作业时应加强对作业人员听觉器官的防护，正确佩戴防噪声耳塞、耳罩和防噪声帽等听力保护器 2. 采用无噪声或低噪声的工艺或加工方法，选用低噪声的设备，加强对设备的经常性维护 3. 降低设备运行负荷，使用消声器、隔振降噪等工艺措施
高温	1. 控制污染，合理设计工艺流程，远离热源，利用热压差自然通风，切断污染途径 2. 隔热、通风降温、使用空调等 3. 合理安排作息时间，加强机体热适应训练，使用清凉饮料和高温防护服和防护帽

续表

防护内容	具体措施
振动	1. 在厂房设计与机械安装时要采用减振、防振措施 2. 对手持振动工具的重量、频率、振幅等应进行必要的限制，工作中应适当安排工间休息，实行轮换作业，间歇使用振动工具 3. 使用振动工具时应采用防振动手套，或者在振动工具外加防振垫
紫外线	1. 电光性眼炎是眼部受紫外线照射所致的角膜炎、结膜炎，常见于电焊操作及产生紫外线辐射的场所 2. 电焊作业人员作业时应佩戴好防护面罩。如室内同时有几部焊机工作时，最好中间设立隔离屏障，以免相互影响 3. 车间墙壁上可以涂刷锌白、铬黄等颜色以吸收紫外线。尽量不要在室外进行电焊作业以免影响他人
电磁辐射	1. 在作业场所强磁场源周围设置栅栏或屏障，用铜丝网隔离，但一定要接地，这有助于阻止未经许可的人员进入场强超过国家暴露限值的区域 2. 远距离操作，在屏蔽辐射源有困难时，可采用自动或半自动的远距离操作，在场源周围设立明显标志，禁止人员靠近 3. 工作地点应置于辐射强度小的部位，避免在辐射流的正前方工作 4. 工作中要加强对作业场所电磁场环境的监测，明确电场、磁场的实际水平
不良气象条件	加强管理、改善作业环境，严格按照国家有关作业标准进行作业，合理安排劳动作息时间，让作业人员轮流休息

三、安全标志和危险源识别

要想保证职场的安全，需要应用各种方法、技术和手段辨识职场中的各种安全隐患（危险源），评价职场的危险性，并采取控制措施使其危险性最小，使事故的发生减少到最低程度，从而使职场达到最佳的安全状态。

（一）安全标志识别

安全标志，是职场中最常见、最明显的安全提示信息，是规范作业、安全作业的基本要求。职场中常见的安全标志一般有以下几种。

1. 安全色

安全色是传递禁止、警告、指令、提示等安全信息含义的颜色，包括红、黄、蓝、绿4种颜色。安全色用途广泛，主要用于安全标牌、交通标志牌、防护栏杆及设备机器的部位等。国际标准化组织（ISO）和很多国家都对安全色的使用有严格规定，根据我国制定的安全色（GB 2893—2008）的有关规定，将红、黄、蓝、绿4种颜色作为全国通用的安全色，其含义和用途见表7-7。

表7-7　安全色对比色含义及用途举例

安全色	对比色	含义	用途举例
红色	白色	禁止、停止、危险、消防	各种禁止标志，交通禁令标志，消防设备标志，机械的停止按钮、刹车及停车装置的操纵手柄，机械设备转动部件的裸露部位，仪表刻度盘上极限位置的刻度，各种危险信号旗等
黄色	黑色	警告、注意	各种警告标志，道路交通标志和标线中警告标志，警告信号旗等
蓝色	白色	指令、必须遵守	各种指令标志，道路交通标志和标线中指示标志
绿色	白色	安全	各种提示标志，机器启动按钮，安全信号，急救站、疏散通道、避险处、应急避难场所等

2. 安全线

它是为维持秩序、保证安全而画的或拉起的禁止越过的线。

3. 安全标志

安全标志（图7-1）是用以表达特定安全信息的标志，由图形符号、安全色、几何形状（边框）或文字构成。具体可以查阅《安全标志及其使用导则》（GB 2894—2008）。

禁止标志

警告标志

指示标志

提示标志

图7-1　各种安全标志

4. 文字辅助标志

安全标志下方的文字辅助标志的基本形式为矩形边框，包括横写和竖写两种形式。

（二）危险源识别

危险源是指一个系统中具有潜在能量和物质释放危险的、可造成人员伤害、在一定的触发因素作用下可转化为事故的部位、区域、场所、空间、岗位、设备及其位置。危险源识别是指将生产过程中常见危险源，通过正确的方法，准确、及时地识别，进而对其进行管理和控制，避免事故的发生。

知识链接

海因里希事故法则

美国海因里希（W. H. Heinrich）早在20世纪30年代就研究了事故发生频率与事故后果严重度之间的关系。其统计结果表明，在同一个人发生的330起同种事故中，300起事故没有造成伤害，29起造成了轻微伤害，1起造成了严重伤害。即事故后果分别为严重伤害、轻微伤害和无伤害的事故次数之比大约为1∶29∶300（图7-2）。

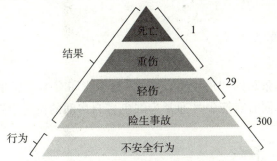

图7-2 海因里希事故法则

比例1∶29∶300被称为海因里希法则，它反映了事故发生频率与事故后果严重度之间的一般规律。即事故发生后带来严重伤害的情况是很少的，造成轻微伤害的情况稍多，而事故后无伤害的情况是大量的。

（资料来源：豆丁网，2017年3月18日）

四、消防安全与疏散逃生

（一）消防安全

消防安全是指预防和解决（扑灭）火灾的安全措施，消防工作直接关系我们的生命财产安全和社会的稳定。

1. 日常工作中的注意事项

为了做好消防工作，需要我们在日常工作中做好以下几项工作。

（1）注意防范乱扔烟头引起火灾。
（2）注意防范燃烧垃圾引起火灾。
（3）注意防范气体泄漏引起火灾。

2. 火灾自救和互救的基本原则

（1）及时呼救通知他人，并且拨打119火警电话。
（2）如果是在火灾的初期且火势较小的阶段，应该尽早采取灭火措施，防止火势蔓延。
（3）保持镇定，快速找到安全通道和出口，尽早脱险，保障生命安全。
（4）尽量走楼梯，切忌乘坐电梯。
（5）身上一旦着火，不要乱跑，应立即脱掉衣物或就地打滚。

（6）学会寻找逃生通道，阳台、窗户、卫生间等都是逃生的主要地方。

（7）顾全大局，救助结合。

（二）安全疏散设备设施

1. 安全疏散设施的组成

安全疏散设施包括逃生路线图、疏散指示标志、疏散通道、安全出口、事故照明以及防烟、排烟设施等。有时还包括用于救生的避难袋、救生绳、救生梯、缓降器、救生网、救生垫、升降机等。

2. 常见的安全疏散设施

（1）逃生路线图。

客房门后或楼道里张贴的"逃生路线图"，是一张印有本楼层平面结构的图纸，房间位置和房号均有标志，同时有箭头（通常为红色）自房间的位置沿走廊指向最近的疏散通道，见图7-3。

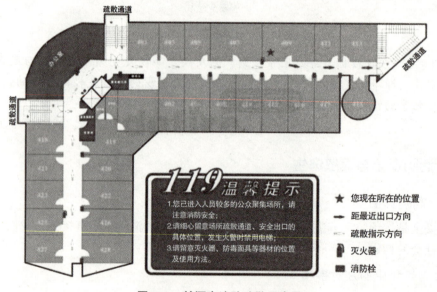

图7-3 某酒店消防疏散示意图

（2）安全出口。

建筑物内发生火灾时，凡是符合安全疏散要求的门、楼梯、走道等都称为安全出口。如建筑物的外门、楼梯间的门、防火墙上所设的防火门、经过走道或楼梯能通向室外的门等，都是安全出口。

（3）疏散楼梯。

疏散楼梯包括普通楼梯、封闭楼梯、防烟楼梯及室外疏散楼梯等四种。

（4）事故照明和疏散指示标志。

建筑物发生火灾时，正常电源需要被切断，为了便于人员在夜间或浓烟中疏散，需要在建筑物中安装事故照明（图7-4）和疏散指示标志（图7-5），对安全疏散起到很好的作用。

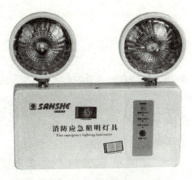

图 7-4　事故照明灯

图 7-5　常见疏散指示标识

（5）过滤式自救呼吸器。

消防过滤式自救呼吸器是一种自给开放式空气呼吸器，一般存放于消防箱中，使用方法见图 7-6。

图 7-6　消防过滤式自救呼吸器的使用示意图

（6）其他安全疏散设施。

除了以上常见的安全疏散设施外，根据需要，通常还会配备防火卷帘门、避难袋、救生绳、救生梯、缓降器、救生网、救生垫、升降机、强光手电等设施。

第二节　顶岗实习须知和现场管理

> 一个人，只有在实践中运用能力，才能知道自己的能力。
> ——小塞涅卡

案 例

顶岗实习中的意外

小宁在某本科院校的机电一体化专业学习4年后,按照学校安排进入了顶岗实习阶段。

小宁被分配到了一家大型的工程机械制造企业从事装配钳工的岗位工作。他每天需要用航车运输大型齿轮,从一个工位到另一个工位。

某一天,小宁像往常一样运输大型齿轮,正好有同事经过航车,齿轮突然有点歪,他担心齿轮会掉下来,所以就想用手去扶正齿轮,结果两个齿轮朝着他手扶的方向滑动,当时就夹住了小宁的右手中指和食指。由于是大型齿轮,他的两根手指骨头都被夹断了。

(资料来源:以上信息由作者根据网络资料整理而成)

在工作中安全无小事,小宁因为工作中的疏忽大意,付出了巨大代价,这个教训是惨痛的。安全是人生最大的智慧,这个最大的人生智慧并非与生俱来,它需要我们不停地学习和演练最新的安全知识,并能在"知"的基础上"会"保障自己与他人的安全。顶岗实习作为一种准职场劳动,需要我们能相对独立参与实际的工作。我们只有提高自我安全保护意识和技能,才能顺利完成实习任务,缩短由学生转换成社会人的过渡期。

一、顶岗实习须知

(一)顶岗实习的概念

顶岗实习是学院进行专业教学、实施素质教育的重要途径,是教学计划的重要组成部分,是学校专业教学过程的延伸,是贯彻理论联系实际教学原则的具体体现,是提高学生职业能力、培养高素质技术技能人才的重要环节。顶岗实习旨在开拓学生的视野,使学生提前了解社会,增强岗位意识和岗位责任感,提高学生对专业的认识,培养学生适应岗位的能力和创新能力,特别是提高学生的实践动手能力,达到完成专业培养计划和培养目标的目的,为学生"零距离"就业打下坚实的基础。

(二)顶岗实习安全

我们在顶岗实习期间可能面临各种各样的安全问题,这里主要讲以下四方面。

1. 生产岗位安全

(1)明确生产实习任务,遵守安全操作规程,注意保密工作,严格遵守劳动纪律、工艺纪律、操作纪律、工作纪律。严格执行交接班制度、巡回检查制度,禁止脱岗,禁止与生产无关的一切活动。

(2)工作中要积极主动,遵守纪律,服从实习指导老师的工作安排,对重大问题应事先向实习指导老师反映,共同协商解决,自己不得擅自处理。要认真执行《岗位安全操作细则》,防止刀伤、碰伤、棒伤、砸伤、烫伤、踩踏跌倒及身体被卷入转动设备等人身事故和设备事故的发生。

(3)开机前,必须全面检查设备有无异常,对转动设备,应确认无卡死、安全保护设施完好、无缺相漏电等情况,并确认无人在设备作业。确认一切正常后方能启动设备。启动后如发现异常，应立即停止检查原因，及时反映。在紧急情况下，应按有关规程采取果断措施。

（4）严格遵守特种设备管理制度，禁止无证操作。正确使用特种设备，开机时必须注意检查，发现不安全因素应立即停止使用并挂上故障牌。

（5）按章作业，搞好岗位安全文明生产，发现隐患（特别是对因泄漏而易引起火灾的危险部位）应及时处理并上报。及时清理杂物、油污及物料，切实做到安全消防通道畅通无阻。

2. 住宿安全

（1）消防安全。俗话说："水火无情""贼偷一半，火烧全光"。而住宿区作为我们日常生活起居的重要场所，要确保消防安全必须做到以下几点。

a. 进入一个新的环境，首先必须了解和熟悉距离最近的逃生路线。

b. 注意用电安全，不违规用电，不乱拉乱接电线电源。

c. 选用合格电器产品，严禁使用劣质电器，电源插销及插座。

d. 宿舍中不可存放汽油、酒精等易燃易爆物品，不擅自使用煤炉、液化炉、酒精炉等灶具。

e. 爱护楼内的消防设施和灭火器材。

f. 发现安全隐患要及时向管理人员或有关部门报告。

（2）煤气中毒。煤气中毒通常指的是一氧化碳中毒。住宿区特别是出租房屋是煤气中毒的高发区，主要是因为出租房屋设施陈旧、管道破损，直排式燃气热水器的使用仍然较多。为了防止悲剧发生，应注意以下几点。

a. 检查屋内的天然气管道是否破损、有无漏气现象。

b. 看看使用的热水器是否为已经明令淘汰的直排式。

c. 检查排烟管道是否畅通，有无堵塞物。

d. 睡觉前确认天然气已经关闭。

e. 不在室内使用蜂窝煤等炉具。

3. 社交安全

顶岗实习期间也是我们首次独立走向社会，离开了熟悉而单纯的校园环境，面对陌生而复杂的社会，如何确保自己在社会交往中的安全就显得尤为重要。

（1）洁身自好，不贪钱财，不流连于酒吧、歌厅。

（2）保持距离，谨慎交友，防人之心不可无。

（3）外出或晚归，最好有人陪伴，至少要向同学或朋友说明自己的去向。

4. 人身和财产安全

（1）要有预防意识，保持良好的防护习惯。

（2）用法律维护自己的人身财产安全。对正在进行的严重危及自身安全的暴力犯罪行为，可采取正当防卫。

（3）发生案件、发现危险要快速、准确、实事求是地报警求助。

（4）留心观察身边的人和事，及时规避可能针对自己的侵害。注意防火、防盗、防交通意外。

（5）积极预防不法侵害危及人身安全。

二、顶岗实习的行为规范

顶岗实习是教学计划中的实践性教学环节之一,各级院校为使学生能顺利完成实习任务,一般都会就学生的行为规范做出一些规定,具体可参考以下案例。

知识链接

××××学校顶岗实习学生行为规范

（1）实习学生必须明确目的、要求和做法,坚持理论联系实际,学习生产工艺、管理方法,参加生产劳动,完成规定的各项实习任务,完成实习后,经实习单位和学校双方审核,评定学生实习成绩。

（2）参加实习的学生,必须按照统一计划,服从指挥,在生产岗位上必须严格听从领导、技术人员和工人师傅管理。

（3）实习学生必须严格遵守实习单位的作息时间、安全保卫、保密和生产管理等的各种规定,进入生产现场,按单位要求进行穿戴,正确使用个人防护用品及安全防护设施。

（4）实习学生必须在指定的生产岗位上工作,认真完成规定的工作任务。严格遵守操作规程,不得擅离职守,越位游荡;不得在实习场所内追逐打闹,随意乱动生产设备、开关按钮等,防止各类事故发生。若因不遵守实习纪律、操作规程及有关规章制度等过错行为,造成自身、他人或集体人身、财产损害,由学生本人承担责任。

（5）注意文明礼貌,不讲粗话脏话,注意整洁,讲究卫生,尊敬工人师傅、技术人员和各级领导,听从带班师傅及指导教师管理。凡严重违反纪律者,实习单位、指导教师可责令其停止实习。被停止实习的学生,按学籍管理规定处理。

（6）爱护公物、工具和各种器材设备,借用物品必须办理手续,按时归还。不得带走工具、零件、仪表等公用物品,如有此类行为,除受到严肃批评教育外,还要根据实际情况给予处分,并承担经济赔偿。

（7）实习学生应发扬艰苦奋斗、勤俭节约、团结友爱的精神,互相关心,互相帮助。注意搞好与其他实习学生和实习单位职工的关系,维护学校集体荣誉,虚心向工人师傅和技术人员学习、请教,发现异常情况及时报告,自觉维护正常的生产和工作秩序。

（8）实习期间,党员、团干部、班干部要主动协助教师做好各项工作,积极发挥学生干部、党团员的先锋模范作用。

（9）学生在实习期间,有事必须请假,经批准后方能离岗,否则按旷课处理。实习成绩为不及格者留到下一年级顶岗实习。实习期间如有缺勤,按实习单位制度处理,学校按学籍管理规定处理。

（10）学生在实习期间,由实习单位统一安排住宿,严禁自行在外租房居住,自觉遵守就宿纪律,不晚归,不留宿他人,不在外留宿。

（11）严禁在宿舍私接电线,使用违规电器,如电炉、电热杯、电饭煲、电吹风、电热棒等。

（12）不擅自离开实习单位,有事外出必须履行请假手续,并留下详细联系方式。个人擅自离开实习单位，发生的一切安全事故，均由学生本人负责。一周内未返回实习单位者，按学籍管理规定处理。

（13）严禁赌博，不滋事生非，不打架斗殴。

（14）严禁吸烟、喝酒、泡网吧。

（15）严禁携带和私藏管制刀具。

（16）严禁染发、文身、戴饰物，男生不留长发。

（17）严禁学生到游泳池以外的任何水域游泳。

（18）学生外出集体活动，必须经过申请，经批准后，方可外出。不乘坐"无证"交通工具。

（资料来源：以上信息由作者根据教学实践素材整理而成）

三、顶岗实习期间应注意什么

顶岗实习可以说是大多数高职学生都需要经历的一个过程。因学校和社会差别太大，在此期间注意的事项有很多，这里着重在乐观心态、人际关系和能力与素质方面提出一些常识性建议来帮助学生适应准职场生活。

（1）保持乐观积极的心态。顶岗实习的学生有时候只看到企业光鲜亮丽的一面，往往对自己和实习企业期望过高，对基层工作的艰苦以及严格的企业规章制度缺乏充足的心理准备。在企业从事具体的一项工作，与自己的理想状态可能存在差距，所以这时候就更应该保持乐观积极的心态，只有从心理上适应顶岗实习才能更好地让自己从行动上去适应实习的环境。

（2）学会处理人际关系。学生在企业实习的过程中，人际交往范围扩大，人际关系发生了一些变化，原来在学校很纯洁的师生和同学关系会增添一层同事关系、上下级关系、客我关系等。人际关系处理得当，会让我们在工作中感到轻松及拥有好的心情。

（3）提升自己的能力和素质。现代企业比较注重员工的沟通能力、处理突发事件的能力、独立处理工作的能力，在实习期间，我们应该有意识地锻炼这些方面的能力，训练和提升服务技能，这也是在顶岗实习中比较重要的方面。

四、重视现场管理与安全工作

（一）现场管理概念

现场管理是管理人员对生产现场人、机、料、法、环等生产要素进行有效管理，并对其所处状态进行不断改善的基础活动。5S 是以整理（Seiri）、整顿（Seiton）、清扫（Seiso）、清洁（Seiketsu）为手段，实现第 5 个"S"素养（Shitsuke）的目的。现场管理营造一目了然的现场环境，使企业中每个场所的环境、每位员工的行为都能符合 5S 管理的精神，最终提高现场管理水平、提升现场安全水平和产品质量。后来，又扩充了"安全（Safety）"和"速度/节约（Speed/Saving）"两个"S"，演变为"7S"。7 个"S"的含义见表 7-8。

表 7-8 "7S" 的含义

7S	宣传标语	具体内容
整理（Seiri）	要与不要，一留一弃	◆区分需要的和不需要的物品，果断清除不需要的物品
整顿（Seiton）	明确标识，方便使用	◆将需要的物品按量放置在指定的位置，以便任何人在任何时候都能立即取来使用
清扫（Seiso）	清扫垃圾，美化环境	◆除掉车间地板、墙、设备、物品、零部件等上面的灰尘、异物，以创造干净、整洁的环境
清洁（Seiketsu）	洁净环境，贯彻到底	◆维持整理、整顿、清扫状态，从根源上改善使现场发生混乱的现象
素养（Shitsuke）	持之以恒，养成习惯	◆遵守企业制定的规章纪律、作业方法，文明礼仪，具有团队合作意识等，使之成为素养，员工能产生自发的、习惯性的改善行为
安全（Safety）	清除隐患，排除险情，预防事故	◆保障员工的人身安全，保证生产的连续安全正常的进行，同时减少因安全事故而带来的经济损失
节约（Saving）	对时间、空间、能源等方面合理利用	◆发挥它们的最大效能，从而创造一个高效率的，物尽其用的工作场所

5S 活动之间是紧密联系的。整理是整顿的基础，整顿是对整理成果的巩固，清扫是显现整理、整顿的效果，而通过清洁和素养，则可以使生产现场形成良好的改善氛围。各"S"活动的运作关系见图 7-7。

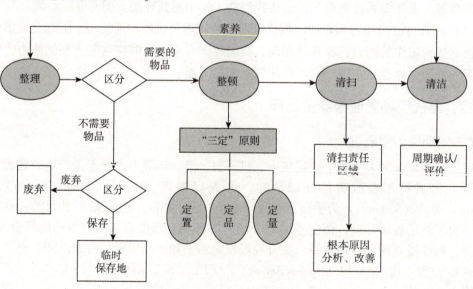

图 7-7 "5S" 活动运作关系

(二)"5S"的基本要求和作用

1. 整理

整理现场不必要的物品。整理不仅是"5S"活动的基本活动之一,也是防止事故、火灾,保证现场安全的基础。将一些非必需品放置在现场,不仅占用了作业现场的空间和通道,而且妨碍了现场的作业,同时还影响到应急事件的处理,是潜在的安全隐患,因此必须坚决清理非必需品,将其清除或放置在其他地方。

2. 整顿

整顿即按定置、定品、定量的"三定"原则进行现场整顿。整顿不仅是"5S"活动的基本活动之一,也是防止事故、火灾,保证现场安全的基础。考虑通道的畅通及合理,应尽可能将物品隐蔽式放置及集中放置,减少物品的放置区域;采用各种隔离方式隔离放置区域,合理利用空间;使用目视管理,标识清楚明了;安全消防设施放置要易取。

3. 清扫

选定清扫的负责区域并把负责的区域清扫干净。

现场作业人员在执行清扫工作的同时也是在做检查工作,包括看得到的、看不到的地方。对清扫中发现的问题,要及时进行整修。清扫发现的问题包括但不限于以下五个方面。

(1)地板凹凸不平,会使搬运车辆中的产品发生摇晃,甚至碰撞,导致发生问题,因此要及时整修。

(2)对于松动的螺栓要马上紧固,补上丢失的螺钉、螺母等配件。

(3)对于需要防锈保护、润滑的部位要按照规定及时地加油或保养。

(4)更换老化的或可能破损的水、气、油等各种管道。

(5)通过清扫随时发现工作场所的机器设备或一些不容易看到的地方是否需要维修或保养,及时添置必要的安全防护装置。

清扫不仅是"5S"活动的基本活动之一,也是防止事故、火灾,保证现场安全的基础。恶劣的环境会对设备或系统造成安全隐患,如电缆沟内积水、积泥,长期可能导致短路。清扫干净可使作业人员心情良好,头脑清醒,保证安全。

4. 清洁

清洁标准可使清洁工作内容和目标更加明确化,因此"5S"推行人员应根据各部门工作内容、工作环境制定明确的清洁标准,以指导各部门清洁工作,见表7-9。

表7-9 清洁标准

项次	检查项目	等级	得分	考核标准
1	通道和作业区	1级	0	没有划分
		2级	2	画线清楚,地面未清扫
		3级	5	通道及作业区干净、整洁,令人舒畅

续表

项次	检查项目	等级	得分	考核标准
2	地面	1级	0	有污垢,有水渍、油渍
		2级	2	没有污垢,有部分痕迹,显得不干净
		3级	5	地面干净、亮丽,感觉舒畅
3	货架、办公桌 作业台、会议室	1级	0	很脏乱
		2级	2	虽有清理,但还是显得脏乱
		3级	5	任何人都觉得很舒服
4	区域空间	1级	0	阴暗,潮湿
		2级	2	有通风,但照明不足
		3级	5	通风、照明适度、干净、整齐、感觉舒服
备注	1级:差;2级:合格;3级:良好			

清洁不仅是"5S"活动的基本活动之一,也是防止事故、火灾,保证现场安全的基础。清洁是巩固整理、整顿、清扫的必要手段,应规范清洁管理,落实安全责任。

5. 素养

素养是通过宣传、教育和各种活动,使员工遵守"5S"规范,养成良好习惯,以进一步使企业形成良好文化,导入目视化管理法,使现场的每个人都能容易理解,鼓励全员参与到"5S"管理活动中,使员工逐渐形成"5S"工作习惯。

素养的要点是制度完善、活动推行、监督检查。制度完善是指根据企业状况、"5S"实施情况等完善现有的规章制度,如厂纪厂规、日常行为规范、"5S"工作规范等。活动推行是指通过班前会、员工改善提案等方法的实施,改善现场的工作状况。监督检查是指将定期检查和不定期巡检结合,加强监督、考核,使各部门人员形成良好的工作习惯和素养。

素养的目的是提升人员素质、形成良好习惯。提升人员素质是指通过制度培训、行为培训、检查监督考核,不断提高员工素质。养成良好习惯是指通过宣传培训、各种活动的施行统一员工行为,同时具有良好的个人形象和精神面貌,遵礼仪、有礼貌。素养具体表现见表7-10。

表7-10 素养的表现

素养内容	具体说明
良好的行为习惯	◎员工遵守以下规章制度,形成良好习惯 • 厂规厂纪、遵守出勤和会议规定 • 岗位职责、操作规范 • 工作认真、无不良行为 ◎员工遵守"5S"规范,养成良好的工作习惯

续表

素养内容	具体说明
良好的个人形象	◎员工自觉从以下几方面维护个人形象 • 着装整洁得体，衣、裤、鞋不得有明显脏污 • 举止文雅，如乘坐电梯时懂得礼让，上班时主动打招呼 • 说话有礼貌，使用"请""谢谢"等礼貌用语
良好的精神面貌	◎员工工作积极，主动贯彻执行整理、整顿、清扫等制度
遵礼仪、有礼貌	◎待人接物诚恳有礼貌 ◎互相尊重、互相帮助 ◎遵守社会公德，富有责任感，关心他人

素养活动也应经常进行检查。素养活动的检查内容见表7-11。

表7-11 素养活动检查项目

素养检查大项	素养检查细则
1. 服装检查	（1）是否穿戴规定的工作服上岗 （2）服装是否整洁、干净 （3）厂牌等是否按规定佩戴整齐、充满活力 （4）工作服是否穿戴整齐、充满活力 （5）鞋子是否干净、无灰尘
2. 仪容仪表检查	（1）仪容、仪表是否整洁、充满朝气 （2）是否勤梳理头发，不蓬头垢面
3. 行为规范检查	（1）是否做到举止文明、有修养 （2）能否遵守公共场所的规定 （3）是否做到团结同事，大家友好沟通、相处 （4）上下班是否互致问候 （5）是否做到工作齐心协力、富有团队精神 （6）是否做到守时，不迟到、早退 （7）是否在现场张贴、悬挂"5S"活动的标语 （8）现场是否有"5S"活动成果的展示窗或展示栏 （9）是否灵活应用照相或摄像等手段协助"5S"活动的开展 （10）员工是否已经养成遵守各项规定的习惯 （11）车间、班组是否经常开展整理、整顿、清扫、清洁活动

素养不仅是"5S"活动的基本活动之一，也是防止事故、火灾，保证现场安全的基础。为了提高自身的素养并养成良好的习惯，避免习惯性违章，应多参加培训并及时改正企业在平时检查监督中发现的问题。

 **知识链接**

安全目视化管理

安全目视化管理,包括员工安全操作标准目视化、设备运行状态目视化、特种作业设备色标管理、安全警示标识、工艺及方法安全性目视化、安全等。

1. 员工安全操作标准目视化

为了提高员工的安全操作技能,需要对所有的作业编制安全操作规程,以规范员工行为,尤其对实习生和特种作业人员。

2. 设备运行状态目视化

从设备点检表着手,随时记录设备的运行状态,防止设备带故障作业,特别是行车等特种设备,一旦发生故障将会带来严重的后果。通过设备运行状态目视化、设备点检能及时地发现隐患,消除危险因素。

3. 特种作业设备色标管理

例如,起重作业作为特种作业,其安全性必须得到保证,这就要求吊具在使用过程中必须完好无损,形成吊具定期检验机制。因此,应进行吊具色标卡管理,对吊具定期进行更改、点检,及时有效地排查吊具安全隐患。

4. 安全警示标识

针对人员、机器、材料、方法、环境五个方面的危险因素设置安全警示标识。例如:高空楼梯处张贴"禁止攀爬"警示标识;钻床上张贴"不得戴手套"警示标识;电控柜上张贴"高压危险"警示标识;物料摆放设有安全警示线;装配下线处设有"人员作业、不得启动"警示标识;密闭空间设有"受限空间,不得进入"警示标识。

5. 工艺及方法安全性目视化

从作业标准、指导书入手,在下发作业标准之前,必须进行安全审核,以确保作业方法的安全性。

6. 安全

最后,强调员工在前面"5S"活动的基础上,实现文明作业、安全作业的目标。

安全就是让员工按章操作,提高其安全意识,特别是通过现场改善,消除安全隐患,创造一个令人安心的生产环境,使员工能够有序开展作业,不会产生不适感和威胁感。现场安全管理,即对人的不安全行为与物的不安全状态的管理,是为了消除人身伤害、财产损失,针对生产、产品使用、设备维护等过程中的安全隐患,充分利用相关资源,通过安全决策、计划、组织、控制等活动来降低或消除。现场安全管理包括:安全生产管理、安全劳动保护管理、作业人员安全管理、设备安全管理、作业环境安全管理等。

(资料来源:疯说教育培训2020年3月21日,有删改)

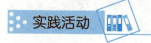 **实践活动**

班组现场安全管理该如何做

一、活动目标

根据"5S"管理,结合专业实习经验,掌握现场安全管理的关键点,为未来进入职场的作业现场安全管理奠定良好基础。

二、活动时间

建议 30 分钟。

三、活动流程

1. 教师按照 6~8 人把学生划为一组，要求每名学生必须提出至少 3 个有建设性的建议。

2. 所有人带着"班组现场安全管理该如何做"的问题查找相关资料，并把自己的建议逐一记录下来。

3. 小组成员集体头脑风暴，通过小组内部讨论形成小组观点，列出本组认为的关键点及其原因。

4. 每组选出一名代表分享本组观点，其他小组可以对其进行提问，小组内其他成员也可以回答提出的问题；通过问题交流，将每一个需要研讨的问题都弄清楚。

5. 教师进行分析、归纳、总结。

6. 教师根据各组在研讨过程中的表现，给予点评并赋分。

第三节　角色转换和职场适应

> 明白事理的人使自己适应世界；不明事理的人想使世界适应自己。
> ——萧伯纳

一、从学生到职业人的角色转换

（一）角色转换的概念

角色转换就是在社会关系中个体地位的动态描述。人的社会任务和职业生涯不断变化，角色也随之变化，从一个角色进入另一个角色，这个过程称为角色转换。人的一生有许多次角色的转换，比如：从婴儿到幼儿园小朋友，到学生，到职业人；从子女到父母。从学生角色到职业人角色的转换是我们每个人必须经历的过程，也是我们人生中最重要的一次转折。

（二）学生角色与职业角色的区别

学生角色：接收任务、储备知识、培养能力，经济无法完全独立，一直生活在家长和学校的庇护下，社会经验缺乏，人际交往较为简单。

职业角色：工作目的性明确，家庭经济压力大，环境变化大，工作负荷量大，更强的社会责任感，承担各类风险，生活独立，与同事心灵沟通较少，生活较为单一，人际关系复杂。

学生角色与职业角色区别见表 7-12。

表 7-12 学生角色与职业角色区别

区别	学生角色	职业角色
社会责任不同	大学生是以学习、探索为主要任务,整个角色过程是接受教育、储备知识、锻炼能力的过程。学好科学文化知识,掌握为人民服务的本领,使自己德、智、体全面发展是其主要社会责任	职业人是以其特定的身份去履行职责,依靠自己的本领或技能为社会和他人服务,通过完成工作来体现。职业人必须适应社会、服从管理,在工作中犯了错误,必须承担成本和风险的责任,以及相应的社会责任
社会规范不同	《高等学校学生行为准则》规范学生学习、做人和发展。学生是受教育者,在其违反角色规范时,惩罚是辅助手段,以教育帮助为主	对职业角色的规范因职业的不同而各不相同,但都比学生的社会规范更严格,一旦违背其社会规范,就要承担严肃的责任,甚至是法律责任
社会权利不同	学生的主要活动是学习,因此,学生角色强调对知识的输入、吸收与接纳,对知识的输出和运用强调较少。当毕业生参加工作后,如果不能及时有效地转变活动方式,将所学知识应用、输出和创造性地发挥,则会感到工作难以适应	依法行使职权,开展工作,运用自己的知识和能力,向外界提供自己的劳动,即运用和输出、应用与创造性地发挥自己的知识和才能,向外界提供专业的服务。要求结合实际创造性地发挥水平,并在履行义务的同时取得报酬
面对的环境不同	寝室—教室—食堂三点一线的简单而安静的生活方式,单纯而简单的校园文化气氛。学习时间可弹性安排,有较长的节假休息日,教学大纲提供清晰的学习目标,学术上多鼓励师生讨论,甚至争论;规定的时间完成布置作业或工作即可	面临的社会环境是快速的生活节奏、紧张的工作和加班,在单位里,规定上下班时间,不能迟到早退,经常加班加点,节假日很少,工作任务急又重;老板通常对讨论不感兴趣,多数老板比较独断;对待职工不一定很公平;一切以经济利益为导向;要完成上司或老板交给的一件件具体的实实在在的工作任务等
自我管理的要求不同	学校的生活是一种集体生活,实行统一的作息制度,对学生提出统一的行为规范,学生违反了纪律要受到惩罚,因此许多学生对学校管理形成了依赖心理。此外,学生在校的生活来源主要依赖家庭支持	单位只在工作时间对员工提出要求,其他时间主要由员工自行支配,没有统一严格的方式来管理约束。经济开始独立,家庭和社会期望毕业生不仅在经济上独立,而且在心理及其他方面也能独立。因此,职业角色对毕业生的独立性与自我管理能力提出了更高的要求
人际关系不同	学生的主要任务是掌握科学文化知识,提高自身的素质和能力,这主要取决于学生本身,竞争只是促进学习的手段,并未从根本上影响学生的利益,由此决定学生的人际关系是比较简单的	成为职业人员后,竞争是不可避免的,竞争的胜败直接关系到利益的分配,由此决定了职业人员间的关系是相对复杂的

二、入职须知

（一）全面了解新环境

1. 主动了解入职企业的基本情况

正所谓"知己知彼，百战不殆"，学生在正式进入企业就职之前，应该通过各种途径搜集企业信息，全面了解就业单位情况，包括企业的建制沿革、发展现状、企业文化、组织架构、工作流程、规章制度、薪资福利等，以此减少自己心理上的不适应感，并能尽快进入工作角色，为今后正式就职融入团队打下好的基础。

2. 了解企业的企业文化

企业文化是文化现象在企业中的体现，是在一定社会历史环境下，企业及其成员在长期生产经营活动中形成的文化观念和文化形式的总和，是企业员工共同的价值取向、经营哲学、行为规范、共同信念和凝聚力的价值观念体系。对于新员工而言，熟悉本企业文化是了解本企业的关键环节。只有了解和体会企业文化，才能迅速理解企业的精神和宗旨，使自己的行为符合公司或企业的总体目标，适应企业发展的步伐，使自己迅速融入公司这一大家庭，以及和公司员工的人际交往之中。

（二）塑造良好的职业形象

职业形象是社会公众对职业人的感受和评价，职业人从事职业活动时的形象就是职业形象。一个职业人的职业形象是公众对他的着装、气质、言谈、举止能力、敬业精神、乐观自信等外在形象和内在涵养的综合印象。

良好的职业形象不仅能够提升个人品牌价值，而且还能提高自己的职业自信心。职业形象也是维护职业声誉的重要组成部分，是企业文化和社会文明的重要组成内容。得体的职业形象会给初次见面的人以良好的第一印象。

知识链接

一项令人意外的调查结果

中国社会调查针对社会对大学生的评价和大学生进入社会后的自我感觉进行了调查，结果让人很吃惊：在工作精神方面，67%的企业认为毕业生不够踏实、缺乏实干精神，而71%的毕业生认为自己是能够吃苦耐劳的；在团队合作方面，52%的企业认为毕业生团队合作精神较差，以自我为中心情况严重，而76%的学生认为自己具备与团队共进退的精神；在薪资方面，61%的企业认为毕业生的薪金要求较高，不切合实际，用这些钱可以聘用到经验更为丰富的人，而79%的学生认为，他们的薪金要求是合适的，与他们的学历、能力相吻合。

（资料来源：豆丁网，2015年3月8日，有删改）

以上数字相差并不大，但从中可得出一个大相径庭的信息，即用人单位对毕业生在工作方面的表现，特别是团队合作方面，评价不高，而毕业生却大多自我感觉良好，认为自己物有所值，对得住单位付的薪水。

调查的结果在一定程度上反映了毕业生从学校到社会的不适应和种种矛盾。首先，大多数学生对崭新的职场生涯抱有良好的期待，却发现客观实际总出现各种不如意，两者之间会产生非常强烈的矛盾。其次，在大学期间所形成的各种习惯和行为，与社会和企业的要求格格不入，这也是容易出现的矛盾之一。此外，学生在学校中往往接受的是书本知识而缺少实际经验，这与进入职场后立刻需要各方面的动手操作能力之间也会形成矛盾，等等。正是这些矛盾导致了毕业生在角色转换时易出现各种问题。毕业生在走向社会时，虽然自我感觉良好，但社会对他们的表现并不是很满意，相当一部分毕业生在如何顺利地实现自己的角色转换、尽快适应社会方面存在问题！

（三）建立良好的人际关系

1. 尊重他人，和平相处

"敬人者，人恒敬之。"同事之间交往，应该彼此相互尊重。人和人之间的关系是平等的，不因职业高低、收入多少而改变。相互尊重，平等待人是建立良好人际关系的前提。

2. 律己宽人，包容有爱

我们在与他人的交往过程中，要努力做到严于律己、宽以待人，以责人之心责己，以恕己之心恕人。遇到事情能进行换位思考，不要斤斤计较，做到谦让大度、宽容守礼，这是建立良好人际关系的润滑剂，能赢得更多同事和朋友的信任和喜爱。

3. 诚实守信，进退有度

君子重诺，而诚信乃立身之本。在日常生活、工作中要养成良好的习惯，做到诚实守信。同时，与人交往时还要注意进退有度，保持合适的距离，不给他人造成困扰和误会。

三、职业环境的适应和职业角色转换

（一）职业环境的适应

许多毕业生走上岗位以后会产生对新环境的诸多不适应，主要表现在心理、生活、工作、人际关系和工作技能上。任何人对环境都有一个适应过程，怎样尽快适应新环境呢？

1. 心理适应

要发挥自身健康的心理机能——整体协作意识、独立工作意识、创造意识。要克服以下五种心理：对学生角色的依恋心理、观望等待的依赖心理、消极退缩的自卑心理、苦闷压抑的孤独心理、见异思迁的浮躁心理。

一般新人刚进入职场都是从基层做起。俗话说，"良好的开端是成功的一半"。作为职场新人首先要学会心理适应，学会适应艰苦、紧张而有节奏的基层生活。由于缺少基层生活经历，可能会不习惯一些制度、做法，这时要学会入乡随俗，去适应新的环境。要在这个阶段培养出自己的整体协作意识、独立工作意识和创造意识。

（1）要有自信。虽然在刚开始时可能会做错无数事情，但只要能够吸取经验，在同事和前辈们的帮助下去改进和成长，那么个人的整体协作意识、独立工作意识就会逐渐养成。

（2）要有耐性。要充分发挥自己的主观能动性和创造性，遇事要进行具体分析、具体对待，然后脚踏实地地工作。在一个行业准备好从底层做起，不断积累经验提升能力，就能为今后的职业发展打下一个良好基础，形成一个有延续性的职业发展历程。

总之，就业之初，我们从相对简单的学生角色转变到较为复杂的职业角色，理想与现实之间总有差距，面临困难和挑战是正常的。我们要完成从学生角色到职业角色的转换，就要充分认识和认真对待这些矛盾和冲突。只有大胆面对现实，立足岗位努力学习，不断提高和完善自我，才能顺利实现角色的转换。

2. 生理适应

既然步入了职场，就已经从一个学生转换成了一个职业人，原来的许多生活习惯就需要改变。在学校的时候，上课迟到等行为也许不会带来什么严重的后果，但在工作期间，如果迟到旷工，耽误的是整个团队的业绩，随时有被开除的可能。如果工作失误，可能会造成重大的经济损失，没有挽回的机会。所以为了个人的职业前途，我们需要及时调整生活规律，加强自我管理，遵守职场的规则，快速适应职场生活。

3. 岗位适应

年轻人都容易将事情看得简单而理想化，在跨出校门前，都对未来充满憧憬。初出校门的我们不能适应新环境，大多与我们事先对新岗位估计不足、不切实际有关。当职场新人按照过高的目标接触现实环境时，许多所谓的"现实所迫"会让他们在初入职场时走弯路，以至于碰了壁还莫名其妙、不知所措，并且产生失落感。因此在踏上工作岗位后，要学会根据现实的环境调整自己的期望值和目标，为自己做一个良好的职业规划，明确职业目标是什么，在职场中自己该扮演什么角色，该怎样去强化自己的职业，并且持续投入钻研，自然就能得到较好的发展。

4. 知识技能适应

初入职场的新人可能文凭比单位里一些前辈要过硬，但现实常常是他们什么都不会。因为在学校里比较注重的是学习理论知识，而在职场上更注重的是动手能力和经验的积累。因此，要主动投入到再学习中，学习能让我们尽快适应工作的知识技能。正所谓，活到老，学到老。职场竞争在加剧，学习不但是一种心态，更应该是一种生活方式。为适应社会发展和实现个体发展的需要，每个职场人都需要培养主动的、不断探索的、自我更新的、学以致用的和优化知识的良好习惯。同事、上级、客户、竞争对手都是老师。谁会学习，谁就会成功，就能使得自己职业岗位的技能更加完善。

5. 人际关系适应

与象牙塔里单纯的人际关系不同，踏入了职场，人际关系也相应地复杂了起来。刚走上工作岗位的新人最容易犯的毛病是过于高傲，应当把姿态放低一点，恰当的礼貌往往会赢得好感。无论对领导还是同事，无论喜欢还是讨厌，都要彬彬有礼。同时努力工作，适当表现自己，最大限度地得到老板和同事的认可，赢得职场人缘。总之，在职场生活中，当面对复杂情形或困境时，要仔细观察，用心揣摩，注意自己的言谈举止，有意识地提升职场情商，这会明显改善个人在职场中的生存环境，使之进入良性和快速发展的轨道。

案例

频繁跳槽为哪般

小秦自2015年从高校毕业后，不到5年时间就换了13份工作，最长的不到一年，最短的一个月都不到。兜兜转转，从深圳回到了济南，最后找了一份月薪四千的工作混日子，他感觉很苦恼。很多和他类似的年轻人，不是嫌弃老板克扣工资、无良压榨，就是挑剔公司环境不好、同事钩心斗角，于是入职时间不长就想着跳槽，去到新公司后老毛病复发，又继续跳槽。

麦可思研究显示，2018届本科生毕业半年后离职率为23%，高职高专生毕业半年后离职率为42%。数据分析发现，"个人发展空间不够""薪资福利偏低""想改变职业或行业"是大学生毕业半年内选择主动离职最重要的三个因素。而对2014—2018届大学生毕业半年内主动离职原因进行分析，发现其中特别明显的一个离职原因是"工作要求高，压力大"，这说明了大学生毕业后初入职场无法适应岗位的要求。

（资料来源：以上信息由作者根据网络资料整理而成）

（二）职业角色转换

职业角色转换的"五个转变"

1. 从"情感导向"转向"职业导向"

进入职场后尽可能地按照职业操守行事，即使认为自己非常有能力，也要遵章办事，而不能像学生时代一味地由着自己的性情待人接物。

2. 从"思维导向"转向"行为导向"

要脚踏实地、兢兢业业地工作。很多大学生在参加工作之前都很有自己的想法，说起事情来也头头是道，但是到了岗位上却往往眼高手低，说的比做的好。在角色转换过程中一定要切记这一点，变思想为行动。

3. 从"成长导向"转向"责任导向"

这里主要是指学生角色到职业角色在社会职责上面的转变。在学生时期的主要职责和任务是积累知识，而工作后则要开始承担各方面的责任，包括经济上的独立和家庭义务。

4. 从"个体导向"转向"团队导向"

职场最为看重的就是员工的绩效，只有努力工作多多付出，才会等价地得到更多回报。当代大学生大多都有一个明显的特点就是个性化强、团队和集体意识淡薄。但工作不同于读书，有时候更需要的是与他人的配合和团队精神。因此，角色转换也包括团队意识的转变。

5. 从"兴趣导向"转向"责任导向"

这是我们进入社会后非常重要的角色转变。大多数大学生比较明显的特点是凭兴趣做事，比较注重自我的感受。进入社会后，作为成年人、职业人、社会人，我们就必须学会承担责任，为家庭、为公司，也为社会。

四、融入工作团队的方法

（一）加强对班组的理解和认识

班组属于团队的一种形式，它是企业的基层组织。班组一般分为服务性班组和生产性班组两大类。企业的生产活动都在班组中进行，班组工作的好坏直接关系着企业经营的成败。班组是生产经营活动的基本单位，是最基本的生产单位，也是企业的最基层管理单位，直接面对每一个员工，企业的文化、规章制度和精神风貌最终是要通过班组这个团队贯彻到每个员工。

（二）提升挫折耐受能力

挫折耐受力指个体在遭遇挫折情境时，经得起打击和压力，可以摆脱和排解困境而使自己避免出现心理与行为问题的能力，这反映了一个人的心理素质水平。因当代的我们从小遇到的困难和挫折较小，导致我们自身独立能力差，承受挫折的能力比较弱，所以提升挫折耐受能力对于现在的我们来说非常重要。

（三）提高学习自主性

自主学习能力是工作团队对其成员的基本要求，也是工作团队成员的核心素质体现。在崇尚提高团队创新力、构建创新型团队的社会，自主学习能力是非常重要的。

（四）加强自我管理能力

如今，市场竞争激烈，自我管理能力不仅是企事业单位提高运营效率的有效手段，也是团队成员从业和发展个人能力的基本要求，所以国内众多企事业单位和其他组织机构都把自我管理能力作为对高素质人才的基本素质要求。

 案 例

> **勤学善思的新人**
>
> 韦天亮第一天上班就感觉到一点新人的小尴尬。他首先接到的任务是看文档，以及给写好的程序改 bug。由于接触的是偏技术工作，他有时候找遍手头的资料还是拿不出解决方案，需要问同事。但是总问同事也会招人烦，但这也锻炼了他沟通的技巧，死磕的次数多了，反而渐渐和同事熟络起来。他仔细琢磨了入职手册，他意识到公司喜欢有创造力的员工，于是他开始在改 bug 的间隙也写上几行代码，有几次同事觉得他的思路不错，还增补到源文件中。韦天亮把这些文档保存下来，在试用期结束的时候随自我评价一起交给上司。最后他顺利转正，工资还提高了一级。
>
> （资料来源：百度网，2017 年 3 月 9 日，有删改）

公司对新员工的要求与老员工是没有差异的，无非是在试用期里主管可能会多布置些工作给新员工，看他们在一个新环境下的实际工作能力以及适应能力。新人要做好的是：适应新公司的文化、价值观；适应新老板的管理风格；适应新工作环境中与老员工的关系；做好可能会"被欺负"的心理准备。

> 实践活动

职业适应能力测试

一、活动目标

教师通过测试引导学生了解自身职业适应能力水平。

二、活动时间

建议20分钟。

三、活动流程

1. 教师出示以下阅读材料，并要求学生先做自我测试，并提出问题：针对下面的具体问题提升职业适应能力的方法有哪些？

本测试共有20道题，每道题后附有3个可供选择的答案。请仔细阅读后，选出一个最符合你实际情况的答案。

（1）假如朋友突然带来一个你最不喜欢的人到你家里，你会（　　）。

A. 表示惊奇

B. 把你的感觉完全隐藏

C. 暂时忍耐，以后再把实情告诉你的朋友

（2）对自己的某次失败，你（　　）。

A. 只要别人有兴趣，随时都可以告诉他

B. 只在谈话时顺便说出来

C. 决不说，怕会被别人抓住弱点，对自己不利

（3）遇到困难时，你（　　）。

A. 毫不犹豫地向有关人员寻求帮助

B. 经常向熟人请教

C. 很少麻烦别人

（4）你骑车去一个较远的地方参加社交活动，找不到目的地，你（　　）。

A. 赶快查自带的地图

B. 大声埋怨，不知何时才能到达目的地

C. 耐心等待过路车辆或有人走过时，上前询问清楚

（5）当你选择衣服时，你（　　）。

A. 总是固定在一种款式上

B. 跟随新潮流，希望适合自己

C. 在选定以前，先听取朋友或售货员的意见

（6）当你知道将会有不愉快的事发生时，你会（　　）。

A. 自己进入紧张状态

B. 相信事实并不会比预料的糟糕

C. 感觉完全有办法应付

（7）在嘈杂混乱的环境里，你（　　）。

A. 总觉得很烦，不能静下心来学习

B. 仍能集中精力学习，但效率降低了

C. 不受影响，继续学习

（8）和别人争吵起来时，你（　　）。

A. 能有力地反驳对方

B. 常常语无伦次，事后才想起如何反驳对方，可是已经晚了

C. 能反驳，但无多大力量

（9）每次参加正式的考试或竞争时，你（　　）。

A. 常常比平时的成绩更好些

B. 常常不如平时的成绩好

C. 和平时成绩差不多

（10）必须在大庭广众面前讲话时，你（　　）。

A. 常常怯场，不知所措或说话结结巴巴

B. 感觉虽然难，但还是想方设法完成

C. 总能侃侃而谈

（11）对团体或社会性的集会，你（　　）。

A. 总是想找领导讨论

B. 只有在知道讨论的题目时才参加

C. 讨厌在集会上说话，所以不参加

（12）受到别人的批评，你（　　）。

A. 想找机会反过来批评他

B. 想查明受批评的原因

C. 想直接听一下批评的理由

（13）当情况紧迫时，你（　　）。

A. 仍能注意到该注意的细节

B. 粗心大意，丢三落四

C. 慌慌张张

（14）参加各种比赛时，比赛越激烈，群众越热情，你（　　）。

A. 成绩越好

B. 成绩越上不去

C. 成绩不受影响

（15）碰到阻力或困难时，你（　　）。

A. 经常改变既定的主意

B. 不改变既定的主意

C. 越有干劲

（16）你符合下列哪种情况？（　　）

A. 不安于现状，总想改变点什么

B. 凡事只求"规范"，不办破格的事

C. 礼貌要讲，但事也要办

（17）你赞成下面哪一种说法？（　　）

A. 只要是正确的，就坚持，不怕打击，不怕被孤立

B. 在矛盾的方面让一让，就过去了

C. 尽量求和平，把批评和斗争降到最低的限度

（18）假如自己被登报时，你（　　）。

A. 有点自豪，但并不以为然

B. 很高兴，想让朋友也看看

C. 完全不感兴趣

（19）为了给人留下好印象，你（　　）。

A. 想方设法，并花一定时间考虑计划

B. 不特意去做，但有机会就利用

C. 根本不想在别人面前做这件事

（20）你同意下列哪一种观点？（　　）

A. 为了深入了解自己的国家，学习外国的东西是件好事

B. 外国的事与我们没有任何关系

C. 学习外国的东西比学本国的东西更有趣

计分方法：根据自己的选择，对照下面的计分表（表7-13），计算出自己的分数。

表7-13　职业适应能力测试计分表

选项	1	2	3	4	5	6	7	8	9	10	11	12	13	14	15	16	17	18	19	20
A	2	2	3	2	1	1	3	3	1	2	1	3	3	1	3	3	3	3	2	2
B	1	3	2	1	3	2	2	1	2	3	3	2	1	2	1	1	1	1	3	3
C	3	1	1	3	2	3	3	2	2	1	2	1	2	3	2	2	2	2	1	1

如果得分为49~60分，说明你的适应能力很强；

如果得分为37~48分，说明你的适应能力较强；

如果得分为25~36分，说明你的适应能力一般；

如果得分在25分以下，说明你的适应能力较差。

2. 教师将学生按照6~8人划分小组，小组按照这20个问题进行讨论并形成小组观点。

3. 每个小组选出一名代表分享本组观点和方法，其他小组可以对其进行提问，小组内其他成员也可以回答提出的问题；通过问题交流，将每一个需要研讨的问题都弄清楚。

4. 教师进行分析、归纳、总结。

5. 教师根据各组在研讨过程中的表现，给予点评并评分。

第八章 志愿者服务

案例导入

大学生村干部和倩如：一寸寸田野记录着我的青春与梦想

怒江水奔腾南下，一对溜索飞越峡谷，主播和倩如身穿彩衣背着背篓滑索而过。直播画面里，观看量和粉丝量蹭蹭上涨，网店里的山货吸引来不少顾客。

和倩如，中共党员，云南省怒江傈僳族自治州大学生村干部，怒江州青联委员，先后荣获全国第十八届村主任论坛大学生村干部"村民贴心人"提名奖、云南省脱贫攻坚"扶贫好村干部"、云南省"好网民"、怒江州脱贫攻坚"扶贫好村干部"等多项荣誉。

和倩如亲眼看见了闭塞的环境里乡亲们销售农产品的艰难，为了帮助乡亲们摆脱贫困，在村里发展乡村互联网电商经济，探索"党支部+合作社+电商+农户"的发展模式，用了三年的时间，从普通的大学生村干部，变成了村里的淘宝直播主播，成了村民网红的培养者；同时为浪坝寨村打造一支带不走、留得住的电商团队，培植浪坝寨村乡村互联网电商经济的萌芽，助力群众增收，追寻乡村振兴之梦。

和倩如："走出校门近四年，我觉得，最幸福的事情就是自己现在所拥有的时光，遇良师交挚友，这是多大的一笔人生财富啊！放弃大城市工作的机会到艰苦的地方去工作，面对未知的一切困难，我始终保持一颗希望的初心。积极地听从内心的召唤，突破现实的羁绊，遇到挫折了，告诉自己再勇敢一点，想放弃了，告诉自己再坚持一下，坚持了就会有希望！"

"四年村干部路，一生为民情。正是这份'初心'指引我不断劈波斩浪前行，使命让我'咬定青山'勇于担当。一路走来，我的青春岁月与对农村沉甸甸的爱紧紧连在一起，一寸寸田野记录着我的青春与梦想，而我也在这片土地上收获了为民服务的本领，收获了快乐和自信。"

"作为新时代的大学生村干部，我将勇担时代责任，坚定对党的信仰，对祖国的热爱，坚持对社会的奉献，对人生价值观的守护，继续做好村民的贴心人，让青春在农村广袤大地中绽放！"

（资料来源：中国妇女报，2021年4月28日）

第一节 农村特岗教师

> 不管一个人取得多么值得骄傲的成绩，都应该饮水思源，应当记住是自己的老师为他的成长播下最初的种子。
>
> ——居里夫人

一、特岗教师简介

"特岗计划"是中央实施的一项对西部地区农村义务教育的特殊政策，通过公开招聘高校毕业生到西部地区"两基"攻坚县县以下农村学校任教，引导和鼓励高校毕业生从事农村义务教育工作，创新农村学校教师的补充机制，逐步解决农村学校师资总量不足和结构不合理等问题，提高农村教师队伍的整体素质，促进城乡教育均衡发展。实施范围为集中连片特殊困难地区和中西部国家扶贫开发工作重点县，省级扶贫开发工作重点县，西部地区原"两基"攻坚县（含新疆生产建设兵团的部分团场），纳入国家西部开发计划的部分中部省份的少数民族自治州以及西部地区一些有特殊困难的边境县，少数民族自治县和少数民族县。主要包括下列地方：河北、山西、内蒙古、吉林、黑龙江、安徽、江西、河南、湖北、湖南、广西、海南、重庆、四川、贵州、云南、陕西、甘肃、宁夏、青海、新疆。

二、特设岗位教师的招聘对象和条件

（一）招聘对象

（1）全日制普通高等学校师范类专业应届本、专科毕业生。

（2）全日制普通高等学校具备教师资格条件的非师范类专业应届本科毕业生。

（3）取得教师资格，同时具有一定教育教学实践经验、年龄在30岁以下且与原就业单位解除了劳动（聘用）合同或未就业的全日制普通高等学校往届本科毕业生。

（二）招聘对象具备的基本条件

（1）政治素质好，热爱祖国，拥护党的各项方针、政策，热爱教育事业，有强烈的事业心和责任感，品行端正，遵纪守法，在校或工作（待业）期间表现良好，未受过任何纪律处分，为人师表，志愿服务农村基层教育。

（2）符合教师资格条件要求和服务岗位要求（应聘初中教师的学历原则上要求为本科及以上，所学专业与申请服务的岗位学科一致或相近）。

（3）身体条件。身体条件符合当地要求，并能适应设岗地区工作、生活环境条件。

三、"特岗计划"的相关保障政策

（1）为吸引更多优秀高校毕业生到农村学校任教，按照"自愿报名、择优选拔"的

原则,对具备以下条件的报名者在面试成绩中给予适当加分。

①少数民族学生加2分。

②省级优秀毕业生、省级及以上"三好学生"加4分,校级"三好学生"加2分;同时具备以上几个加分条件的学生,可以累计加分,最高加分不得超过6分。

③参加"大学生志愿服务西部计划""三支一扶"计划支教服务且服务期满的志愿者和参加过半年以上实习支教的师范院校毕业生以及生源地考生在同等条件下优先招聘。

(2) 特设岗位教师在聘期内,由县级有关部门对其进行跟踪评估。对成绩突出、表现优秀的,给予表彰;对工作不扎实、不按合同要求履行义务的,要及时进行批评教育,督促改正;对不履行合同要求的义务,经教育仍无转变,不适合在教师岗位继续工作的,应解除协议。

(3) 各设岗县(市)和学校,要为特设岗位教师提供必要的周转房,方便教师的工作和生活。

(4) "特岗计划"的实施可与"农村学校教育硕士师资培养计划"相结合。符合相应条件要求的特设岗位教师,可按规定推荐免试攻读教育硕士。特设岗位教师3年聘期视同"农村学校教育硕士师资培养计划"要求的3年基层教学实践。

(5) 特设岗位教师3年聘期结束后,对考核合格、自愿留在本地学校的,经县级政府教育行政部门审核,县级政府人事行政部门批准,由县级教育行政部门办理事业单位人员聘用手续,按照有关规定办理上编制、核定工资基金等手续,并分别报省、市(州)人事、教育行政部门备案,同时将其工资发放纳入当地财政负担范围,保证其享受当地教师同等待遇。

各市、县(市、区)、乡镇学校教师岗位空缺需补充人员时,要优先聘用聘期已满、考核合格的特设岗位教师。

各地区在实施"特岗计划"的同时,要研究制订具体可行的办法,加大创新农村教师补充机制的工作力度,并大力推进城镇教师支援农村教育工作,积极稳妥地处理好代课人员问题。

案 例

教育部2019年优秀特岗教师巡回报告走进甘肃

一、每一位老师都有故事

报告会上,播放了优秀特岗教师宣传片,来自河南省濮阳市范县第三小学的巴世阳、河北省张家口市怀安县太平庄中心学校的杨晓帅、黑龙江省佳木斯市桦川县横头山镇中心学校的袁艳敏、新疆维吾尔自治区阿克苏地区第八小学的克地也木·木合旦、山西省吕梁市临县第三中学的张杰等五位特岗教师依次分享了他们在乡村教育一线的从教经历,讲述了他们扎根基层默默奉献的感人故事。他们中,有的祖孙三代从事教育事业,有的夫妻均是特岗教师,有的放弃了城市优厚的待遇扎根乡村……他们用青春和智慧、用爱和责任默默奉献乡村教育事业。

"孩子们第一次穿上漂亮的演出服,第一次画上了美美的妆,第一次尽情享受作为主角的幸福。"伴随着音乐,巴世阳缓缓地讲述着她在特岗教师岗位上的点滴生活。

"六年来,我一手拿粉笔,一手拿工具给孩子们做字母教具,做动物卡片,做水果模型,做了满满的四大筐。"杨晓帅一个个展示她和孩子们做出的黑板报和手工模型。杨晓帅的脸上洋溢着感动和自豪。在场的师生,看着屏幕上一个个闪烁而过的图片,掌声缓缓响起。

张杰是宣讲团成员中唯一的男同胞。一上场,张杰幽默诙谐的风格就博得会场上师生的掌声和笑声。讲述过程中,张杰时常提起和他一起携手并肩的爱人"秀秀"。"在工作上,我是班主任,我领导她。在生活上,我们是夫妻,她领导我。工作上,她不折不扣完成我交代的每件事;生活上,她说的话我一声不吭地去落实。"张杰说着,和会场上的师生一起笑了起来。

二、14年甘肃省4.1万特岗教师奉献三尺讲台

"通过聆听这些优秀教师的特岗经历,我真正理解了在大山里做一名特岗教师的艰苦。那里没有城市的光鲜繁华,能够在基层踏踏实实地去接触教育最普遍、最真实的模样,这是一生的幸事。我期待将来走出校园,走向讲台,让自己的青春在讲台上闪光。"西北师范大学2017级思想政治教育专业学生廖艳冰说。"到基层去,基层更需要我们,让梦想扎根在芬芳的田野上。"西北师范大学体育学院师范生陈琦动情地说。

据介绍,国家实施"特岗计划"14年来,招聘规模逐步扩大,从2006年的1.6万名,逐步扩大到2018年的9万名,至今共有75.4万名特岗教师,分赴我国的中西部地区1 000多个县,为3.7万所农村学校注入新鲜的血液和青春的活力。甘肃省自2013年实施乡村教师生活补助工作以来,将特岗教师也纳入发放补助范围,2019年省、市、县三级财政按照人均每月不低于400元的标准发放生活补助,努力解决特岗教师生活困难,确保特岗教师能够安下心来教书育人。通过14期"特岗计划"的实施,甘肃省农村基础教育学校选拔出了一大批高素质、高学历的大学毕业生,补充了4.1万名乡村教师,有效缓解了甘肃省农村学校教师紧缺的现状,改善了农村中小学教师队伍结构,进一步增强了教师队伍的整体活力,提升了农村教师队伍整体素质和农村教育整体质量和水平。14年来,甘肃省4.1万名特岗教师扎根农村,为甘肃省教育改革发展、脱贫攻坚、乡村振兴做出了巨大贡献。

(资料来源:中国甘肃网,2019年9月6日)

四、特设岗位教师的户口和档案管理

特设岗位教师聘用期间,其户口根据本人自愿,可留在原籍,也可迁至工作学校所在地或工作学校所在地的县城;党(团)组织关系转至工作单位,并应积极主动参加工作单位的党(团)组织活动;特设岗位教师人事档案原则上由服务县政府人事行政部门人才服务机构免费管理。服务期满后,被国家机关、企事业单位正式录(聘)用的,在服务期间建立的工作档案和党团关系按规定转到具有人事管理权限的相关单位管理或由政府人事行政部门人才服务机构代理。

五、特设岗位教师的聘后管理

特设岗位教师聘用后的日常管理与考核主要由设岗学校和设岗县教育行政部门负责。每年度结束,各设岗学校要对本校特设岗位教师的政治思想表现和工作情况进行综合考核,评定考核等次,并报县教育行政部门审核后存入其工作档案。

第二节　大学生村干部

> 青年兴则国家兴，青年强则国家强。青年一代有理想、有本领、有担当，国家就有前途，民族就有希望。
>
> ——党的十九大报告

大学生村干部计划是十七大以来党中央在特定历史条件下所做出的一项重大的战略决策，对于协助农村村"两委"和农民合作社的治理、推动农业农村可持续发展、缓解大学生就业难、培养党政干部后备人才都具有十分重大的意义。无数刚刚毕业的大学生，怀揣着对农村的无比热情、对新农村建设的无限热忱，积极响应国家的号召，投身到广阔的农村，施展自己的抱负，实现自己的人生价值。整体上看，无论是从文化层次、知识水平、年龄结构还是从社会责任感、工作责任心等方面进行综合考量，大学生村干部都是新时代建设社会主义新农村的主力军。大学生村干部不断充实到村干部队伍，不仅改变了这支队伍的知识结构和年龄结构，还改善了村干部队伍的能力结构和素养结构，必将给新时代社会主义新农村建设带来全新的面貌。

一、大学生村干部在农村经济改革中的作用

（一）大学生村干部是农村社会治理的协调者

大学生村干部能够在农村经济改革中把农村社会治理有效地融入国家治理中来。农村具有鲜明的历史性与不可替代性，从农村经济改革以来村民自治一直都是农村社会治理的主要方式。村民自治的基本内涵就是在村民自治过程中，农民享有表达自身利益的话语权，有权利参与到农村集体事务决策中。但是在此过程中，农民社会群体分化极大会导致农村利益不充分。因此，国家实行大学生村干部计划，让大学生村干部参与村民自治，使得越来越多农民受到大学生村干部公民意识的激励和主动参与行为的鼓舞，能够通过村民自治制度来表达自己的利益诉求，让他们不仅能够关心个人的选举权，更能关注村务公开、代表选举等政治权利，积极参与到集体事务决策中来。由此可见大学生村干部能够把农村治理有效地融入国家治理范畴中来，有效地解决农村社会治理的矛盾，从而推动农村社会经济发展。

（二）大学生村干部是农村社会变型的改革者

大学生村干部在农村经济改革中，使得基于血缘关系的传统农村社会改造成基于法律关系契约性的现代社会。在农村经济改革中，最重要的问题就是农民问题。传统的农村社会是基于血缘关系之上，以姓氏等形成一个家族制的集体，这就使农村社会管理体制上存在着分散性。而大学生村干部的作用就是要建设一个具有法律关系的现代农村社会。在农村社会变型改革中，法律性社会是否能有效地建造得益于农民的话语权能否得到充分保障，这时大学生村干部在公民教育这一块就起到了关键作用。只有充分尊重和保护公民的

话语权和受教育权,才能在实行科学民主决策的过程中真正地了解到农民的需要,更好地发挥农民在农村经济社会变革中的主体作用。

在社会主义新农村建设中,不仅要使得大学生村干部的话语权得到充分的保障,还要鼓励大学生积极参加农村基层自治组织领导职务的选举,同时又要尊重农民集体话语权,处理并确保满足他们的合法愿望。大学生村干部是公民教育的设计者,是自身与村民双方话语权的维护者。大学生村干部作为一群接受过民主训练和公民文化熏陶的社会主体,既有维护自身话语权的能力,同时也能有效地维护村民的话语权。在村民自治制度的发展、演变、完善过程中,大学生村干部通过设计与话语权等相关的合理治理或民主政治生活来使得村民积极参与到集体事务中来,逐渐改变公民的情感、态度、气质、性格、行为习惯,让农民真正成为一个具有真正公民意识和公民观念的新型农民,进而培育出适合农村的真正的公民文化。

(三) 大学生村干部是农村经济发展的领头羊

大学生村干部是农村经济的领头羊。大学生村干部作为新一代青年,有着许多优质的特质,如:思想观念较新,年龄、教育背景、政治面貌、知识结构、专业技能等比传统村干部更具备优势;同时,高校村干部工作不仅是党和国家培养可靠人才的战略工程,也是青年学生实现人生理想的一项充满希望的工程。这就为农村经济发展注入新鲜的源泉,起到造血功能。

首先,大学生村干部可以通过宣传科学新观念来驱赶农民潜意识中的小农意识,以市场经济为导向转变农民的生产观念以改变农民生产方式,培育新型职业农民,激发农民生产主动性,促进农民收入的增加。其次,扶贫先扶智。城乡之间的教育发展有着很大的差距。大学生村干部要推进农村基础教育,要提高农民的文化素质和职业技能来为社会主义新农村建设提供人才支持,提高农村劳动力的就业竞争力。更重要的是,通过实践来引导农民培养协商合作的意识,使他们从小农的意识中脱离出来,积极参与市场竞争,在积极向上的观念指导下实现科学繁荣的目标。最后,大学生村干部应该发挥自身优势和特征,充分挖掘本村的区位优势,并充当农业科技教育的联络员、组织员、宣讲员和信息员,要依托本村的产业发展对农民开展农业实用技术培训和职业技能培训,使他们掌握能切实提高农民生产技术水平的农业新品种、新技术,丰富农民环保和食品安全意识的农业环境保护、无公害农产品、食品安全、标准化生产等知识,提升农民经营管理水平和适应市场经济能力的经营、管理和市场经济技能;丰富农民转岗就业能力所需知识。

 知识链接

习近平给大学生村官张广秀复信,对全国大学生村官提出殷切期望

中共中央总书记、国家主席、中央军委主席习近平给烟台市福山区福新街道垆上村大学生村官张广秀复信,对她病愈重返工作岗位表示慰问,对全国大学生村官提出殷切期望,希望他们热爱基层、扎根基层,增长见识、增长才干,促农村发展、让农民受益,让青春无悔。复信全文如下。

张广秀同志:

来信收悉,感谢你和乡亲们的祝福。得知你康复良好、重返岗位的消息,我感到很欣

慰，同时希望你仍要注意保重身体。

改变农村面貌，帮助农民群众过上好日子，推动广大农村全面建成小康，需要党和政府的好政策，也需要千千万万农村基层干部带领广大农民群众不懈努力。大学生村官计划实施以来，数十万大学生走进农村，热情服务，努力实现人生价值。你们的付出和贡献，农民群众有最真切的感受，我看了很多反映大学生村官事迹的材料，为你们的进步和成绩感到高兴。

希望你和所有大学生村官热爱基层、扎根基层，增长见识、增长才干，促农村发展、让农民受益，让青春无悔。

祝工作顺利、身体健康、阖家幸福！

请转达我对垆上村乡亲们的节日问候！

习近平
2014 年 1 月 28 日
（资料来源：新华网，2014 年 2 月 13 日）

据悉，张广秀是 2009 年 9 月选聘到垆上村任职的女大学生村官，2010 年 9 月身患急性白血病仍不忘工作。在习近平等中央领导同志的亲切关怀下，她到北京接受治疗后于 2013 年 6 月重回村官岗位。2014 年 1 月 15 日，张广秀致信习近平总书记，汇报了自己工作生活情况，表示一定不辜负总书记的殷切期望，努力工作，服务群众，为实现中国梦做出贡献。习近平收到来信后随即复信。

二、农村经济改革下大学生村干部建设过程中的政策效应

（一）进一步完善大学生村干部发展长效机制

大学生村干部长效发展机制的健全主要体现在其流动机制的建立健全上。因此，要建立健全大学生村干部"流得动"机制。一是要完善大学生村干部的留村任职工作。主要是采取党员推荐或者群众推荐等方式，鼓励一些表现优秀、被党员和群众认可的村干部参加选举，担任村"两委"负责人。经考核合格，提出续聘申请的，经乡党委初步审查，县级组织和人力资源社会保障部门审查批准后就可以签订续聘合同。二是可以推行考录公务员加分政策。即保障大学生村干部参加面向社会统一组织的公务员招考时能够享受加分等相关的优惠政策。三是鼓励自主创业。指导大学生村干部参加农业产业龙头企业、农业示范园区、专业合作社、专业协会的实践活动，帮助他们学习创业知识，积累实践创业经验。为了建立和加强农村干部的创业精神和商业孵化基地，应该把精力放到那些有创业意愿、创业能力、创业优势的大学生村干部身上。四是鼓励成功创业的大学生村干部成为企业管理者、项目负责人和新社会组织的领导者，逐步实现自主发展。

（二）在实践中不断提升大学生村干部的理论能力

实践是检验真理的唯一标准，大学生村干部应在实践中不断地检验农村经济社会改革相关理论，并做好一系列的知识储备工作。一是规范高校职业指导方面的课程。通过规范高校关于大学生村干部的职业培训课程，对有兴趣成为大学生村干部的学生进行有效的"三农"知识的传递，并在学生的日常生活基础之上进行准确的指导和专业的培训，使得高校的资源得到充分利用。二是加强大学生入职前的职业培训。地方政府应对新聘大学生

村干部进行一系列严格的入职培训,帮助大学村干部在农村服务工作中更好地定位,培养大学生村干部的奉献精神。三是要完善大学生村干部的后续教育机制。主要是通过一些"互联网+"的形式,通过线上与线下的培训课程和交流来对大学生村干部进行乡村振兴、农业供给侧改革、新农村建设、农村社会管理创新、基层工作发展、法律法规等形式的专业培训,继续完善农村社会保障体系。此外,大学生村干部还应加强自身建设,与时俱进,加强与返乡青年的互动和联系,加强群体间的联系。只有加强群体互动,才能发挥最大的作用;要增强对村民的责任感,保护生态环境,在农村经济改革中更好地发挥自身的优势。

(三)营造有助于大学生村干部成长发展的良好环境

一是加大对大学生村干部的扶持力度。可以通过宣传大学生村干部的先进典型,不断增强他们的自我获得感和社会认同感。同时,给予相关的公平公正的政策支持,如一些必要的政策倾斜和创业激励措施等,解决大学生村干部地位尴尬的局面,使其成为企业家,并依照法律法规致力于改革。二是搭建学习平台。将终身学习与大学生村干部个人发展相结合,在大学生村干部的创业、专业技能、信息交换平台建设方面给予培训和指导,并通过线上线下资源的整合,为大学生村干部整体发展营造良好的氛围。这些措施将有利于大学生村干部计划的稳定发展,发挥国家的公益责任作用。

第三节 三支一扶

> 在扶贫的路上,不能落下一个贫困家庭,丢下一个贫困群众。
> ——习近平

"三支一扶"工作,是从2006年以来,每年采取公开招募、自愿报名、组织选拔、统一派遣的方式,招募一定数量的高校毕业生,安排到乡镇从事支教、支农、支医和扶贫的工作。出台"三支一扶"计划,主要目的有两个:一是分流逐年增加的毕业生人数,给毕业生创造一个全新的就业窗口,减轻毕业生在大城市就业的竞争压力;二是城市经济水平逐年提高,和农村经济水平的差距逐渐加大,这就让经济发展的重心逐步转移到农村。由于教育、医疗和技术等方面的不足,农村经济发展受到了很大的制约,因此制定"三支一扶"计划,就是要向农村导入具备知识和技能的毕业生,让他们成为带动农村经济发展的新鲜血液。

一、"三支一扶"国家基层人才培养计划出台的背景及意义

(一)"三支一扶"国家基层人才培养计划出台的背景

1999年高校扩招以后,我国高等教育从精英教育向大众教育转化,每年数百万应届大学毕业生走出校园步入社会,大学生就业形势日益严峻。我国是世界上人口和劳动力最多的发展中国家,各地经济发展水平很不均衡,农村基层人才缺乏与高校毕业生就业难一直

是困扰国家经济发展的两大问题。广大农村农业、教育、医疗方面的人才缺口大,而每年几十万大学毕业生无业可就。为建设社会主义新农村,缓解大学生就业压力,拓宽就业渠道,国家实施了基层人才培养计划。2006年2月,国家人事部等八部委联合下发了《关于组织开展高校毕业生到农村基层从事支教、支农、支医和扶贫工作的通知》,同时启动了《2006年高校毕业生"三支一扶"计划实施方案》。社会也通过舆论引导大学生积极参与"三支一扶"基层就业。"三支一扶"实施十几年来,为高校毕业生提供了大量工作岗位,缓解了就业压力。广大毕业生在基层经受了锻炼,为成长和成才及事业的发展创造了条件,增长了见识,增加了对国情的了解,为农村基层农业、教育、医疗和扶贫等工作贡献了青春才智,也为服务地区带去了新鲜的活力和崭新的面貌。越来越多的大学生认同"三支一扶"计划,很多优秀的"三支一扶"计划志愿者最终通过考试、转任聘用等方式进入各级党政机关、事业单位,为这些部门单位充实了具有一定基层工作经验的青年人才,还有部分"三支一扶"志愿者服务期满后扎根农村,为实现全面建成小康社会贡献青春才力。

(二)国家实施"三支一扶"计划项目的意义

2019年是我国决胜小康社会关键之年,"中央一号文件"明确将脱贫攻坚作为2019年、2020年"三农"领域必须完成的头号硬任务。2019年应届大学毕业生数量达834万,再创历史新高,就业的结构性矛盾更加突显。就业形势如此严峻,需要更加积极的就业政策来应对,"三支一扶"就业项目是国家促进大学生就业的一项重要政策。实施的"三支一扶"计划项目的深远意义不仅是解决大学毕业生就业问题,更重要的是实施科教兴国战略和人才强国战略。党的十九大作出了实施乡村振兴的重大决策部署,其中之一就是人才振兴,而大学毕业生正是农村急需的人才,同时让大学毕业生到祖国基层发挥才干,在实践中成长成才。"三支一扶",能够培养大学生责任意识、担当意识。

知识链接

河南省安阳市"三支一扶"工作主要做法

一、组织领导有力,宣传引导效果明显

安阳市成立了"三支一扶"领导小组办公室,办公室设在市人社局。全市人社系统每年工作会议,市人社局主要领导都要对"三支一扶"工作做出重点部署。重要节点都要召开"三支一扶"专题会议安排。每年"三支一扶"计划数申报,都要召开各县(市、区)主要负责人参加的专题会议,对申报计划提出指导性意见。同时,注重加强舆论宣传,营造良好的社会氛围。通过报纸、电视、互联网、在线访谈栏目、微信公众号等宣传手段,充分发挥县区人社基层平台覆盖面广的功能,发布公告,宣扬典型。自2017年开展"人社惠民政策进家"以来,连续制作播放两期"三支一扶"电视专题新闻片,社会反响良好。报考比例最高达到120∶1,最低70∶1。

二、考风考纪严格,招募工作规范有序

严格落实省文件精神,制订方案,区分任务,明确职责,实现报名、笔试、面试、体检、政审、上岗等每项工作都有对应责任科室和人员去落实,每一环节都有具体责任人负责。2016年招募体检,一名考生转氨酶数值偏高。体检结果出来后,有关部门安排两名同志，严格依照有关体检要求对该考生进行复检。虽然该生因复检不合格最后主动放弃，但对我们严谨的工作程序感到满意，并愉快地在确认书上签字。

三、真诚关心关爱，营造拴心留人环境

良好的工作生活环境，是确保"三支一扶"大学生安心在岗的关键。上岗前，都要结合本人志愿、所学专业和现居住地等因素，在做到专业岗位合理对接基础上，想方设法协调解决好食宿等问题，努力确保所有学生都能愉快到岗、满意上岗。对于考取其他机关事业单位的学生，积极协调为其办理相关手续。每逢中秋节、春节等重大节日，都要指定一名副局长带队，组成慰问工作组，带着慰问品深入到大学生服务岗位进行慰问，实地走访察看他们工作和生活情况。2011年以来，安阳市共筹措资金10余万元用于"三支一扶"大学生慰问。建立安阳市"三支一扶"大学生微信群，公开办公联系电话，及时协调解决工作生活中的困难，将市直、各县及其他相关招聘信息及时在群里发布，受到"三支一扶"大学生的广泛好评。

四、加强督促协调，全力做好入编工作

"三支一扶"工作政策落实成效好坏，入编是关键。做好这项工作，对在岗"三支一扶"大学生无疑是最好的示范和引导。每年7月底，安阳市都要召开县区人社局主要领导参加的座谈会，及时了解掌握各县入编工作进展情况。会后加强督促，积极帮助解决入编工作中遇到的困难和问题。在入编完成后，安排专人深入县区，检查政策落实情况。召开服务期满"三支一扶"大学生座谈会，具体了解是否真正全部入编到岗。近几年，安阳市52名服务期满大学生全部根据省要求按时入编上岗。2017年，安阳市进行区划调整，"三支一扶"工作除4个县外，龙安区、殷都区、北关区都是首次接触。对此，市里提前介入，召开专题会议，组织讲解学习省厅相关文件，对3个区"三支一扶"工作重点关注，加大督促力度，8月底前2015年招募的8名服务期满大学生全部按省要求落实编制。

（资料来源：搜狐网，2020年8月21日，有删改）

二、"三支一扶"计划面临的问题分析

"三支一扶"计划的整体目标非常好，但是也存在很多困难，面临着不少问题。必须对这些问题形成清楚的认识，对症下药，才能确保"三支一扶"计划的长效实现。下面就对当前存在的主要问题做出探讨。

（一）基层人数少，缺乏带动效果

就当前实际而言，在"三支一扶"计划下，每一年都有不少大学毕业生下到基层工作，但是能够扎根基层的人并不多，这对于"三支一扶"计划的长效实现不能产生良好的带动效果。虽然参与"三支一扶"计划需要经过一系列招募和选拔的过程，但是工作时限一般只有两年，超过半数的大学生在基层工作满两年之后，都会选择调动，离开农村基层。在这样的形势下，就给刚毕业的大学生产生了消极的影响，不能给他们树立一个榜样作用，从而使得刚毕业的大学生也怀揣干满两年就走人的心态参加工作，这样对于大学生自身发展和农村经济发展都具有负面影响。

（二）尚未形成全面的舆论引导环境

"三支一扶"计划对于整个农村基层经济的发展至关重要，但是由于农村条件艰苦，

和大城市相比差距很大,因此毕业生下到基层之后很难留下来。追求更好和更安逸的生活是每个人的基本心理,是难以短时间转变过来的。毕业生本身没有扎根基层的意识,而在舆论引导上也存在不足,这就让"三支一扶"计划的长远实施面临着缺人的困境。当前对于"三支一扶"的舆论引导主要是集中在校园内,在社会和媒体上的舆论引导力度不足,不仅毕业生对"三支一扶"的认识不足,很多学生家长对"三支一扶"也缺乏认识。不少家长听说自己的孩子要去农村工作,就是一片反对的声音。舆论引导不足,毕业生和家长对"三支一扶"的本质意义缺乏理解,这将阻碍"三支一扶"的落实。

(三) 高校毕业生存在认识上的误区

除了舆论引导不足之外,高校毕业生自身对"三支一扶"计划也存在认识上的误区。从本质上来讲,"三支一扶"是为了帮助农村基层发展,但是很多高校毕业生仅仅是将"三支一扶"当成了一次工作实践,并没有认清该计划本身所包含的深层次意义。不仅如此,农村基层的情况特殊,很多方面的工作和毕业生在学校里所学的理论知识存在脱节,这就造成很多下到基层的毕业生不知该如何应付工作。尤其是对于身在农村这个事实,毕业生对于自身的角色定位陷入了迷茫,往往不能清楚辨析自己是农民还是政府人员,从而在基层工作中无法全身心投入。

(四) 政策方面不够完善

"三支一扶"计划的长远发展需要完善的政策机制来加以辅助,但是就目前而言,相关政策还不够完善,存在一些问题。首先,部分政策比较笼统,职责划分不清,执行能力较弱,这就让参与"三支一扶"计划的毕业生不清楚自身可以享受哪些优惠政策,也不知道要怎么办理。其次,部分政策存在冲突,主要是上级政策和下级政策存在一些不相符的地方,给毕业生带来了疑惑,也让"三支一扶"的落实受到了阻碍。最后,高校缺乏"三支一扶"这方面的一些刺激政策,对毕业生缺乏帮助和引导。比如,基层工作需要的某些技能,毕业生在学校中往往没有学习,也没有这方面的培训,这就无法提高毕业生融入基层工作的能力。

案 例

> **"三支一扶"是一个锻炼人的好平台**
>
> 1994年出生的连江女孩陈爱清,即将结束她的支农工作。
>
> 2017年,陈爱清从福建农林大学东方学院经济统计学专业毕业,同年7月,开始在闽清县梅溪镇水利站支农,主要从事关于防汛抗台、河长制、农田水利建设等较为基础性的工作。
>
> 毕业季是就业选择的分叉口,正在找工作的陈爱清留意到了"三支一扶"的招考信息,对体验基层工作充满新奇,跃跃欲试的她勇敢地报了名。得知爱女有意向支农,其家人十分支持。实际上,工作方面的选择,陈爱清有很大的自主性。
>
> "支农期间,我印象最深刻的是第一次防汛。过去台风天、暴雨天一般都躲在家里不出门,现在身处这个岗位,我必须在视频会议室值班,时刻关注风情、雨情以及各村情况,将各项通知及时传达到位,不能延误。这种时刻保持紧张的感觉,让人十分难忘。"陈爱清还记得风雨天里的种种场景,以及肩上的责任感。

> "三支一扶"在陈爱清的眼里是一个锻炼人的好平台。通过两年的基层服务,她领略到许多乡土风情,拓宽了眼界,也取得工作上的实质成效。以河长制工作为例,其负责的河道区域内垃圾减少了许多,地方水质也得到很好的改善,整个区域内水环境有了一定的提升。
>
> "通过这次实践,我学到很多。一是学到了水利业务相关知识,在日常工作中多多少少会积累一些有关水利工程、防汛常识等方面的知识,比如一个工程从开始到结束的步骤以及用手机看云图等。二是学到了许多日常工作处理的经验。我经常跟着领导下村,学到了领导处理事情的方法。比如在拆迁的时候,领导是如何一步步说服户主签订拆迁协议等。我不再是刚毕业时那种懵懂的状态,对基层工作也有了一定的认识。"
>
> 陈爱清计划在服务期满后参加考试,在新的岗位上继续努力工作,积累经验。
>
> (资料来源:福建农林大学东方学院官网,2017年9月21日,有删改)

三、助推"三支一扶"计划有效实施的建议

"栽好梧桐树,引得凤来栖。"解决基层人才问题,"招得进、用得好、留得下"是关键。"三支一扶"大学生是助力基层人才队伍改善的生力军,筑巢引凤是关键。以下从学生、高校以及政府三个层面提出建议。

(一)学生层面

1. 正确认识就业形势,转变就业观念

毕业生数量逐年增加,博士和硕士毕业生成倍增长,替代性就业的局面开始出现,就业压力增大,毕业生应对自身能力和就业取向有合适的评估。尤其是专科院校师范类毕业生,对岗位的选择能力比较弱,须找准定位。到基层就业既能得到锻炼,又能享受政策带来的无形收益。大学生就业价值观的变化能反映其就业取向的变化。"三支一扶"大学生的就业价值取向整体上呈积极健康的发展趋势,但仍存在个体的主观障碍因素,影响其职业发展。许多大学生期待高薪酬和优越的工作环境,缺乏到基层工作意识。目前城镇教师资源相对饱和,而基层缺乏专业教育师资。国家鼓励大学生到基层就业,出台了"大学生志愿服务西部计划""三支一扶""农村义务教育阶段学校教师特设岗位计划""一村一名大学生计划"等政策。大学生要拓宽就业思路和职业选择面,走出观念误区,转变观念,积极投身基层工作。

2. 调整就业心态,提高综合素质

刚到基层服务的大学生要进行心理调适,树立良好乐观心态,做好服务基层的准备。个人享乐思想会使部分"三支一扶"大学生喜欢选择到条件待遇相对优越的地方工作而不愿到经济相对落后、条件相对艰苦、急需人才的农村基层服务。"三支一扶"大学生应该发扬艰苦奋斗的工作作风,怀着一种重任在肩的使命感,为乡镇、农村发展贡献自己的力量。要锤炼扎根基层的作风,对工作充满激情,立足岗位,勇于接受实践的锻炼和考验,展现才华,在平凡岗位上做出不平凡的贡献,实现自我价值。

3. 适应政策和选拔标准

在精准应对"三支一扶"高校毕业生量化测评标准表的解读中,大学生为提高选拔成功率,应该做到以下几点:一是选择与自己的专业完全相符的岗位,可以得到"专业相关性"条件满分40分;二是选择生源地岗位,可以得到"生源地为所报岗位所在地"条件满分20分;三是在校期间应全面发展,争取获得校级、市级或省级优秀学生干部、三好学生、优秀毕业生等荣誉称号,仅此三项荣誉就可以获得最高5分;四是争取入党,获得3分;师范生需考取教师资格证,方有支教资格。在校期间,大学生应努力提升自身综合素质,做到全面发展。

> **案 例**
>
> **参加"三支一扶",谱写绚烂青春**
>
> 1993年出生的朱心梁,家乡在福建省闽清县。2016年,朱心梁从厦门理工学院毕业,第二年积极响应"三支一扶"的号召,在闽清县白中镇农业服务中心支农。
>
> 2017—2019年,他在基层党政办和社会事务办工作。据朱心梁介绍,在党政办,他主要从事办公室日常工作事务及突发事件应急处理,如会议安排、收发文件、政府采购、企业项目落地、森林防火、防汛抗台、重大节日的安全防控等。在社会事务办,他主要从事残疾人生活及护理补贴受理、救灾救济、双拥优抚安置、城市农村居民最低生活保障受理、殡葬管理、孤寡老人及孤儿等特殊困难群体的管理工作和县民政局交办的其他工作。
>
> 他的初心是通过两年的基层工作锻炼自己。支农工作实实在在地为他的青春献礼,为之踏入社会上了重要的一课。看似日常琐碎的工作,实际需要的是细心和耐心。朱心梁在两年支农生活中成长了许多,理解了基层工作者的不易与艰辛。
>
> "毕业的时候就一直想报名参加,遗憾的是当年并没有招录。第二年通过一平台得知'三支一扶'正在招募,且工作单位又在家乡,于是我积极报名参加'三支一扶',想锻炼一下自己。在接触行政工作之前,我一直以为政府工作很简单,就是在办公室打打字。可事实并非如此,基层工作任务重,经常下村入户、下企业和工地,有时还不能准时吃饭。两年的工作,改变了我以往对政府工作的刻板印象。"
>
> 朱心梁回忆起支农期间的工作,对一次受到"唾沫以待"的经历最为难忘。
>
> 他服务过一位患有精神病二级的残疾人,对方离婚独自一人带着孩子,生活困难。期间,朱心梁为这位残疾人办理农村低保申请,在等待核查报告期间,对方来到办公室询问何时能批下来。朱心梁和他的同事告知对方已受理并录入福建省民政厅救助家庭经济状况核对平台,正在等待出具核查报告。或是因为觉得等待时间过长,或是因为其他原因而导致精神受到刺激,对方突然向他和同事吐口水,使他们措手不及。
>
> "对方是精神病患者,我们又有什么办法呢?毕竟是做基层工作,而且还是做困难群众的工作,所以我们必须认真负责。"朱心梁怀着复杂的心情说。
>
> 服务期即将结束,朱心梁有意愿继续在基层为群众服务。"虽然工作艰苦,但是看到自己为群众解决困难,群众竖起大拇指为我点赞称好时,一切都值得了。"

> 对于想要参加"三支一扶"的学生，朱心梁提出了中肯的建议：要做好心理和思想准备，参加基层工作比想象中辛苦，可能会被安排到偏远的乡镇工作，还可能被抽调到不同的部门工作，如果有满腔的热血可以尝试。少计较个人得失，踏实做事，这其实是对自身的磨炼，增长个人的人生阅历。
>
> （资料来源：厦门理工学院官网，2017 年 2 月 23 日，有删改）

（二）高校层面

1. 建立可持续的就业指导模式

良好的就业价值观的形成离不开高校的"两课"教育，即职业生涯规划课和就业指导课。职业生涯规划课一般开设在第一学期，学生通过职业生涯规划课程，发展自我意识，认识个人能力、兴趣、特长，正确看待个人的生理和心理特征，认清就业形势，初步确定职业目标，培养正确的就业观和人生观，完成个人职业生涯设计。毕业学年开设就业指导课，提高学生就业决策能力。高校采用共性指导和个性指导相结合原则，帮助大学生合理正确地分析就业形势，调整心态，做出职业选择。同时，要把就业心理健康教育列入课程建设，引导学生打下良好的就业心理基础。对参与"三支一扶"计划甄选的大学生，应为他们释疑解惑，帮助他们调试心态，做好职业规划。高校要在教育教学过程中融入可持续的就业指导模式，使学生将职业规划与就业形势紧密结合，在毕业阶段做出正确的就业选择。

2. 加大政策宣传力度

学生就业信息的获取有赖于学校就业指导中心和院系的宣传，尤其是对于政策信息，应该落实到位，运用新媒体，如公众号、微博等渠道，向毕业生普及政策知识。如，什么是"三支一扶"计划，以及该计划的目的、意义、报名条件、经费保障、报名程序和期满后就业方向等。此外，对特岗教师计划、村干部选聘、志愿服务西部计划等就业项目，也应做好政策宣传和政策答疑工作。

3. 建立健全监督机制，完善监督体系

地方政府要健全制度，建立毕业生面向基层就业的服务管理机构，出台鼓励政策。健全招募、使用、考核、奖惩、培训、安置等配套政策，形成长效机制，解决志愿者后顾之忧，打造一支长青的"三支一扶"团队。同时，建立晋升制度，加强管理和考核，建立档案，健全信息库。基于刚毕业大学生的物质精神需求，建立保障体系，给予大学生更多的锻炼机会，让大学生志愿者感受到政府和用人单位的关心和重视。政府有关部门应定期派遣人员到基层听取志愿者心声，采纳其合理意见和建议。

4. 落实政策，保障志愿者利益

到岗后的大学生，面对基层复杂的工作环境和烦琐的日常工作难免会存在对工作不适应的情况，主管部门应对志愿者予以帮助，安排专人做好"传帮带"的过渡，在工作上给予必要的指导和支持。此外，应保障志愿者待遇，工资应按月及时发放，加强补贴政策的落实和执行力度，建立"三支一扶"薪资待遇动态增长机制，尽量做到与其他正式员工同工同酬，消除其内心的不平衡感，让大学生志愿者感受到自身的价值。对"三支一扶"志愿者服务期满后的再就业问题，应有明确的政策指引。如果地方政府能从全局上切实做好

大学生志愿者后续就业服务工作的统筹安排，制定积极政策，必能吸引更多的志愿者扎根基层。只有国家各项政策得到充分落实，才能保证乡镇、农村基层长期稳定地吸引高校毕业生奉献基层，热爱基层工作。

总之，"三支一扶"计划是国家一项重大决策，也是一项艰巨而复杂的系统工程，对培养新时代的青年人才具有重要意义。政府需要保障志愿者利益；高校需要用心培养，教书育人；毕业生自己也需要认识自我，甘于奉献。政府应加大对基层的扶持力度，加强财政支持，给予更多政策保障。"三支一扶"计划的推进需要政府、高校、用人单位的共同关心和支持，更需要大学生自身的不懈努力。高校毕业生是政府宝贵的智力财富，政府应健全保障机制，重视人才，以吸引更多毕业生走向"三支一扶"服务基层，实现人生价值。

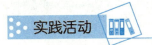

策划暑期基层挂职社会实践活动

一、活动目标

切实加强学生社会实践能力，引导大学生到基层贡献力量、建功立业，培养学生面向基层、服务基层、扎根基层的意识。

二、活动时间

建议一周。

三、活动流程

（1）列出挂职岗位：乡镇团委书记助理。

（2）教师将学生按照8~10人划分小组。

（3）每组通过实地考察、搜集资料并经小组内部讨论后形成共青团基层组织建设和基层工作实施方案。

（4）每个小组选出2名代表陈述本组方案，并通过PPT展示方案要点，小组内其他成员也可以补充资料。

（5）教师对各组的策划书进行分析、归纳、总结。

（6）教师根据各组在活动过程中的表现，给予点评并评分。

第九章 地方特色劳动实践——制茶

 案例导入

"科特派"助力乡村振兴

科技助力脱贫攻坚和乡村振兴，习近平总书记高度重视、始终关心。

2021年3月22日下午，习近平总书记在福建省南平市武夷山市星村镇燕子窠生态茶园考察调研。听说近年来在科技特派员团队指导下，茶园突出生态种植，提高了茶叶品质，带动了茶农增收，习近平总书记十分高兴。他指出，要很好总结科技特派员制度经验，继续加以完善、巩固、坚持。

总书记点赞的这支"科技特派员"队伍，走出南平，走向全国，走向世界。

"科技特派员制度推行20年来，坚持人才下沉、科技下乡、服务'三农'，队伍不断壮大，成为党的'三农'政策的宣传队、农业科技的传播者、科技创新创业的领头羊、乡村脱贫致富的带头人，使广大农民有了更多获得感、幸福感。"2019年，习近平总书记对科技特派员制度推行20周年作出重要指示。

"做给农民看，领着农民干，带着农民赚"

爱穿裙子、知性端庄，这是学生们对她的印象。但一到田里，扛锄头、挖沟、施肥料，"女神"变"女汉子"——福建农林大学资源与环境学院根系生物学研究中心主任廖红教授也是一位科技特派员。

1998年，廖红从美国宾州大学根系研究中心回国，和团队发展出优质高效生态茶园栽培技术。

我国农业资源禀赋人均不足，科技保障意义重大。目前我国农业科技进步贡献率突破60%，主要农作物良种实现全覆盖，农业科技人才功不可没。

乡村振兴，农民是主力军，要就地培养更多爱农业、懂技术、善经营的新型职业农民。这种科技特派员制度的实行，为当地培养了一批"土专家""田秀才"。

廖红团队在武夷山、福安、安溪、南靖等地建立的生态茶园示范点，面积累计逾万亩，辐射超过10万亩，组织培训农技人员1 000多人次，农民2 000多人次。

科技特派员，吸引越来越多返乡农民工、大学生创新创业。教授将讲台搬到地头，"农民田间学校"成了"网红"地，"农民创客"成为高素质农业生产经营者队伍。

（资料来源：新华网，2021年3月23日）

第一节 浮梁茶

> 商人重利轻别离,前月浮梁买茶去。
> ——白居易《琵琶行》

一、浮梁茶的概述

浮梁茶是江西省景德镇市浮梁县特产,全国农产品地理标志。

浮梁产茶历史悠久,汉代即有僧人种植和采集茶叶。1915年,浮梁县江村乡严台村"天祥茶号"生产的工夫红茶,获得了"巴拿马万国博览会"的金奖,从此,浮梁工夫红茶与斯里兰卡的高地茶、印度的大吉岭茶,一起被列入世界三大高香茶。2010年,"浮梁贡"茶叶被特选入上海世博会,成为江西唯一入选世博会的农产品。

2010年12月24日,"浮梁茶"被批准实施农产品地理标志登记保护。

2019年11月15日,入选中国农业品牌目录。

二、浮梁茶的特点

1. 感官特征

外形紧、细、圆、直;色泽干显翠绿,湿显金黄,拥有板栗、兰花之香,溢味醇爽、回厚,叶底明亮,见图9-1。浮梁茶各级别感官品质指标,见表9-1。

图9-1 浮梁茶的感官特征

表 9-1　浮梁茶各级别感官品质指标

级别	项目								
	外形				内质				其他
	条索	整碎	色泽	净度	香气	滋味	汤色	叶底	
特级	条索紧纯锋苗	匀齐	嫩绿	匀净	兰花香香高持久	鲜多	嫩绿明亮	嫩黄匀整	无劣变，无污染，无异味，净品洁净不得着色，不得有非茶类物质
壹级	多索紧多锋苗	匀齐	翠绿	匀净	兰花香	鲜纯	黄绿明亮	嫩黄匀整	
贰级	条索紧显锋苗	较匀整	尚翠绿	匀净稍有嫩茎	清香持久	尚鲜纯	黄绿较明亮	嫩黄匀整略显小摊张	
叁级	条索尚紧有锋苗	尚匀整	绿润	匀净有嫩茎	清香	纯正	黄绿尚明亮	嫩绿较匀整显挨张	
肆级	条索尚紧有锋苗	尚匀整	尚绿润	匀净嫩茎较多	清香	浓醇	黄绿尚明亮	嫩绿尚匀整较多茎叶	

2. 内在品质

浮梁茶水浸出物含量高，茶多酚、氨基酸等有效成分高于其他茶，除饮用外还有较大的药用和餐用价值，有浮梁茶"三味入药"之称。浮梁茶各级别理化指标，见表 9-2。

表 9-2　浮梁茶各级别理化指标

项目	级别	
	特级、壹级	贰级、叁级、肆级
水分/%	≥6.5	
总灰分/%	≥6.5	
水浸出物/%	≤38.0	
粗纤维/%	≤14	≤16.0

三、浮梁茶的品种分类

1. 浮梁红茶

浮梁工夫红茶，简称浮红。因其产地景德镇（古称浮梁），故此得名。其制作技艺是江西省景德镇的地方传统手工技艺。那里自然条件优越，山地、森林很多，植被广袤而温暖湿润；土层深厚，雨量充沛，多云多雾，"晴天早晚遍地雾，阴雨成天满山云"；很适宜茶树生长。加上当地茶树的主体品种——楮叶种，内含物丰富、酶活性高，很适合工夫茶的制造。高档浮红，外形条索紧细苗秀、色泽乌润。冲泡后茶汤红浓，香气清新，芬芳馥郁持久，有明显的甜香，有时带有玫瑰花香。浮红的这种特有香味，被国外不少消费者称为"祁门香"。浮红在出口贸易中，沿用主产地"祁红"的称呼，在国际市场上被誉为"高档红茶"，特别是在英国伦敦市场上，被列为茶中"英豪"，受到皇家贵族的宠爱，并被赞誉为"群芳最"（图9-2）。

图9-2　浮梁红茶

2. 浮梁绿茶

浮梁绿茶产于浮梁县的山区、农田、旱地，是当地百姓普遍饮用和集贸市场交易的上乘饮品。其品种按茶叶采摘时段的不同，又有谷雨尖、细茶、粗茶之别。尤其是谷雨尖，一般采摘时段为谷雨时节前期。对春季后第一次冒出嫩芽的茶叶进行采摘，去掉叶梗，进行手工作业加工、文火轻烤。这种茶叶条索紧细，色泽嫩绿，白毫显露，清香持久，汤色清澈，滋味鲜爽、醇正。其中，"浮瑶仙芝"质量优异，条索紧细，色泽嫩绿，白毫显露，清香持久，汤色清澈，滋味鲜爽、醇正，叶底嫩黄、明亮显毫。"瑶里崖玉"产于江西浮梁、婺源和安徽休宁、祁门四县毗邻的瑶里镇仰天台、汪湖、高际山、白石塔等高山茶园，其质量优异。1994年中茶厦门会议时，全国十几位茶专家品尝后一致认为，崖玉条索紧细，银毫显露，色泽嫩绿，汤色清澈，清香持久，滋味鲜醇爽口，叶底嫩绿明亮显芽，为优质高山型名茶（图9-3）。

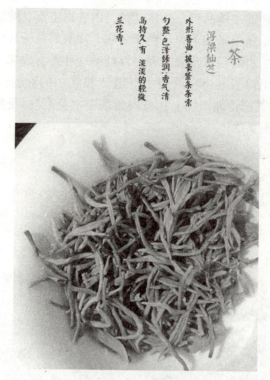

图 9-3 浮梁绿茶

严台村位于浮梁县东北部的一个自然村,高山重叠,森林茂密,最宜茶叶种植。清朝道光年间,这里有优质茶园 4 000 余亩,为这里红茶生产加工提供了充足的原料。浮梁工夫红茶制作技艺以其技艺的独创性、科学性和规程的严谨性形成了独具特色的先进性,对推动红茶生产技艺水平的提高做出了突出贡献。

四、浮梁茶的产地环境

1. 土壤地貌

江西省景德镇市浮梁县海拔 500 米以上的山地占总地面积的 41.7%;100~500 米占 30.6%;100 米以下占 27.1%。区域内土壤多为红壤和黄壤,水、热、生物资源丰富,山地林木生长茂盛,森林覆盖率 79.4%,茶园遍布山坡、丘陵。自然土壤中有机质含量高达 14.5%,pH 值为 4.3~5.5。

2. 水文情况

浮梁县水资源丰富,年均降雨量在 1 700~1 900 毫米,雨量充沛。境内有昌江河、东河、西河,横贯全境,为茶叶的生产提供了充足的水资源条件。

3. 气候情况

浮梁县属中亚热带季风气候,年平均气温 14~17℃,积温 5 000~6 000℃,日照率 45%,相对湿度 79%,无霜期 247 天。优越的自然地理条件,适宜的土壤和气候,为浮梁茶的生产提供了理想的自然环境,见图 9-4。

第九章 地方特色劳动实践——制茶

图 9-4 浮梁茶的产地环境

 案 例

女大学生回乡创业，靠卖茶叶，年收入 500 万元

2011 年，陈孟秋从某学院教育类专业毕业，回湖北老家看望父母。乡亲们的热情让陈孟秋感到作为从农村出来的大学生，身上多了一份沉甸甸的责任。那时对创业还犹豫不决的她，抱着试一试的心态，考取了县里事业编的教师岗。是安稳度日，还是艰难创业？陈孟秋挣扎许久，最终选择后者。

恰逢此时，陈孟秋的舅舅王启茂二次创业，创办了金利茶业有限责任公司，正好需要一个稳定供货的茶叶种植基地。"恩施是世界硒都，茶叶天然含硒，利川又是宜红茶的核心产区……"在舅舅这名茶叶专家的指点下，陈孟秋开始实地调查，写出了详尽的创业方案。得知陈孟秋的创业计划，政府相关部门主动上门，将大学生创业、恩施"草根计划"等扶持政策一一介绍，还帮助她联系省里知名农业技术专家，针对"二高山气候"下的茶叶种植给予技术指导。这更坚定了陈孟秋的创业信心。

2012 年，柏杨坝镇的响滩、友好、双梨等村 106 人填写了入社登记表。2013 年，利川市春欣茶叶专业合作社正式成立。合作社虽然办起来了，但要熬过茶树种植头 3 年漫长的等待期，并保证开采后销路不愁，绝非易事。尤其 2013 年之后，"虚火"太旺的高档名优茶在国内销路受限。今年春季，首批新茶刚一上市，就被抢购一空。看着茶叶变成钞票，茶农们的干劲更足了。而陈孟秋"以茶兴农"绿色梦想，也迈出了坚实的步伐。

"摩洛哥是中国茶叶出口的第一大国，他们尤其偏爱恩施优质绿茶。"陈孟秋笑着说。瞄准海外市场，销路很快打开。2016 年，该合作社实现销售收入 500 多万元，带领社员每亩增收 5 000 多元，被评为了"省农民专业合作示范社"。

（资料来源：搜狐网，2018 年 7 月 20 日）

第二节 浮梁茶制作技艺

> 琴里知闻唯渌水，茶中故旧是蒙山。
>
> ——白居易《琴茶》

浮梁茶制作技艺是江西省景德镇的地方传统手工技艺。随着不断传承和发展，浮梁茶的制作技艺形成了技艺独创性、科学性和严谨的特点。其独具特色的工艺流程对推动茶叶生产技艺水平的提高做出了突出贡献。

一、采茶

每年三月，随着气温回升，雨水日渐充沛，浮梁茶园陆续吐露新芽，迎来全面开采期。在县内的田间地头、山上林中，随处可见采茶人的身影，见图9-5。

图9-5 采茶

采摘茶树越冬后萌发的芽叶制成茶叶，时间上在立春后到谷雨节前，这段时间采制而成的茶叶大体上称为春茶。越冬芽经过了一整个冬季的休眠和养分积累，有机物质十分充足，加之春季温度适中、雨量充分，使得春季茶芽肥硕，它的鲜爽度、饱满度和协调度都极高。

春茶又分为明前茶与雨前茶两种。

明前茶，清明节前采制的春茶。清明采摘，因其芽叶细嫩，色清香绝而成为茶中上品。它也常被称为"火前茶"。古时候，寒食节有禁火三日的习俗，三日内不生火做饭，而寒食节是在清明节前一天，因此明前茶，实际上就是指清明节以前采制的茶，因此也可称之为"火前茶"。清朝乾隆皇帝下江南在杭州观看龙井茶采制时，曾作诗《观采茶作歌》，有句云："火前嫩，火后老，惟有骑火品最好。"

雨前茶则是谷雨节以前采制的春茶。古语说"清明太早，立夏太迟，谷雨前后，其时适中。"

不同时期，不同茶叶品种，采摘的要求各不一样。绿茶以鲜嫩为佳，明前茶在采摘时一般应采摘单芽或者一芽一叶，雨前茶则多为一芽一叶或者一芽两叶，但这并不是完全固定的。比如，同为绿茶，太平猴魁的采摘时间是在谷雨至立夏，茶叶长出一芽三叶或四叶时开园，立夏前停采。所以，茶叶应当怎么采，什么时候采，不但要根据茶叶品种，还要根据当年的天气条件具体分析。

二、制茶

在学习制茶之前，我们要清楚绿茶与红茶的区别。中国的茶叶主要是以其加工工艺和鲜叶是否经过酶性氧化以及酶性氧化的程度来进行分类。目前，我国基础茶类有六种，分别是绿茶、红茶、黄茶、白茶、黑茶和青茶。景德镇主要以生产绿茶和红茶为主。

绿茶是我国产量最多的一类茶叶，生产历史悠久，产区辽阔，其最大的特点就是不发酵。而红茶则是完全发酵的茶叶。

（一）绿茶的制作工艺

绿茶的初制工艺是由鲜叶摊放、杀青、揉捻、干燥组成。

1. 鲜叶摊放

鲜叶摊放的目的是促进鲜叶在一定条件下缓慢蒸发部分水分，提高细胞液浓度，促进鲜叶性质沿着一定方向发生理化变化。萎凋过程，既有物理变化，又有化学变化，这两种变化是相互联系、相互制约的。两者之间的变化发展和影响，因湿度、温度不同而差异很大。摊放工序以低温条件下失水为特点。随着水分散失，细胞液浓度增大，酶的活性增强，叶内化学成分发生了一定程度的变化，为绿茶的色、香、味的形成创造了一定的物质条件。实践证明，掌握水分变化的规律，控制失水量和失水速度，是摊放过程中的主要内容，见图9-6。

图9-6 鲜叶摊放

2. 杀青

杀青是绿茶初制的关键工序，也是决定制成绿茶品质好坏的关键。所谓杀青就是用高温破坏鲜叶中酶的活动性,制止酶促进鲜叶中内含物的氧化,以保持茶叶原有的青绿色。杀青的主要目的有三个方面。第一,利用高温破坏鲜叶中酶的活动,制止酶促进鲜叶中各种化学成分的氧化,保持固有的绿色,形成绿茶特有的香味和色泽。第二,使鲜叶内的水分在高温作用下大量气化散去,细胞张力降低,使鲜叶变柔软,便于揉捻作业的进行。第三,发散鲜叶青臭气,产生茶香。目前,我国常见的杀青方式有炒青、烘青、蒸青和晒青,见图9-7。

图9-7 杀青

3. 揉捻

揉捻的目的是:初步做形,使茶叶卷曲成条,形成良好的外形;同时适当揉破叶细胞,使茶汁流出黏附于叶表面,冲泡时叶细胞中的物质易浸出。做名特优茶常用手工揉捻,大批量生产基本用机器揉捻。制绿茶的揉捻工艺有冷揉与热揉之分。冷揉,即将杀青叶经过摊凉,使热气适当散发,保持杀青叶保持鲜爽的香气和翠绿的色泽,并使叶中的水分分布平衡,等其变柔软后进行揉捻。热揉,即鲜叶杀青后,不经摊凉而趁热揉捻。嫩叶宜用冷揉,因嫩叶纤维少、韧性大、水溶性果胶含量多,易形成条索,且嫩叶冷揉能保持黄绿明亮的汤色和嫩绿的叶底。老叶因纤维多、叶质粗硬,宜采用热揉,这是利用叶质受热变软的特性。热揉有利于老叶揉紧成条,减少碎末茶,提高外形品质,见图9-8。

图9-8 揉捻

4. 干燥

干燥是绿茶初加工的最后一道程序,见图9-9。干燥的目的:第一,散失水分。经揉捻解块后的茶坯中,含有60%左右的水分,既无法保持品质,也无法储藏运输,因此必须干燥，以固定其品质。第二，继续破坏叶中残余酶的活性，进一步发挥茶香。第三，固定揉捻后的外形条索，并在炒干过程中采用不同的方法以制作成茶的特殊形状，如龙井茶的扁平形、碧螺春的螺旋形、珠茶的圆珠形等。就干燥的方法来说，绿茶的干燥方法分炒干、烘干与晒干等。由于干燥方法的不同，其成茶品质也各异。绿茶的干燥一般分两次进行，即初干与再干。炒青绿茶的初干，一般用烘干机烘干。因揉捻适度的湿茶坯尚含有较多的水分，如直接用炒锅炒干，其茶汁易黏结在锅壁而形成锅焦，产生焦烟气味，焦末黏附在叶上，冲泡后则汤色浑浊，影响茶叶品质。而初干采用烘干机烘干，可避免上述不良影响，并可迅速大量散失水分，提高效率。烘至茶叶的含水量达到35%~40%，即可止烘摊凉。摊凉的目的是让茶条内外水分重新扩散分布平衡，以利于再干时能达到干燥程度均匀一致，避免外干内湿的现象。炒青绿茶的再干是在炒锅内手工进行炒茶。初干叶下锅后，用双手勤翻扬抖茶叶，使水分快速散去，到茶叶不黏手时，适当降低火温，改变手法，使茶条紧结。炒至条索较紧，已有五六成干时，即为适度，可起锅摊凉。机械炒干应掌握温度、投叶量及炒干时间，使干茶既达到一定的含水量要求，又能产生工艺要求的香气。

图9-9　干燥

（二）红茶的制作工艺

红茶加工的基本原理是在揉捻和发酵中利用酶促氧化反应，使茶叶中的叶绿素的氧化降解及儿茶素减少80%以上，通过多酚类化合物的氧化聚合，生成茶黄素、茶红素等有色物质，形成红叶红汤的基本色泽。其激烈的化学变化使其特别鲜爽并具有强烈的滋味和芳香。

红茶初制工序包括萎凋、揉捻、发酵和干燥。

1. 萎凋

萎凋是使鲜叶散失部分水分，叶质变柔软，并引起部分化学变化，见图9-10。从茶树上采下的鲜叶，一般含水量在76%左右，叶质脆硬，不仅揉捻时易破碎，而且茶汁易随水分流失，直接揉捻会降低品质。因此，鲜叶需经过萎凋，蒸发一部分水分，降低叶细胞的张力，使鲜叶变柔软，为揉捻创造条件。另外，鲜叶经过萎凋失去一部分水分，细胞汁浓度提高，引起内含物质的一系列化学变化，青草气挥发，良好的香气显露出来，为形成红茶色、香、味的特定品质奠定基础。

图 9-10　萎凋

2. 揉捻

红茶的揉捻目的有三个：一是破坏叶细胞组织，揉出茶汁，便于萎凋后的鲜叶在酶的作用下进行必要的氧化作用，为形成红茶特有的内质奠定基础；二是使茶汁溢出，粘于茶叶的表面，增进滋味的浓度；三是使芽叶揉卷成紧直条索，塑造美观的外形，达到工夫红茶的规格要求。

3. 发酵

发酵是促进内质进一步发生深刻的变化，使绿叶发红，从而形成红茶、红叶、红汤和特殊香味品质特点的过程。发酵是工夫红茶形成品质的关键过程。发酵是一个复杂的生物化学变化的过程，主要是使芽叶中的多酚类物质在酶的参与下发生氧化聚合作用，生成茶黄素和茶红素，其他化学成分也同时相应地发生变化，形成红茶特有的色、香、味。

4. 干燥

干燥是鲜叶加工的最后一道工序，也是决定品质的最后一关，见图 9-11。干燥的目的：一是利用高温制止酶的活动，停止发酵，使发酵形成的品质固定下来。二是蒸发水分，缩小体积，紧缩茶条，固定外形，保持足干，防止非酶促氧化，利于保持品质，防止霉变。三是散发大部分低沸点的青草气，进一步提高和发展红茶的特有香气。

图 9-11 干燥

三、茶艺

茶艺是指在茶事活动中的以茶叶为中心的全部操作形式的总称，见图 9-12，包括茶叶品评技法和艺术操作手段的鉴赏，以及品茗美好环境的领略等整个品茶过程，其过程体现形式和精神的相互统一，是饮茶活动过程中形成的文化现象。茶艺包括选茗、择水、烹茶技术、茶具艺术、环境的选择创造等一系列内容。

图 9-12 茶艺

（一）茶艺的内容

茶艺主要包括以下内容。

1. 茶叶的基本知识

学习茶艺，首先要了解和掌握茶叶的分类、主要名茶的品质特点、制作工艺，以及茶叶的鉴别、贮藏、选购等内容，见图 9-13。这是学习茶艺的基础。

图 9-13 茶叶的基本知识

2. 水的基本知识

学习茶艺，必须懂得水。茶性必发于水，无水何以谈茶？见图 9-14。

图 9-14 水的品质

3. 茶艺的技术

茶艺的技术是指茶艺的技巧和工艺，包括茶艺表演的程序、动作要领、讲解的内容，茶叶色、香、味、形的欣赏，茶具的欣赏与收藏等内容，见图 9-15。这是茶艺的核心部分。

图 9-15 茶艺技术

4. 茶艺的礼仪

茶艺的礼仪是指服务过程中的礼貌和礼节。包括服务过程中的仪容仪表、迎来送往、互相交流与彼此沟通的要求与技巧等内容，见图 9-16。

图 9-16　茶艺礼仪

5. 茶艺的规范

茶艺要真正体现出茶人之间平等互敬的精神，因此对宾客都有规范的要求。作为客人，要以茶人的精神与品质去要求自己，投入地去品尝茶。作为服务者，也要符合待客之道，尤其是茶艺馆，其服务规范是决定服务质量和服务水平的一个重要因素，见图9-17。

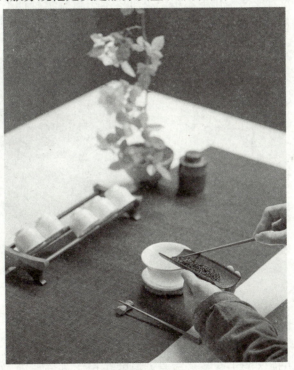

图 9-17　茶艺规范

6. 茶艺悟道

道是指一种修行，一种生活的道路和方向，是人生的哲学。道属于精神的内容，见图9-18。悟道是茶艺的一种最高境界，是通过泡茶与品茶去感悟生活、感悟人生，探寻生命的意义。

图 9-18 茶艺悟道

(二) 绿茶的冲泡

1. 茶具

绿茶普遍具有色形俱佳的特点，为了便于冲泡者欣赏绿茶这些特点，在冲泡中一般采用透明玻璃杯、水晶杯为最佳。在茶艺馆中也可以采用盖碗茶杯冲泡。采用的茶具不宜太大，因为水量过多、散热慢，会导致茶叶在杯中变软、熟透，产生"熟汤"味，见图9-19。

图 9-19 茶具

2. 水温

名优绿茶由于原材料的采摘细嫩，所以水温宜控制在 70~80℃，以保证茶汤的色泽和滋味。浮梁县部分高山地区的头春茶甚至要求温度在 65℃ 左右。随着茶叶品质的降低，叶片采用的也越老，因此水温也就要求越高。

3. 冲泡方法

（1）上投法：先一次性向茶杯（茶碗）中注足热水，待水温适度时再投放茶叶。此法多适用于细嫩炒青、细嫩烘青等细嫩度极好的绿茶。此法水温要掌握得非常准确，越是嫩度好的茶叶，水温要求越低。

（2）中投法：先注入三分之一热水（尤其是对于刚从冰箱内取出的茶叶），再投放茶叶,待茶叶吸足水分舒展开来后,再注满热水。此法适用于虽细嫩但很松展或很紧实的绿茶。

(3)下投法:先投放茶叶,然后一次性向茶杯(茶碗)注足热水。此法适用于细嫩度较差的一般绿茶,见图9-20。

图9-20 绿茶冲泡的下投法

(三)红茶的冲泡

1. 清饮法

在红茶中不加任何其他物品,保持红茶的真香和本味的饮法称为清饮法。按茶汤的加工方法可分为冲泡法和煮饮法。其中以冲泡法更佳,既方便又卫生。冲泡时可用杯,亦可用壶,投茶量因人而异,见图9-21。

图9-21 清饮法

2. 调饮法

在红茶中加入辅料,以佐汤味的饮法称为调饮法。调饮红茶可用的辅料极为丰富,如牛奶、糖、柠檬汁、蜂蜜,甚至香槟酒等。红茶调出的饮品风味各异,深受各层次消费者的青睐,见图9-22。

图 9-22　调饮法

实践活动

浮梁茶品牌宣传推介活动

一、活动目标

通过组织宣传活动，宣扬浮梁茶文化品牌，加深大学生对中国茶文化的认知。

二、活动时间

建议 1 小时。

三、活动流程

（1）将班级学生分为若干小组，选出小组长。

（2）通过实地走访及网络查找，准备与浮梁茶文化品牌相关的资料，并制作成各种类型的宣传推介方案，做好宣传渠道和人员的安排。

（3）通过校园刊物、广播、视频、演讲等多种形式的活动来宣扬浮梁茶。

（4）模拟茶叶市场推介会，各小组就各自推介方案进行宣讲。

（5）教师对活动效果进行评价及评分。

第十章　地方特色劳动实践——制瓷

案例导入

"90后"大学生创业，响应"一带一路"倡议，助力文化交流

"创业"这个词在许多大学生的内心蠢蠢欲动。不少怀揣梦想的年轻学子转身成为"80后""90后"创业者。即将毕业的翟新淼也想把创业路走下去，想把他在大学创业孵化基地4年多的成长经验运用于社会。

翟新淼，男，1993年9月10日出生，2017年毕业于景德镇学院陶瓷美术与设计艺术学院工艺美术专业。在校期间曾在第三届互联网+大学生创新创业大赛荣获初创组第一的成绩。

在众多同龄创业者中，翟新淼认为自己是幸运的。自大一开始就参与学校大学生创业孵化基地项目。2016年3月，在李克强总理提出的"大众创业，万众创新"的口号下和团队成员发起成立"景德镇泽希文化传播有限公司"；5月，在学校领导、老师的指导和帮助下进入学校大学生创业孵化基地。泽希文化是由大学生团队自发组织的初创型艺术服务公司，现有在职人员50多人。2016年6月10日，泽希文化在互联网上完成第一轮众筹；7月，在湖北襄阳成立陶瓷艺术中心；10月，在上海成立陶艺创意中心。2017年3月，泽希文化在北京山水美术馆成立壹福艺术中心。

成立以来，泽希文化一直致力于弘扬民族文化，传承民族技艺，促进艺术文化交流。它在世界多地成功开展传统艺术文化培训，艺术文化交流等活动，受到多方好评，得到江西省大学生科技创业基金会的认可，被邀请参加其举办的"创业谷"训练营。同时在第三届全国互联网+大学生创新创业大赛中，翟新淼所带领的创业团队荣获初创组第一的成绩。翟新淼说："每个人实现人生价值的方式各异，毕业后选择创业可能会一路坎坷，但我相信美好终会到来。"

（资料来源：景德镇学院官网，2021年5月17日）

第一节　景德镇瓷器

> 中华向号瓷之国，瓷业高峰是此都。
>
> ——郭沫若《题与艺术瓷厂》

一、景德镇国家陶瓷文化传承创新试验区

（一）景德镇概述

景德镇市，别名"瓷都"，江西省地级市，位于江西省东北部，西北与安徽省东至县交界，南与万年县为邻，西同鄱阳县接壤，东北倚安徽省祁门县，东南和婺源县毗连。介于东经116°57′—117°42′，北纬28°44′—29°56′，总面积5 256平方千米。景德镇市是世界瓷都，中国直升机工业的摇篮，国务院首批公布的24座历史文化名城之一和国家甲类对外开放地区。民国时期曾与广东佛山、湖北汉口、河南朱仙并称全国四大名镇。（宋代就有文献提到四大古镇了）

（二）景德镇国家陶瓷文化传承创新试验区

1. 筹建国家陶瓷文化传承创新试验区

"大气成景，厚德立镇"，坐拥千年陶瓷文化宝库的景德镇迎来新的变化。

景德镇陶瓷，历史悠久，品质上乘，风格独特自成一家，素有"白如玉、明如镜、薄如纸、声如磬"的美誉。自北宋真宗景德年间以来，这里一直是全国制瓷业的中心，陶瓷产品远销西欧，名声响彻海内外。然而，近年来，景德镇陶瓷产业的发展速度逐渐放缓，而放眼国内，佛山等地的新兴陶瓷产业发展势头迅猛。在这种形势下，景德镇只有实现创新发展才能带领陶瓷产业摆脱困境。创建景德镇国家陶瓷文化传承创新试验区便是创新发展的实践之路，通过试验区的建设能够对景德镇传统制瓷产业进行革新，对行业格局重新洗牌。通过试验区的创建，景德镇陶瓷文化产业将迎来一个蓬勃发展的春天，巩固景德镇"瓷都"的地位。正是景德镇在历史上一次又一次的创新，才成就了自己的千年"瓷都"之名。此次国家陶瓷文化传承创新试验区的筹建，亦是如此。

知识链接

国家发展改革委　文化和旅游部关于印发
《景德镇国家陶瓷文化传承创新试验区实施方案》的通知

发改社会〔2019〕1416号

江西省人民政府，国务院有关部委、有关直属机构：

《景德镇国家陶瓷文化传承创新试验区实施方案》已经国务院同意，现印发你们，请

按照有关要求认真组织实施。

国家发展改革委　文化和旅游部
2019 年 8 月 26 日

陶瓷是中华文明的重要名片，是我国优秀传统文化的杰出代表。景德镇以千年瓷都和海上丝绸之路主要起点城市闻名于世，是促进世界文明交流互鉴和不断进步的重要桥梁。景德镇瓷器是世界认识中国、中国走向世界的重要文化符号和传承中华优秀文化的重要载体。在景德镇市全域范围内建设国家陶瓷文化传承创新试验区（以下简称试验区），对于保护好传承好利用好景德镇优秀陶瓷文化、发挥文化对产业转型升级的积极作用、协调推进区域高质量发展具有重要意义。为推进试验区建设，制定本实施方案。

一、总体思路

（一）指导思想

以习近平新时代中国特色社会主义思想为指导，全面贯彻党的十九大和十九届二中、三中全会精神，统筹推进"五位一体"总体布局，协调推进"四个全面"战略布局，坚持新发展理念，落实"一带一路"倡议，以体制机制改革为重点，传承和弘扬陶瓷文化，建好景德镇国家陶瓷文化传承创新试验区，打造对外文化交流新平台，努力走出一条具有世界意义、中国价值、新时代特征、景德镇特点的优秀传统文化传承创新发展新路子。

（二）战略定位

国家陶瓷文化保护传承创新基地。统筹物质文化遗产和非物质文化遗产保护传承，推进文化遗产活化利用，构建陶瓷人才集聚高地，培育陶瓷产业新技术、新业态、新模式，推进陶瓷文化与相关产业深度融合，推动景德镇成为集中展示中华陶瓷文化的瓷都、全国乃至世界的陶瓷产业标准和创新中心。

世界著名陶瓷文化旅游目的地。放大陶瓷文化品牌优势，促进旅游与文化、生态深度融合，高品质建设国家全域旅游示范区，充分发挥旅游的综合带动作用，促进旅游业全区域、全要素、全产业链发展，把景德镇打造成世界一流的国际文化旅游名城。

国际陶瓷文化交流合作交易中心。全面融入"一带一路"建设进程，加强与国内外文化机构交流合作，建设国际化陶瓷产业链交易平台，把试验区建设成为促进全球文明互鉴的重要桥梁和高端陶瓷文化贸易出口区。

（三）发展目标

到 2025 年，试验区建设取得阶段性成果，陶瓷文化传承保护创新体制机制初步建立，陶瓷文化保护传承、陶瓷产业创新发展、陶瓷国际贸易和文化交流合作的体系基本形成，陶瓷文化和旅游业深度融合效果显著，促进经济高质量发展和城市现代化建设的重要作用进一步发挥，为我国陶瓷及其他传统文化产业转型发展提供可推广、可复制的经验。

到 2035 年，试验区各项建设目标任务全面完成，成为全国具有重要示范意义的新型人文城市和具有重要影响力的世界陶瓷文化中心城市。陶瓷文化传承保护创新体制机制基本健全，陶瓷文化引领经济社会发展质量变革、效率变革、动力变革的新模式基本形成，陶瓷文化国际影响力全面提升，成为共建"一带一路"国家文化交流重要载体和展示中华古老陶瓷文化魅力的名片。

二、主要任务

（一）加强陶瓷文化保护传承创新

1. 加大陶瓷文物保护力度。实施景德镇大遗址保护计划，列入国家大遗址保护规划。完善基本建设考古制度，试验区在土地储备时，对于可能存在文物遗存的土地，在依法完成考古调查、勘探、发掘前不得入库。支持御窑厂遗址申报世界文化遗产。将景德镇御窑厂等重要遗址的考古和研究纳入考古中国项目。制定陶瓷文物保护相关地方性法规。支持开展陶瓷考古与研究工作，建设国家古陶瓷研究修复中心。加强可移动文物保护、研究和修复，加强预防性保护和数字化保护利用。

2. 传承陶瓷非物质文化遗产。实施国家级非物质文化遗产项目记录工程，完成手工制瓷技艺数据库建设，健全陶瓷类非物质文化遗产保护名录体系。创建景德镇陶瓷文化生态保护实验区。研究论证景德镇手工制瓷技艺申报列入联合国教科文组织人类非物质文化遗产代表作名录。加强手工制瓷非物质文化遗产代表性传承人队伍建设。推进非物质文化遗产研究和传播，深入开展陶瓷材料、工艺、传承等方面的学术研究和技术研发。

3. 推进陶瓷文化挖掘阐释。加强陶瓷文化理论研究，收集整理编纂陶瓷文化典籍文献。推进陶瓷博物馆建设，引导陶瓷企业和艺术家发展陶瓷艺术非国有博物馆，鼓励陶瓷类专题博物馆升级发展。推出一批展示景德镇陶瓷文化的影视剧、纪录片、舞台剧、丛书等艺术精品。支持陶瓷文化进教材、进校园，鼓励有条件的地区开展中小学陶艺教育。依托中欧城市实验室，探索历史文化遗产保护与城市协调发展的新机制。

（二）推动陶瓷文化产业创新发展

4. 打造陶瓷特色产业集群。培育陶瓷龙头企业，做强景德镇陶瓷集团等一批骨干企业，壮大中小微企业，大力引进海内外高技术陶瓷企业落户。支持在试验区内推动国家陶瓷文创产业、陶瓷新材料产业等集聚。优化陶瓷产业布局，大力发展门类齐全的陶瓷及其配套产业集群。建设陶瓷产业公共服务平台，推进试验区陶瓷产业供应链创新与应用试点，建设标准规格统一、追溯运行顺畅、链条衔接贯通的陶瓷产业供应链体系，制定陶瓷原料、釉料供应准入标准，支持在强化生态保护的基础上建立瓷土原料储备基地。

5. 发展文化创意和设计服务。支持试验区享受国家服务业试点城市延续政策。大力发展文创产品研发和创意设计，推进人文、科技、时尚等元素融入陶瓷，引进培育知名陶瓷设计企业，建设国际设计谷，推动传统设计向高端综合设计服务转变。培育从事文化创意和设计服务的产业集团和产业联盟。依托景德镇陶瓷大学和浮梁县湘湖镇，建设创新创业、创客云集的"陶大小镇"。

6. 构建科技创新发展平台。整合陶瓷科研院所资源，建立以企业为主体、产学研用结合的协同创新机制。做强国家日用及建筑陶瓷工程技术研究中心等国家级创新平台。加大景德镇陶瓷技术创新力度，支持申报文化科技重点实验室。创建国家文化和科技融合示范基地。推进军民融合创新发展，重点发展航空、航天等领域的高科技陶瓷。

7. 加强陶瓷品牌建设。推进景德镇瓷器地理标志的传承保护，研究整合景德镇国瓷文化品牌。加强陶瓷知识产权保护，推动中国景德镇（陶瓷）知识产权快速维权中心建设，完善陶瓷知识产权评估、交易、质押登记等功能。支持国家级认证机构在试验区设立分支机构。支持成立陶瓷艺术品鉴证专业委员会，为陶瓷艺术品市场提供第三方鉴证服务。制定中国艺术陶瓷评估标准，健全艺术陶瓷安全保护机制。

8. 大力推动绿色发展。培育一批环保标杆企业，构建清洁高效、绿色发展的生态产业体系。推进陶瓷产业园区集约节约用地，提高土地资源利用效率和开发质量。引导企业调整优化产品结构，着力开发绿色环保陶瓷产品。鼓励开发并使用清洁能源，加大环保综合治理力度，延伸循环经济产业链。建设陶瓷艺术创新服务平台，积极推进绿色金融。

（三）发展陶瓷文化旅游业

9. 打造陶瓷文化旅游核心产品。重点打造陶阳里、陶溪川、陶源谷、东市区等陶瓷文化景区和昌江百里风光带、瑶里、洪岩仙境等山水生态景区。推进重点陶瓷文化主题景区创建国家5A级景区。加快高岭·中国村等田园综合体建设，推动陶瓷、农业和旅游产业融合发展。建设一批全国中小学生研学实践教育基（营）地，大力发展文化创意体验和研学实践。

10. 培育文化旅游新业态。构建层级分明、功能互补的文化旅游体系。依托景德镇的自然保护区、森林公园、湿地公园，发展康养体育游、健身休闲游、山地户外游。培育品牌赛事，发展体育产业。依托景德镇—瑶里、景德镇—蛟潭旅游带、乐平现代农业示范园等，发展乡村民宿游。依托浮梁历史文化发展古城茶文化游。依托乐平戏曲文化创意产业园，发展古戏台文化游。

11. 全面提升旅游配套服务。实施旅游基础设施提升工程，加强旅游立体交通网、旅游服务设施网、"智慧智能"旅游互联网等配套建设。建设一批四星以上星级饭店、绿色旅游饭店，发展精品民宿和度假村。挖掘景派美食，打造美食文化街区。加强景德镇机场软硬件建设，提升服务保障能力。为赴试验区开展研学旅游、文化交流的外国人提供签证、停居留便利。积极推动实施境外旅客离境退税政策。

12. 创新旅游业体制机制。推进国家全域旅游示范区创建，整合陶瓷文化旅游资源，推动文旅深度融合。培育壮大旅游市场主体，推动景德镇陶瓷文化旅游集团上市。探索实行重点旅游项目点状供地改革，保障旅游公共服务设施用地和旅游扶贫用地。加强旅游机构的规范化管理和旅游从业人员的培养培训。

（四）加强陶瓷人才队伍建设

13. 激发陶瓷人才创新创业活力。支持试验区根据有关文件要求自主开展陶瓷行业专业技术人才职称评审和技能人才技能鉴定，贯通工程技术领域高技能人才与专业技术人才职业发展通道。研究制定陶瓷领域专业技术人才、技能人才分类管理办法。支持在工艺美术职称系列下专设陶瓷评审专业。大力弘扬工匠精神，支持试验区探索制定传统手工制瓷从业人员评价标准。鼓励企业建立首席技师制度，试行年薪制、股权制和期权制。

14. 加大陶瓷人才引进力度。鼓励国内外科研、艺术和智库机构在试验区设立分支机构。赋予试验区外国专家来华邀请函的审批和发放权限。制定新一轮招才引智计划，重点引进海内外高层次人才。为"景漂""景归"提供住房优惠、配偶随迁安置、子女就近入学、创业扶持贷款等配套保障。制定短期人才来景工作服务办法，吸引国内外专家、留学人员服务团来试验区讲学、咨询和成果转化。

15. 大力培养陶瓷后备人才。推动试验区高校与国内外名校合作，推进景德镇陶瓷大学特色优势学科专业建设。鼓励引导地方骨干企业联合高等院校组建产教融合发展联盟，开展国际合作办学。出台"双师型"教师引入、聘用倾斜政策，建设国家级高技能人才培训基地和陶瓷类职业院校。推动世界技能大赛增加陶瓷职业相关赛项，承办中国技能大赛——全国陶瓷行业职业技能竞赛。建设国际陶瓷人才研学游中心,加强陶瓷人才国际交流合作。

(五)提升陶瓷文化交流合作水平

16. 推动陶瓷产品对外贸易。积极发展跨境电子商务,打造陶瓷电商集聚区和电商孵化基地,鼓励企业设立景德镇陶瓷产品海外仓。大力发展陶瓷会展经济,打造集创意、设计、定制、展示、鉴定、交易、物流、产品发布于一体的国际陶瓷博览运营平台。办好"永不落幕"的中国景德镇国际陶瓷博览会,引领陶瓷文化产业链的提升与发展。

17. 完善陶瓷文化产品交易方式。探索建立市场化的艺术陶瓷价格形成机制。加快电子口岸信息平台建设。加快建立陶瓷产业大数据中心,为全国陶瓷行业提供全方位信息服务。推进阜阳经六安至景德镇铁路、皖赣铁路扩能改造前期工作。根据货源适时开行景德镇至宁波和厦门直达铁海联运班列,研究规划景德镇铁路物流中心。

18. 拓展陶瓷文化国际传播交流。将景德镇陶瓷文化纳入国家"一带一路"国际文化交流与合作有关规划。建设国际一流的陶瓷文化交流中心和当代陶瓷艺术博物馆,支持举办景德镇国际陶瓷艺术双年展等活动。支持试验区参与感知中国、今日中国等国家外事外交文化活动和中华文化走出去重点项目、重大文化交流品牌活动等。支持景德镇陶瓷大学、景德镇学院申请设立海外孔子学院和孔子课堂。支持将景德镇列入青年汉学家研修计划实地调研地。支持将陶艺课程纳入国家孔子学院总部课程内容。

三、组织保障

(一)加强组织领导

国务院有关部门要按照职能分工,加强对方案实施的协调和指导,进一步细化相关政策措施并推动贯彻实施。国家发展改革委、文化和旅游部要加强综合协调、督促检查,做好跟踪指导,及时研究新情况、解决新问题,总结机制创新、方式创新等方面的经验做法。江西省人民政府要切实加强组织领导,完善工作机制,明确工作分工,加大支持力度,尽快制定配套措施,落实各项重点任务,扎实稳妥推进试验区建设发展。

(二)加大财税支持力度

中央财政继续加大对江西省转移支付补助力度,省级财政部门安排相关转移支付资金时向试验区倾斜。对试验区企业销售自产传统手工技法制瓷产品,符合规定的可按简易办法征收增值税。鼓励和引导试验区内企业加大研发力度、开展科技创新,符合条件的企业依法享受高新技术企业、研发费用加计扣除等税收优惠政策。

(三)拓宽投融资渠道

通过现有渠道加大中央预算内投资对试验区基础设施建设的投入力度。支持陶瓷产业公共创新研发,对符合条件的陶瓷产业重大技术装备及应用纳入技术改造等有关专项予以支持。鼓励相关政府投资基金参与设立景德镇陶瓷文化产业引导基金。鼓励金融机构按照风险可控、商业可持续原则,加大对陶瓷文化产业重大项目的融资支持。积极开展陶瓷相关知识产权质押等融资方式创新。鼓励保险公司、保险资产管理公司与试验区企业合作。支持试验区中小企业担保机构直接与省融资担保公司对接合作。

(四)强化自然资源支撑

自然资源主管部门按有关规定对试验区规划建设用地规模、年度新增建设用地计划和城乡建设用地增减挂钩指标予以适度倾斜。允许试验区涉及占用永久基本农田的重大基础设施建设项目按《中共中央 国务院关于加强耕地保护和改进占补平衡的意见》要求办理用地预审。在新一轮国土空间规划批复前，建设用地总规模确实不能满足项目用地需求的，允许在集约节约用地和省域统筹前提下，按程序调整土地利用总体规划。支持试验区编制国土空间规划。

（五）鼓励试验区先行先试

支持将试验区建设纳入国家文化发展等重大规划。对试验区内符合国家发展战略、国土空间规划的产业项目，在规划选址、项目审批方面予以政策支持。支持试验区加强信用体系建设。支持试验区深化产教融合，培育特色产业人才。为试验区相应级别人员因公临时出国提供便利，支持开展领事认证代办业务。支持试验区中欧城市实验室建设、开展美丽人文城市发展指标体系研究。支持试验区开展国家智慧城市、老旧小区改造、老厂区老厂房更新改造利用试点。支持试验区开展租赁住房建设试点，满足年轻文创人员创业驻留需求。

（资料来源：中国江西网，2019 年 10 月 11 日）

2. 讲述陶瓷文化中国故事，重塑"瓷都"文化品牌

"复兴千年古镇、重塑世界瓷都、保护生态家园、建设旅游名城，打造一座与世界对话的城市"是当前景德镇的发展定位，景德镇陶瓷产业的复兴也要求要着力讲好以陶瓷文化为特色的中国故事，使传统陶瓷文化焕发出新的生机与活力。

（1）延续千年陶瓷文脉。景德镇既拥有丰富的陶瓷物质遗存，还拥有大量的手工制瓷传统技艺等非物质文化遗产，两者互为表里，共同成就了景德镇"瓷都"之名。以御窑厂为核心开启大遗址保护工作，截至目前，景德镇已对遍布全城的 150 多处老窑址、108 条老街区、"十大瓷厂"的老厂房等文化遗存实施系统性保护修缮。同时，景德镇又着力打造一条陶瓷历史文化资源"活态"保护传承之路，到现在共计拥有国家级省级文化产业示范基地 16 家、非物质文化遗产生产性保护基地 8 家、非物质文化遗产保护名录 26 项、非物质文化遗产代表性传承人 68 人。一座延续千年陶瓷文脉，古色古香、底蕴丰厚的陶瓷历史文化名城正浮出水面。

（2）打造跨界混合业态。"苟日新，日日新"，面对在信息化、新材料等方面日新月异的科技进步，景德镇也不失时机地搭上了这班快车。将国有老旧瓷厂改造成新式陶瓷文化体验区和有"国际范"的筑梦空间，建立涵盖文教艺娱和品牌体验并引进驻扎 173 家陶瓷品牌企业的陶溪川创意园区。新建成具有陶瓷产业集群优势的"保姆式"服务条件，并联手京东、狮群等资本打造陶瓷互联网电商和金融服务平台，为陶瓷企业提供融合发展环境的陶瓷智造工坊。通过这些行动，景德镇陶瓷产业在打造跨界混合业态上，已经迈出了坚实的一步。

（3）彰显民族文化自信。"文化自信不仅要推动中国文化名片走向世界舞台，更要善于通过中国文化的魅力吸引世界人才汇聚中国。"近两年来，"一带一路"沿线国家景德镇外销瓷展览和南非约翰内斯堡陶瓷作品展以及陶瓷乐器演奏，让景德镇陶瓷文化走出国门、走向世界，成为丝路精神的重要载体。在广泛融入世界，当好"一带一路"形象大使，与国外 69 个城市建立广泛联系的同时，景德镇又吸引了超过 3 万名国内外艺术和陶瓷爱好者扎根这座绿色山水小城，寻梦中国陶瓷文化。景德镇陶瓷文化再次充当了中外多元文化交流的介质，彰显着中华民族文化的自信。

知识链接

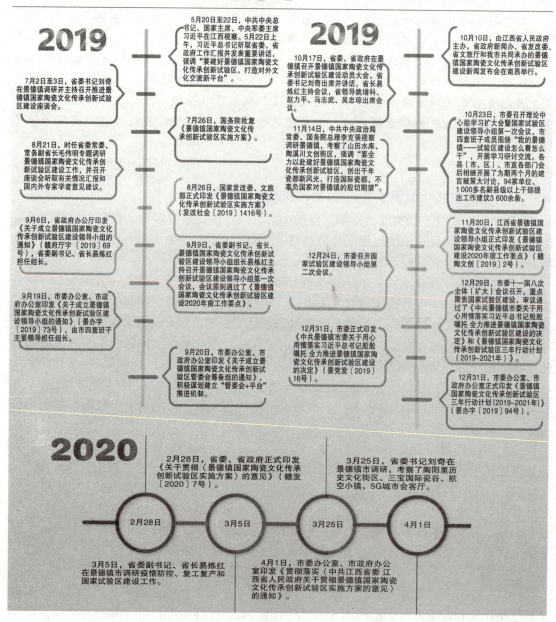

（资料来源：景德镇日报，2020年5月20日）

3. "两地一中心"

"两地一中心"即指将景德镇建设成为国家陶瓷文化保护传承创新基地、世界著名陶瓷文化旅游目的地、国际陶瓷文化交流合作交易中心。

（1）建设国家陶瓷文化保护传承创新基地，就是要推进文化遗产活化利用，构建陶瓷人才集聚高地，培育陶瓷产业新技术、新业态、新模式，推动景德镇成为集中展示中华陶瓷文化的瓷都、全国乃至世界的陶瓷产业标准和创新中心。

（2）建设世界著名陶瓷文化旅游目的地，就是要放大陶瓷文化品牌优势，促进陶瓷文化与生态、大数据深度融合，高品质建设国家全域旅游示范区，把景德镇打造成世界一流的国际文化旅游名城。

（3）建设国际陶瓷文化交流合作交易中心，就是全面融入"一带一路"建设，加强与国内外文化机构交流合作，建设国际化陶瓷产业链交易平台，把试验区建设成为促进全球文明交流互鉴的重要平台和高端陶瓷文化贸易出口区。

二、景德镇瓷器概述

景德镇瓷器，江西省景德镇市特产，中国国家地理标志产品。

景德镇瓷器以白瓷闻名，素有"白如玉，明如镜，薄如纸，声如磬"之称，其青花瓷、玲珑瓷、粉彩瓷、色釉瓷，合称景德镇四大传统名瓷。

景德镇瓷器品种齐全，曾达三千多种品名。瓷质优良，造型轻巧，装饰多样。在装饰方面有青花、釉里红、古彩、粉彩、斗彩、新彩、釉下五彩、青花玲珑等，其中尤以青花、粉彩产品为大宗，颜色釉为名产。釉色品种很多，有青、蓝、红、黄、黑等。仅红釉系，即有钧红、郎窑红、霁红和玫瑰紫等，均用"还原焰"烧成，产品驰名世界，是享誉世界的古代陶瓷艺术杰出代表之一。

历史上的景德镇瓷器，不但海内擅声，而且海外亦广为流誉。据有关史书记载，古代东南亚、阿拉伯、非洲及欧洲地区的人十分喜欢中国瓷器，特别是景德镇的瓷器。明朝永乐三年（1405年）开始，郑和七次下西洋，携带的大量瓷器，景德镇瓷器占有重要地位。陈志岁《景德镇》诗："莫笑挖山双手粗，工成土器动王都。历朝海外有人到，高岭崎岖为坦途。"诗朴实地记载了"瓷都"的历史形迹，且写出了景德镇瓷器在国际市场上的地位。

后来，日本著名陶瓷考古学家三上次男率学者在东南亚、非洲考察了中国古代陶瓷输出亚非各国的大量碎片，著有《陶瓷之路》一书，称海上丝绸之路为陶瓷之路，也是古代景德镇陶瓷的国际贸易之路。

"有茶的地方就有瓷器。"景德镇不仅有着丰厚的陶瓷历史文化，瓷文化远播海内外，同时，她还是一个茶文化之乡。瓷、茶在这个富有文化的地带，许多年前就结下了不解之缘。景德镇，这是一个饱含丰厚文化底蕴的城市。千年瓷文化与千年茶文化交相呼应，形成了景德镇两大特色文化。

景德镇自古以来以"一瓷二茶"闻名于世，早在唐代，浮梁所产的片茶就盛极一时。据《元和郡县图志》记载，元和八年前，浮梁每岁出茶七百万驮，税15万贯，按税推算，约占当时全国茶叶总产量的三分之一。白居易写《琵琶行》的年代，正是浮梁茶叶贸易非常兴盛的时期。所以他才能写出"商人重利轻别离，前月浮梁买茶去"这样著名的诗句。

三、景德镇瓷器的特点与分类

（一）品质特性

景德镇瓷器自古以来，名扬天下。在琳琅满目的瓷器中，最著名的有典雅素净的青花瓷，明净剔透的青花玲珑瓷，五彩缤纷的颜色釉瓷，幽静雅致的青花影青瓷，古朴清丽的古彩瓷，万紫千红的新彩瓷，明丽隽秀的窑彩瓷，别开生面的总和装饰瓷等。这些珍贵的名瓷，被人们誉为"中华民族文化之精华""瓷国之瑰宝"。

（二）品种分类

1. 玲珑瓷

景德镇青花玲珑瓷是明朝永乐年间在镂空工艺的基础创造和发展起来的，已有500多年的历史。瓷工用刀片在坯胎上镂成点点米粒状，被人们称为"米通"，又叫玲珑眼，再填入玲珑釉料，并配上青花装饰，入窑烧制。它显得灵巧、明彻、透剔，特别高雅秀洁。

2. 青花瓷

景德镇青花瓷，被称为"人间瑰宝"。始创于元代，到明、清两代为高峰。它用氧化钴料在坯胎上描绘纹样，施釉后高温一次烧成。它蓝白相映，怡然成趣，晶莹明快，美观隽久。

3. 粉彩瓷

粉彩亦称软彩，是瓷器的釉上装饰，自清朝康熙晚期开始，到雍正、乾隆年代，日臻完善。其制法是：先在白胎瓷器上勾出图案轮廓，再堆填色料，在摄氏七百多度的温度下烧煅而成，颜色柔和，画工细腻工整，既有国画风味，又有浮雕感，画面充满着浓郁的民族特色。有以中国历史故事和神话为主的人物、有秀丽多彩的山水、有栩栩如生鸟翎毛，有工整对称的几何图案。

4. 色釉瓷

色釉瓷又称颜色釉瓷，是依靠釉水色彩的变化来装饰瓷器的。通常在釉料之中调整各种微量元素的含量，就能达到改变釉色的目的，如铜红、钴兰、铁黑、铅绿等。在釉料里加上某种氧化金属，经过焙烧以后，就会显现出某种固有的色泽，影响色釉成色的主要是起着色剂作用的金属氧化物，此外还与釉料的组成、料度大小、烧制温度以及烧制气氛有着密切的关系。

5. 薄胎瓷

薄胎瓷亦称"脱胎瓷""蛋壳瓷"，是景德镇著名传统瓷器品种中久负盛名的特种工艺产品之一，特点是瓷胎薄如蛋壳、透光，胎质用纯釉制成。制作从配料、拉坯、利坯（修坯）、上釉到绘画、烧制，须经数十道工序，全部采用手工，分三次烧成。尤以利坯和艺术加工最为精细。利坯要经过粗修、细修、精修等反复百次地修琢，才能将2.3毫米厚的粗坯修至0.5毫米左右。胎体厚度大多在1毫米以内，人们称之为"薄似蝉翼，轻若浮云"。它轻巧、秀丽，做工精致，透光性好，是中国景德镇传统艺术名瓷之一。

6. 雕塑瓷

景德镇瓷雕制作可以追溯到一千四百多年前，远在隋代就有"狮""象"大兽的制作。当代的景德镇，瓷雕工艺精湛，工艺种类齐全，有园雕、捏雕、镂雕、浮雕等；产品多样，有佛像尊神、花草鱼虫、亭台楼阁、动物玩具等；造型优美、形神兼备、千姿百态，栩栩如生；装饰丰富，有高温色釉、釉下五彩等；艺术表现力强，有的庄重浑厚，有的清新典雅，有的富丽堂皇、鲜艳夺目。

7. 青花影青瓷

在同一件影青釉瓷器上，既绘有幽静雅致的青花，又刻有清淡秀丽的纹饰，称青花影青瓷。青花影青瓷是景德镇于1983年创出的新品种，该釉色酷似白玉，花纹晶莹剔透，釉层下的暗花与青花融为一体，使器物显得更加秀丽、高雅。1984年3月16日，在有关部门召开的技术鉴定会上，陶瓷专家们认定该产品"具有独创性，有独特的艺术效果，是升级换代上高档的新产品，属国内首创。"

第二节　景德镇手工制瓷技艺

> 昌南自昔号瓷都，中外驰名誉允孚。
> ——董必武《初到景德镇》

明代科学家宋应星在《天工开物》中写到制瓷工序"共计一坯之力，过手七十二，方克成器。其中微细节目，尚不能尽也。"早在欧洲掌握制瓷技术之前一千多年，中国已能制造出相当精美的瓷器。18世纪，欧洲掀起一股中国热，中国瓷器特别是青花瓷器，普遍受到欧洲各国人民的喜爱。当时欧洲各国王室以收藏中国瓷器为荣。2 000多年的冶陶史，1 000多年的官窑史，600多年的御窑史，今天的景德镇依然是中国乃至全世界罕见的历时千年以手工技艺立市的城市。手工陶瓷技艺是这座古城的底蕴，也是不变的名片，让全球的陶瓷艺术家们能够实现自己的创作灵感，继续自己的艺术之梦。以下通过制瓷工序的简要介绍，带你了解这座世界手工艺与民间艺术之都——景德镇！

一、制瓷工艺简介

1. 练泥

从矿区采取瓷石，先以人工用铁锤敲碎至鸡蛋大小的块状，见图10-1。

图10-1　采取瓷石

再利用水碓舂打成粉状，见图10-2。

图 10-2 打成粉状

淘洗，除去杂质，沉淀后制成砖状的泥块，见图 10-3。

图 10-3 制成泥块

然后再用水调和泥块，去掉渣质，用双手搓揉，或用脚踩踏，把泥团中的空气挤压出来，并使泥中的水分均匀。

2. 拉坯

将泥团摔掷在辘轳车的转盘中心，随手法的屈伸、收放，拉制出坯体的大致模样。拉坯是成型的第一道工序。拉坯成型首先要熟悉泥料的收缩率，见图 10-4。

图 10-4 拉坯

景德镇瓷土总收缩率大致为 14%~20%，根据大小品种和不同器型及泥料的软硬程度予以放尺。由于景德镇瓷泥的柔软性，拉制的坯体均比其他黏土成型的要厚。

拉坯不仅要注意到收缩率，而且还要注意到造型。如遇较大尺寸的制品，则要分段拉制，从各个分段部位，可看出拉坯师傅的技艺好坏和水平高低。

3. 印坯

印模的外形是按坯体内形弧线旋削而成的，将晾至半干的坯覆在模种上，均匀按拍坯体外壁，然后脱模，见图10-5。

图10-5 印坯

4. 利坯

将坯覆放于辘轳车的利桶上，转动车盘，用刀旋削，使坯体厚度适当，表里光洁，这是一道技术要求很高的工序。利坯，也称"修坯"或"旋坯"，是最后确定器物形状的关键环节，并使器物表面光洁、形体连贯、规整一致。内外修坯是景德镇制瓷工艺中一个极为重要并优于其他窑系的成型技术，是形成景德镇陶瓷风格的一个独特的技术保障，见图10-6。

图10-6 利坯

利坯工不仅需要熟悉泥料性能，而且要熟练掌握造型的曲线变化和烧成时各部位的收缩比，以及各部分留泥的厚薄程度。一般来说，在同一器物的不同部位，坯体厚度各不相同,因为不同部位在高温烧成时的收缩率和受力情况不一致,因而利坯时应控制不同部位的泥坯厚度,以防止其烧造时变形。利坯时对于坯体厚薄程度的控制及其识别方法,是掌握利坯技术和确保利坯质量的关键。

5. 晒坯

将加工成型后的坯摆放在木架上晾晒,见图10-7。

图10-7 晒坯

6. 刻花

用竹、骨或铁制的刀具在已干的坯体上刻画出花纹,见图10-8。

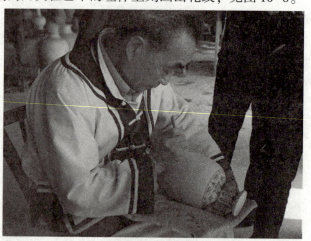

图10-8 刻花

7. 施釉

普通圆器采用蘸釉或荡釉。琢器或大型圆器用吹釉。大部分陶瓷制品均需经施釉后才能进窑烧造。施釉工艺看似简单,却是极为重要和较难掌握的一道工序。要做到坯体各部分的釉层均匀一致,厚薄适当,还要关注到各种釉的不同流动性,见图10-9。

图 10-9　施釉

景德镇陶瓷装饰大致可分为釉下装饰和釉上装饰两种基本类型。釉下装饰是指直接在泥坯上进行艺术装饰加工，并上釉烧成的瓷器，因其装饰图案位于瓷器釉层之下而得名，主要包括青花、釉里红和釉下五彩、高温颜色釉等。在已经烧成的瓷器釉面上进行装饰加工的工艺，则称为釉上彩，包括古彩、粉彩、墨彩、新彩等。还有釉下青花与釉上五彩相结合的"斗彩"装饰。实际上自元代以后，中国瓷器彩绘装饰的历史，基本上是以景德镇瓷器发展史为主要脉络的。元代青花釉里红是陶瓷装饰史上的最重要的发明之一。根据已发现的文物资料记载，江西省"至元戊寅"款青花釉里红瓷器（公元1338年），既是釉里红瓷器里有明确纪年的瓷器，又是青花釉里红瓷起源的物证。

8. 烧窑

首先把陶瓷制品装入匣钵。匣是陶瓷制品焙烧的容器，以耐火材料制成，作用是防止瓷坯与窑火直接接触，避免污染，尤其对白瓷烧造最为有利。先砌窑门，点火烧窑，燃料是松柴，把桩工作为技术指导，测看火候，掌握窑温变化，决定停火时间，见图10-10。

图 10-10　烧窑

9. 彩绘

釉上彩如五彩、粉彩等，是在已烧成瓷的釉面上描绘纹样、填彩，再入红炉以低温烧烘，温度以 700~800℃ 为宜。

釉下彩是烧窑前在坯体素胎上绘画，如青花、釉里红等，则称为釉下彩，其特点是彩绘在高温釉下再烧成，永不褪色，见图 10-11。

图 10-11 彩绘

瓷器的彩绘与一般绘画不同。因为画工在坯体素胎上施釉和作画时所见的颜料色，在经过高温烧制和烘烤后会发生很大变化。看到一件件颜色暗淡、貌不惊人的半成品，经过炉火的烧炼竟会呈现出绚丽夺目的色彩，这本身是奇妙的。而与此同时便可以得知，为瓷器作画是需要怎样的特殊经验和想象力了。

景德镇陶瓷的特殊美感和瓷文化的形成是与其独特的材质、工艺等有着密不可分的联系的，甚至在某种程度上可以说，景德镇瓷器名扬天下，除当地天赐的优质黏土之外，基本上是那些鬼斧神工的技艺将这些普通的东西变成了人类的"宠物"。

二、拉坯工艺

（一）拉坯流程

拉坯是制作陶瓷的工序之一，是成型的最初阶段，也是器物的雏形制作。它是将制备好的泥料放在坯车上，用轮制成型方法制成具有一定形状和尺寸的坯件。拉坯是我国陶瓷生产的传统方法，凡圆器琢器俱用拉坯方法成型。

1. 找中心

找中心，是拉坯环节中最重要的一个环节，见图 10-12。如果泥巴在机器上飞速地转动，不能够稳妥地贴合在转盘上，那么，纵使有再多的想法，也很难实施。首先，取出适量的泥巴（一般初学者建议取泥量为自己拳头大小，便于双手握住，如果你觉得自己控制能力较强，也可试验下大块泥的感觉），双手均用水沾湿，而后将泥巴拍在转盘的中心点，并使泥巴与机器紧密贴合。将机器开启，速度调至 120~150 转，双肘顶住腿部膝盖以上 5 厘米的位置左右，双手将泥巴上下反复糅合。其目的是调节泥巴的软硬程度，防止在拉坯过程中,由泥巴干湿不均导致成型困难的问题。

图 10-12　找中心

2. 开口

当泥巴在机器上找好了中心后,便可使用左手(依个人使用习惯为主,左右手均可)大拇指指腹,向下倾斜45°角往里扣,随后便可出现锥形。注意在开口时,一定要感受坯体底部的厚薄程度,建议初学者留两厘米左右,不建议太薄,否则易变形、穿底,见图10-13。

图 10-13　开口

3. 拔高

开口完成之后,便可通过双手的挤压,将泥巴由下往上拔高。在拔高的过程中,拉坯机的转速可以减减速至120转以内,速度缓慢可以提高拔高的成功率,见图10-14。

图 10-14　拔高

4. 修型

此时，拉坯机的转速还可以从拔高过程中的速度再往下降一些。待制作的大造型确定后，单手需保持垂直状态，在坯体内壁上下修型。外部则可借助工具——刮片，使得泥坯外表更加的光滑，侧面的弧线造型更加圆润，见图10-15。如花瓶的制作，在花瓶的口部可用手指指尖轻微调整。

图 10-15　修型

（二）工艺要点

拉坯成型法应该说是陶瓷制作的各种成型技法中比较难以掌握的一种方法，所以初学者应注意以下事项。

（1）最好使用比较软的、有力性的泥块，并要充分地揉搓，使泥块温度均匀，气泡完全排出，内无杂质。

（2）保持良好的坐姿，双肘抵住大腿，保持重心稳定，如此易于控制摇晃的泥柱。

（3）拉坯时手与泥柱间保持润滑，但也不宜过多加水，可以适当使用刮下的稀泥浆，同时随时清除轮盘手上的泥浆，养成良好的习惯。

（4）拉坯过程中注意调整转速，开始扶正阶段速度可以稍快，开口定型时要调慢转速，以免坯体离心变形或飞出。

三、陶瓷绘画技艺——粉彩

（一）粉彩瓷概述

粉彩瓷，是景德镇四大名瓷之一。我国的陶瓷装饰在元明之前，主要运用在坯体上刻、划、印花的表现手法，也就是说主要为釉下装饰。釉上彩绘，据史籍记载，从元代（或更早）就开始了。但以整个时代来说，瓷上彩绘作为主要装饰手法，还是明清的事，但至少可以说元代是明清陶瓷以彩绘为主的先声了，而明代白瓷胎釉质的提高，为发展彩绘装饰创造了条件，青花和青花斗彩及釉上五彩正是在白瓷的成就上发展起来的。

据有关文记载，粉彩始于康熙时期，至今已有三百多年历史。粉彩是在古彩（即康熙彩或康熙五彩）的基础上，受珐琅彩制作工艺的影响而创作的一种釉上彩的新品种。初创时，彩绘方法与古彩很相似，多沿用古彩的彩绘方法，仅在红色的染色中运用珐琅彩中才能见到的胭脂红，光彩较足。白花朵和枝干有粉质感，但淡绿和翠绿色仍是采用古彩中的平填法。

至雍正时期，无论在造型、胎釉和彩绘方面都有了空前的发展，粉彩工艺也日趋走向精致秀丽、柔和淡雅，逐步形成自己特有的装饰风格。

由于粉彩的颜料掺入"粉质"而产生一种柔和感，而且粉彩的烧制温度比古彩低（一般为700℃，而古彩为800℃左右）。因为画面烧出来后尤其在色彩感觉上比古彩要显得柔软，所以粉彩又有"软彩"之称。

（二）粉彩技法

粉彩的基本技法按传统的习惯分为两大类：画粉彩和填粉彩。两者皆可根据所画的内容细分为：画人物、画山水、画翎毛、画走兽、画花卉和画图案等具体技法。

画粉彩：一般包括起稿、制图、拍图、勾线、彩料五个步骤。

1. 起稿

起稿（俗称："打图"）。一般起稿都是直接在瓷器上进行，只有这样才能更好地结合器型。主要用淡墨打草稿，见图10-16。

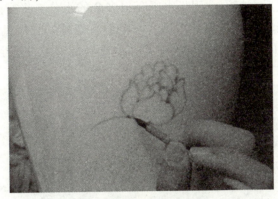

图10-16　用淡墨打草稿

2. 制图

制图，俗称"做图"。将瓷上打好的淡墨稿子，用浓墨仔细勾描一遍，见图10-17。然后用弄潮了的毛纸将已勾好的墨稿从瓷面上拓印下来，见图10-18。这样瓷上的图样便过渡到了纸上（注意纸千万不能太湿，太湿容易使墨渗开，而使图稿纸纹样模糊不清），见图10-19。第一张原图稿就这样制出来了。

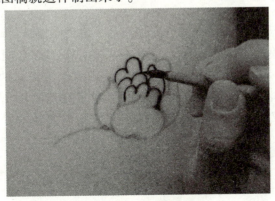

图10-17　用浓墨勾描

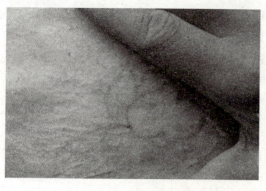

图 10-18　拓印

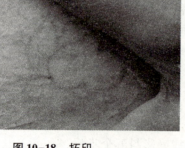

图 10-19　拓印后效果

3. 拍图

把从瓷面上揭下来的纹样拓印在毛边上叫"图纸"。晾干后，再在图纸上按上面的纹样用浓墨重描一遍，然后再打湿，用吸水纸吸出多余的水分，将变潮的图纸扑在白瓷上，见图 10-20，用手掌轻轻拍打，揭开图纸，一个清清楚楚的纹样稿便印到了雪白的瓷面上，见图 10-21，上面的花纹与原图一模一样。景德镇配对的批量生产瓷之所以能画得一模一样，就是用的这种方法。

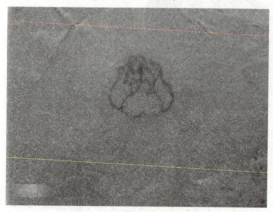

图 10-20　将图纸扑在白瓷上

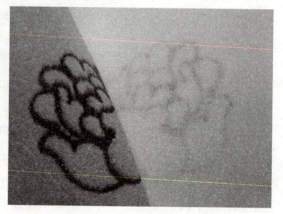

图 10-21　印在白瓷上的纹样

4. 勾线

拍好了图样的瓷器仅仅是在瓷器上有了稿子。像中国画一样，有了稿子还必须落墨，而陶瓷上不是落墨而是"画料"，这种料叫珠明料（或者叫生料，所谓生料烧不熟，即烧后仍可擦掉，用粉彩颜料覆盖便擦不掉）。由于画粉彩的料用油调成，这就要求熟悉油料性能，即料与油的配比问题。油少了太干太涩画不出线来；油多了流得太快，画出来的线又粗又极易渗开而将画面弄脏。因此需要在实践中细心去体验，见图 10-22。

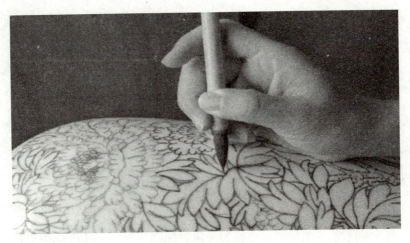

图 10-22　勾线

画线的笔,也是陶瓷专用的,它是野兔子毛加细竹竿制成,同时,笔头和笔杆要比一般常用毛笔细长得多,其原理是笔头细长,能多贮颜料,同时还可控制颜料缓缓地、均匀地流向笔锋,以便于作画。而笔杆长,就会造成上重下轻,增加向下的压力,这样不仅使线条画得有力,而且一旦笔锋没有颜料而画不出线的时候,就可用握笔的手指往返摆动使笔杆的下部敲打在无名指甲上,发出嗒嗒的响声(俗称嗒笔),由于笔头受到震动,颜料就会缓缓流向笔锋,这样线又画出来了。

粉彩线多用中锋、工艺性强,要求线条圆润、细密、流畅、均匀、干净,概括起来粉彩线应具有以下几个特点。

①淡:是与古彩线相对而言的,如古彩线要求浓黑,而粉彩则是深灰色。由于古彩是单线平涂的风格,所以不管物体的质感如何,仅在线的顿挫上变化,而料色无深浅变化;而粉彩不同,除有线条变化外,料色也有变化,如白色的花朵,浅色的服装,多用浅色的线,而绿色的叶子和深色的服装则用深色的线。

②细:粉彩多用细线,除石头树干外,它极少用古彩的粗黑线。

③匀:粉彩线条多以匀、净取胜,形式上不像古彩线顿挫、多变。

④柔:粉彩的线条柔和,不似古彩线条那样刚健遒劲。它要柔而不软、不弱,要柔中见挺、见刚。

⑤俏:粉彩的线条勾得巧妙变化,在淡细匀柔之中,其笔线的起、收、顿、转都较含蓄,不锋芒外露。

5. 彩料

粉彩勾完线后,也如画中国画那般,要用浓淡干湿不同的墨来染色,并将颜色染出不同的层次来。在陶瓷上面上彩料要用两支笔:一支是上料的笔,一支是不上料的笔,这两支笔都是用软硬适中的狼毫。用不上料的笔将上料笔上的料按阴阳向背的方向在陶瓷上慢慢渲染开来,这就是人们通常所说的方法——"彩",见图 10-23、图 10-24。

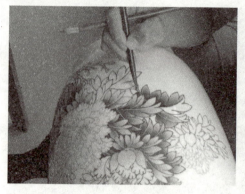

图 10-23 上料

图 10-24 按层次染开

填粉彩：粉彩用朱明料画好明暗关系后，要待樟脑油料了，才可以填色。

渲染：为使彩绘出现浓淡凹凸的变化，有些地方需要打玻璃白，见图 10-25，待干后在玻璃白上渲染颜色。所谓"玻璃白"是不透明的白色乳浊剂，属氧化铅、硅、砷的化合物。其利用乳浊作用，使彩绘出现浓淡凹凸的变化，增加彩绘的表现力，让画面粉润柔和，富于国画风格。"彩"和渲染是有区别的，彩是直接在瓷面上进行，而渲染必须是在填过颜色（通常是玻璃白）的上面进行的。彩料的工具是用软硬适中的鸡狼毫，而渲染用柔软的尖细羊毫，见图 10-26。

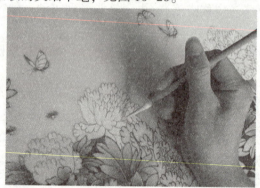

图 10-25 打玻璃白

图 10-26 点染花头

填色：先填粉彩的底颜色，见图 10-27。待樟脑油基本干后，再罩粉彩的水颜色（俗称"死颜色"），见图 10-28。

图 10-27 填底颜色

图 10-28 填水颜色

所有绘画工序完成、经烧制后，一件艺术品就这样诞生了，见图10-29。

图10-29　成品

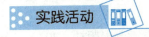

景德镇陶瓷行业发展市场调查报告

一、活动目标

通过本章内容的学习，学生了解景德镇陶瓷文化底蕴，加深对中国陶瓷文化的认知。

二、活动时间

建议1小时。

三、活动流程

（1）将班级学生分为若干小组，选出小组长。

（2）通过互联网、新媒体、市场调研、实地走访等多种形式收集关于景德镇陶瓷行业发展的素材。

（3）小组成员将素材汇总，整理出调查报告。

（4）召开主题班会，各小组就调查报告进行宣讲。

（5）教师对活动效果进行评价并评分。

参 考 文 献

[1] 马克思. 1844年经济学哲学手稿[M]. 北京：人民出版社，2018.
[2] 习近平. 在同全国劳动模范代表座谈时的讲话[N]. 人民日报，2013-04-28.
[3] 习近平. 习近平出席金砖国家领导人第十一次会晤并发表重要讲话[N]. 人民日报，2019-11-05.
[4] 习近平. 在庆祝中华人民共和国成立70周年招待会上的讲话[N]. 人民日报，2019-10-01.
[5] 何卫华，林峰. 大学生劳动教育理论与实践教程[M]. 厦门：厦门大学出版社，2019.
[6] 刘向兵. 新时代高校劳动教育论纲[M]. 北京：社会科学文献出版社，2019.
[7] 赵章彬. 高等职业院校劳动文化建设与创新研究[M]. 北京：中国农业大学出版社，2019.
[8] 袁国，徐颖，张功. 新时代劳动教育教程[M]. 北京：航空工业出版社，2020.
[9] 赵霞，牛奋明，赵学英. 大学生创新创业培养教程[M]. 北京：电子工业出版社，2019.
[10] 青增计，杨奎，梁将. 新时代劳动教育教程[M]. 北京：航空工业出版社，2020.
[11] 恩格斯. 劳动在从猿到人转变过程中的作用[M]. 北京：人民出版社，1952.
[12] 马克思，恩格斯. 德意志意识形态[M]. 北京：人民文学出版社，2018.